平治の乱の謎を解く

頼朝が暴いた「完全犯罪」

桃崎有一郎

文春新書

1405

平治の乱の謎を解く　頼朝が暴いた「完全犯罪」◎目次

プロローグ——平治の乱に秘められた完全犯罪

源頼朝の告白——天皇の完全犯罪

義朝《よしとも》の逆罪《ぎゃくざい》、是《こ》れ王命を恐《かしこま》るに依《より》てなり。逆に依て其《そ》の身は亡ぶと雖《いえど》も、彼《か》の忠又《ま》た空《むな》しからず。

源頼朝《よりとも》は、こう語った。「父の義朝は忠義の心で、天皇の命令通り挙兵したが、天皇の裏切りで反逆扱いされ、殺された」と。二人きりの密室で、摂政の九条兼実《くじょうかねざね》は確かにそう聞いた。

建久元年（一一九〇）冬、京都で一つの完全犯罪が暴かれようとしていた。その犯罪は、日本の歴史上でそれなりに有名な、しかし小さな一つの戦争の中でなされた。平安時代の末、平治元年（一一五九）に勃発した〝平治《へいじ》の乱〟である。その真相はこれまで、誰にも気づかれなかった。今日まで犯罪の隠蔽は成功したのであり、〝完全犯罪〟と呼んでいい。

面白いことに、当時の国家権力と関係者の全員が、真相を隠蔽した。加害者側が、ではない。事件と無関係の者も、そして被害者さえもが、この犯罪を隠蔽した。

図１　源頼朝（山梨県甲斐善光寺所蔵木像）

図２　九条兼実（宮内庁三の丸尚蔵館所蔵『天子摂関御影』）

事件の三一年後、鎌倉幕府を樹立する総仕上げの中で、源頼朝がこの完全犯罪を暴きかけた。

治承四年（一一八〇）に挙兵してから、頼朝は苛烈な内乱を戦い抜き、木曾《きそ》義仲《よしなか》や平家を滅ぼし、奥州藤原氏も一掃して最終勝者になった。朝廷を率いる後《ご》白河《しらかわ》法皇は、内乱中に一度も顔を合わせずに提携してきた頼朝と、対面して友好関係を再確認するため、頼朝の上洛と会談を望んだ。頼朝は渋ったが、後白河の熱心な要望に根負けし、上洛することになった。

建久元年一一月九日、頼朝は後白河の御所で会談し、内裏《だいり》で後鳥羽《ごとば》天皇に挨拶し、そのまま内裏で九条兼実と会談した。兼実は当時、摂政として廷臣を代表していた。

頼朝は兼実と面談し、それまで通りの協力関係を確認して、兼実を安心させた。それに続けて、今後の抱負を語った。「私は亡き父義朝の役割を引き継いで、朝廷の治安維持の総責任者として責務を果たすつもりです」と。朝廷にも兼実個人にも、心強い表明だった。

平治の乱を回顧した頼朝の証言とその違和感

兼実はこの会談を、日記『玉葉《ぎょくよう》』に書き留めた。その記事は、頼朝の上洛中の政治動向を示す一級史料として、歴史学者によく知られている。私自身も、その史料価値を活用して論文を書いた〔桃崎20a〕。頼朝の表明は、朝廷と鎌倉幕府が手を携える新たな国家体制を、頼朝がどう自覚していたかを示す絶好の史料である、と私は論文で強調した。

しかし、何かがおかしかった。原文の文字数にしてたった二文字の言葉に、違和感がある。その時は気にしないことにしたが、後になって、ふと思い出した。文春新書で『「京都」の誕生――武士が造った戦乱の都』という本を出せる幸運に恵まれ、その続編に着手した時だ。

『「京都」の誕生』で私は、〈平安京と京都は違う。平安京は古代の思想の産物だが、京都はそれを打ち破って平安京を改変した、中世の思想の産物だ〉と指摘した。根拠は、後白河法皇の御所「法住寺殿《ほうじゆうじどの》」の来歴だった。法住寺殿は、平治の乱で滅んだ信西《しんぜい》と藤原信頼《のぶより》の遺産を吸収して造られ、後白河と彼らの親密な関係が反映されていると強調した。すると、そこが担当編集氏の印象に残り、氏から「この部分を読んで、初めて平治の乱が理解できる気がしてきた」と賛辞を頂き、「この本が終わったら、平治の乱で一冊書きませんか」という提案を頂いた。

とはいえ、平治の乱の真相は今もって藪《やぶ》の中であり、決定版として信用できる学説がなかった。私自身にも、停滞を打破できる材料がなかった。しかし、ある日、私はふと先の違和感を思い出し、冒頭の頼朝の発言を記録した『玉葉』を精読してみた。すぐに一つの事実が明らかになった。頼朝の発言は間違いなく、平治の乱について述べている、と。

そして、違和感の正体に気づいた。常識と合わないのだ。頼朝が回顧した平治の乱は、学校のどの先生が語った内容とも、どの本で読んだ内容とも合わない。歴史学では普通、後世に過去を回顧した著作をあまり信用しない。頼朝の発言は、平治の乱から三一年も後のものだ。ならば信用できないか。そうではない。頼朝は一三歳の時、父義朝に従って平治の乱を戦った。どれほど時を経ても、乱の当事者だった以上、頼朝の証言には超一級の信憑性《しんぴょうせい》を認めてよい。

それにもかかわらず、彼の発言は、これまで平治の乱について語られたどの筋書きとも合わない。そもそも、乱の三一年後に頼朝が回顧して証言を残したことに、誰も気づかなかった。

生き残った証言者――天皇の完全犯罪発覚の危機

義朝が平治の乱で挙兵したのは利己的な反逆だった、と通説は異口同音にいう。しかし、頼朝の主張は正反対だ。父を落命させ、連坐した頼朝を二〇年も僻地《へきち》に押し籠《こ》めた〈反逆者〉のレッテルは謀略で、天皇の犯罪を身代わりに押しつけられた無実の罪だ、というのだから。

天皇の犯罪。それは重大な告発だった。

その犯罪は、朝廷の全員が共犯となって隠蔽したはずだった。ところが、秘密を知る最後の一人、そして隠蔽の共犯者とならなかった頼朝が、朝廷の手が届かない場所で自立してしまった。頼朝は平家の襲撃を生き残り、競合勢力をすべて打ち破り、日本でただ一人の「武家(武士の統率者)」になった。力で頼朝を牽制《けんせい》できる者は、もはや日本に存在しない。そして、朝廷の政治的駆け引きでは頼朝を操れないことも、それまでの内乱の日々が証明していた。

朝廷は義朝の冤罪《えんざい》に連坐させて、二〇年も頼朝の自由を奪った。頼朝は完全犯罪の被害者であり、冤罪の被害者だ。恨んでいて当然だった。朝廷は、その頼朝を京都に招き寄せてしまった。冤罪で父の命と名誉を奪った、という朝廷の負い目は、頼朝にとって最高の切り札となるはずだ。しかも、天皇の犯罪という大スキャンダルであり、それを暴けば朝廷の現体制を崩壊させることも可能だ。逆にいえば、暴かない代わりに朝廷にどんな要求でもできる。その切り札を頼朝はいつ切り、どう使うのか。

頼朝は頼朝で、朝廷の外に独立した武家政権、すなわち〝幕府〟を史上初めて樹立する大仕事の総仕上げに入っていた。このカードをどう切るかで、幕府の朝廷に対する立ち位置が変わる。つまり、〈幕府とは何か〉の定義が変わる。政治家頼朝にとっても正念場だった。

どのような形にせよ、このカードを切った時、平治の乱は最終決着する。頼朝はそのカードをどう使い、何を勝ち取ったのか。それを語って初めて、平治の乱の結末を語ったことになる。

本書の構成と凡例

本書は源頼朝の証言を突破口に、平治の乱の真の主謀者・共犯者を炙《あぶ》り出し、彼らの動機を掘り下げて、〈平治の乱で本当は何が起こっていたか〉を解き明かしたい。そのためにはまず、事実レベルでいつ、誰が、何をしたのかを時系列的に再確認し、事件全体の骨格を摑《つか》んでおかねばならない。『平治物語』という軍記物があるが、信憑性が乏しいので頼れない。代わりに、『愚管抄《ぐかんしょう》』『百練抄《ひゃくれんしょう》』『今鏡《いまかがみ》』などの史書を精密に読解しつつ、ごくわずかな一次史料(日記や文書)で補強したい。その事実確認を〝事実経過編〟として、本書の冒頭に置いた。

その上で、真相と黒幕を解明する謎解きを〝全容究明編〟の前半として、本書の核心に据える。黒幕とその動機が明らかになれば、乱の細部の正しい解釈が可能となり、乱の全体像を描き直せる。その作業を〝全容究明編〟の後半で行う。

そして、乱がどう終わり、誰が真の勝者であり、後の歴史にどのような爪痕を残したかを、〝最終決着編〟の前半ではっきりさせたい。

平治の乱は、実は一つの対立抗争の通過点にすぎず、真の決着は乱後三一年の政治過程の末に現れる。〝最終決着編〟の後半でそこまで見届け、大局的観点から平治の乱を理解しよう。決着は二段階ある。一つは、乱の主役級の多くが退場し、乱の元凶となった抗争が最終解決を見た段階。もう一つは、三一年の時を経て乱の真相が語られた、頼朝の上洛である。頼朝はその頃、鎌倉幕府創立の総仕上げとして、日本国を造り直して新たなステージに進める「天下草創」構想を推進していた。平治の乱は、実はその実現に欠かせない壮大な伏線であり、その伏線は頼朝の上洛と「征夷大将軍」就任で、綺麗に回収される。乱の本当の結末というべきその経緯を〝最終決着編〟の最後に述べ、本書を締めくくりたい。

　なお、この頃にちょうど家名が成立し始める。私のように中世史寄りの研究者は、近衛《こんえ》基《もと》実《ざね》・松殿基房《まつどのもとふさ》・九条兼実・大炊御門経宗《おおいのみかどつねむね》・葉室惟方《はむろこれかた》などと、家名で呼ぶのを好む。そこで、古代史寄りの人が書いた本とは雰囲気が変わるが、家名がある人は家名で呼びたい（家名がない人は藤原・源・平などの姓で呼ぶ）。また、女性名の読みは確定できないことが多いが、『平安時代史事典』に拠《よ》って、正解だった可能性がある一つの読みで、振り仮名を施しておいた。

　本書で多用する史書には、できるだけ古態をとどめる写本を用いたいので、『愚管抄』は『国史大系』に収める文明八年（一四七六）書写本を用い、『今鏡』は『今鏡　本文及び総索引』（榊原邦彦ほか編、笠間書院、一九八四）に収める畠山《はたけやま》本を用いた。

平治の乱は、ミステリーの題材として極上だ。これまで何人もの探偵(歴史学者)が平治の乱の解明に挑んだが、敗れた。事件を知る全員が痕跡を抹消・改竄《かいざん》して誤誘導するというトリックで、偽装物語《カバーストーリー》を信じさせられたのだと、私は考えている。

しかし、私は偶然、抹消を逃れた証拠を発見した。自分の専門テーマではなかったが、今これを発表しないと、それらの証拠、特に頼朝の証言は今後何十年も気づかれないだろうと思い、本書を世に問うことにした。無事に事件を解決できたかどうか、読者諸賢の判断を請いたい。

なお、本書では証拠の信頼性が生命線になるので、取り上げる参考文献や事実の証拠となる史料の出典を、逐一本文の中に明記した(参考文献は[桃崎11]のように、発表年を西暦の下二桁で示した)。また、細かい時系列の話を理解しやすくするため、各編の冒頭に、関係する出来事の年譜(編によっては一日単位)をつけた。参考になれば幸いである。

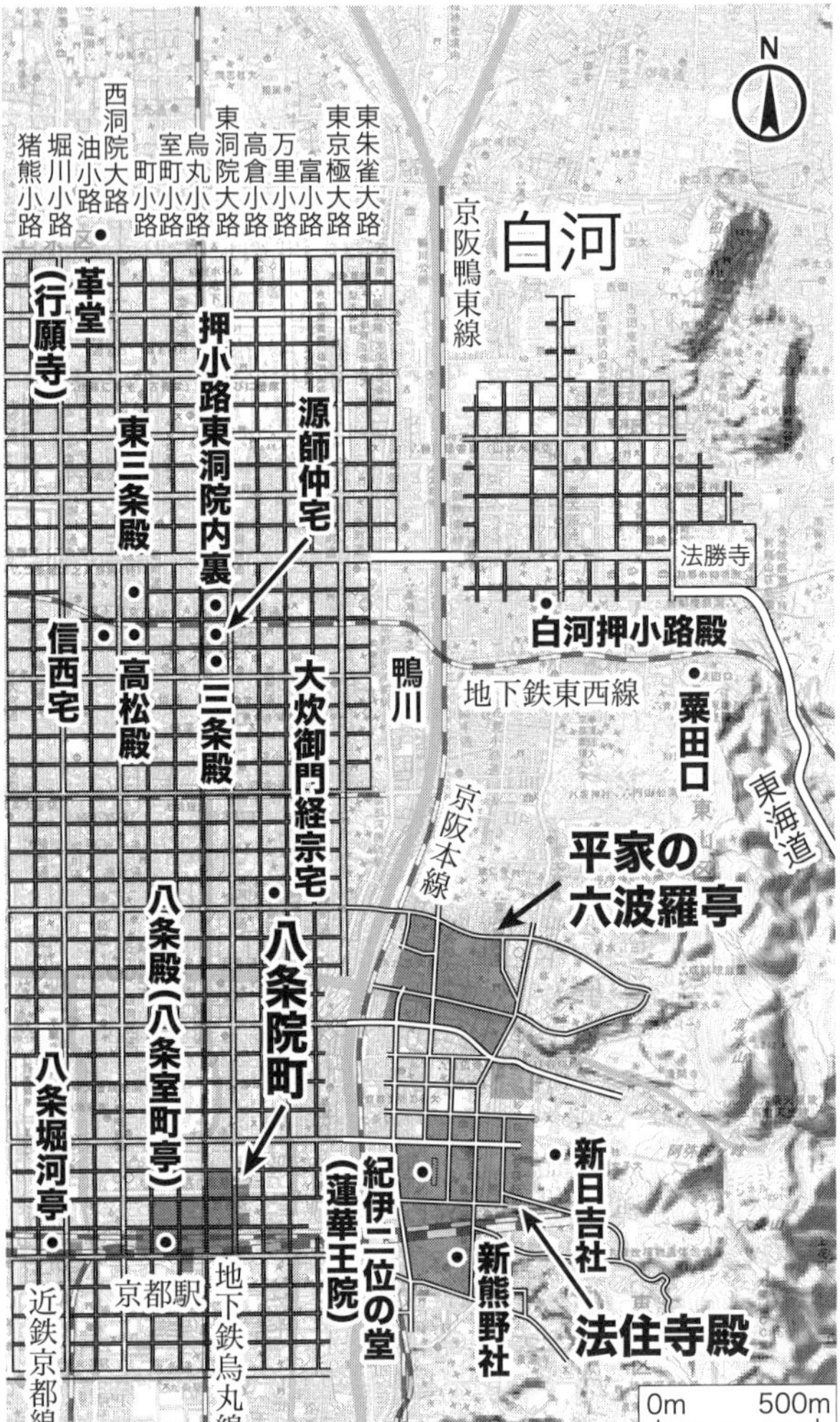
N
東朱雀大路
東京極大路
富小路
万里小路
高倉小路
東洞院大路
烏丸小路
室町小路
町小路
西洞院大路
油小路
堀川小路
猪熊小路
白河
京阪鴨東線
革堂(行願寺)
押小路東洞院内裏
源師仲宅
東三条殿
法勝寺
白河押小路殿
信西宅
高松殿
三条殿
鴨川
地下鉄東西線
大炊御門経宗宅
粟田口
東海道
京阪本線
平家の六波羅亭
八条殿(八条室町亭)
八条院町
八条堀河亭
紀伊二位の堂(蓮華王院)
新日吉社
新熊野社
法住寺殿
京都駅
地下鉄烏丸線
近鉄京都線
0m 500m

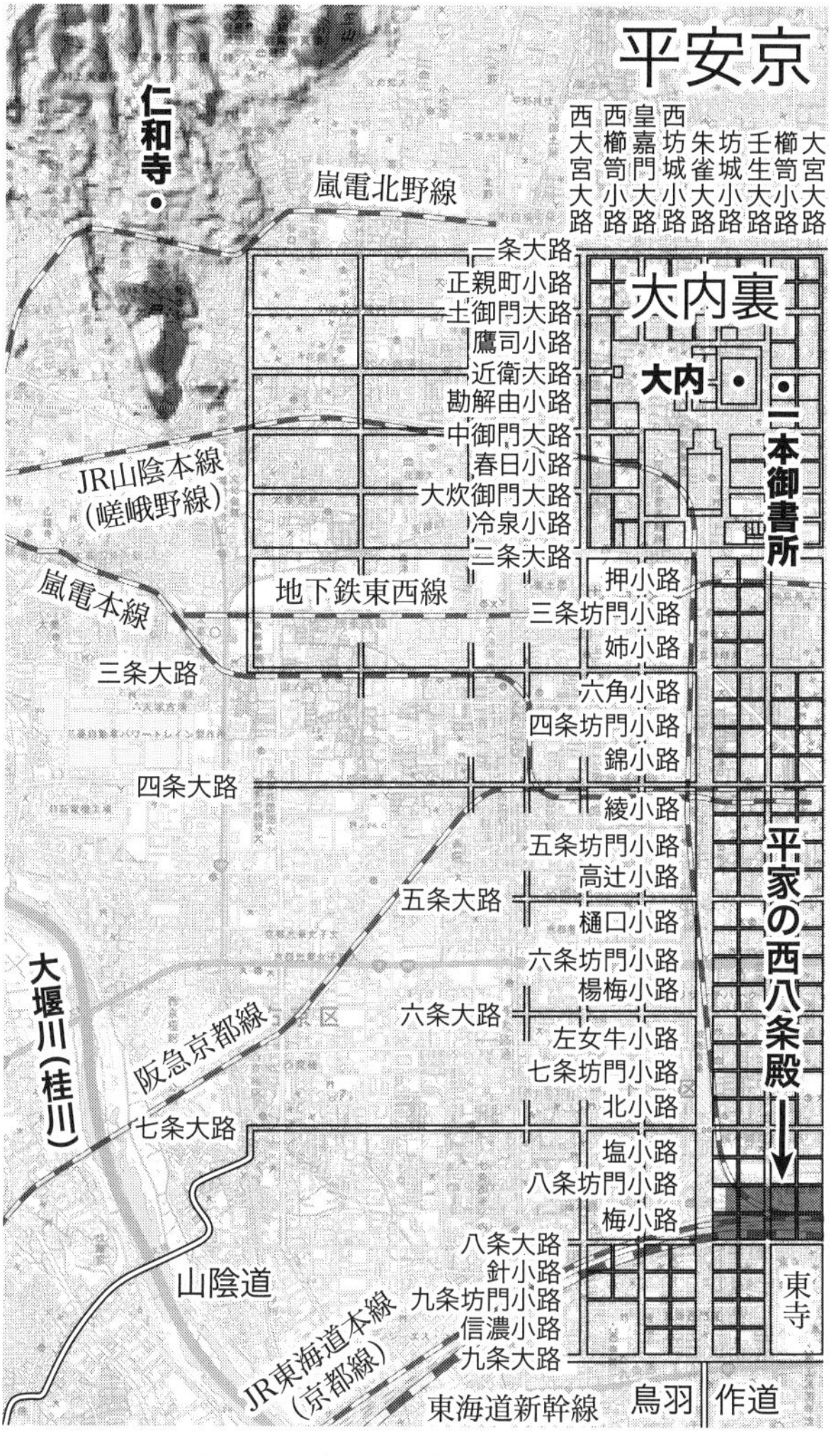

図3　平治の乱の主な舞台と京都

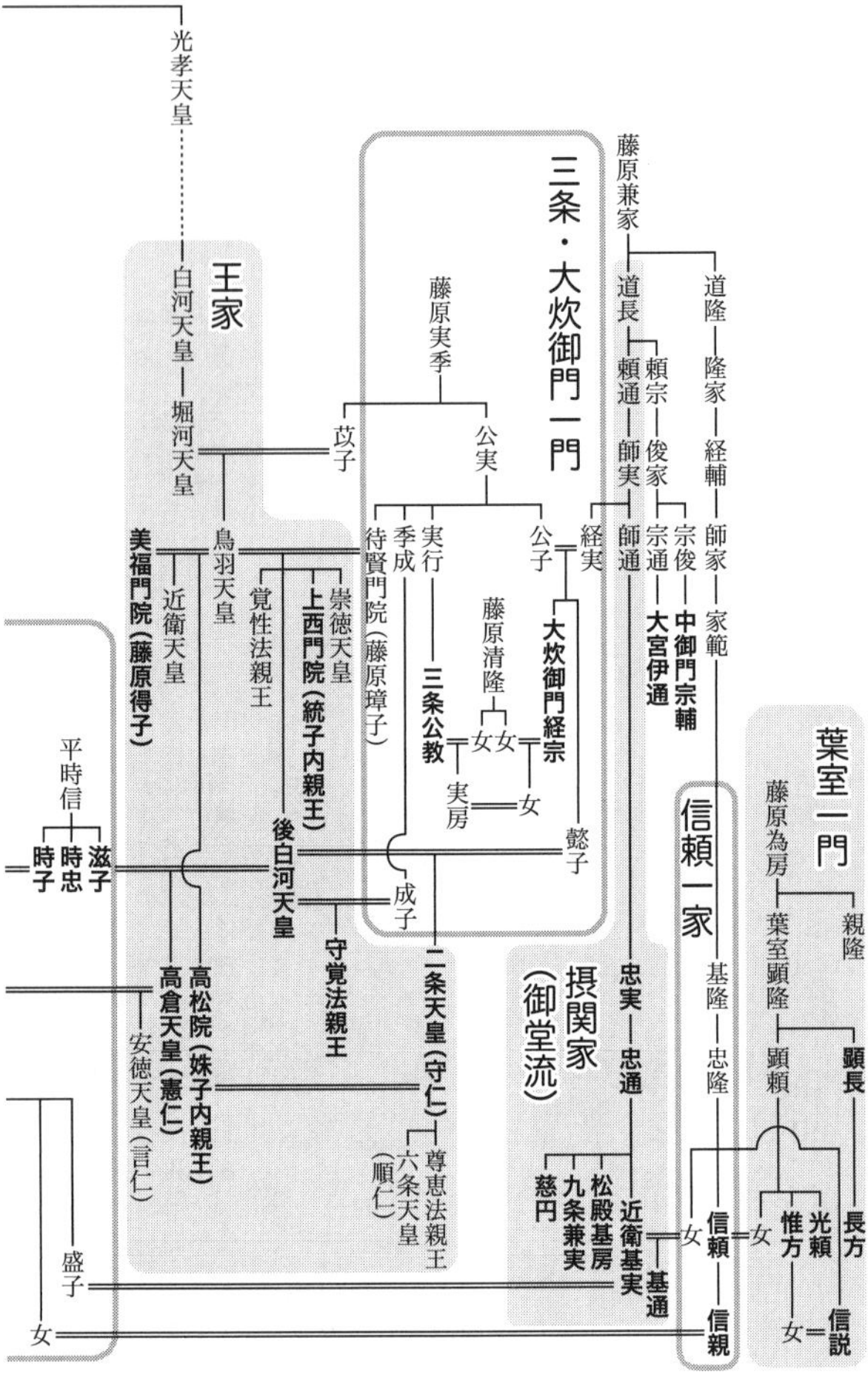

光孝天皇
王家
白河天皇
堀河天皇
鳥羽天皇
美福門院（藤原得子）
近衛天皇
覚性法親王
上西門院（統子内親王）
崇徳天皇
後白河天皇
守覚法親王
二条天皇（守仁）
尊恵法親王
六条天皇（順仁）
高松院（姝子内親王）
高倉天皇（憲仁）
安徳天皇（言仁）
平時信
時子
時忠
滋子
盛子
女
三条・大炊御門一門
藤原実季
苡子
公実
待賢門院（藤原璋子）
季成
実行
公子
三条公教
藤原清隆
女
女
大炊御門経宗
実房
女
懿子
成子
藤原兼家
道長
道隆
頼通
頼宗
隆家
師実
俊家
経輔
経実
師通
宗通
宗俊
師家
大宮伊通
中御門宗輔
家範
摂関家（御堂流）
忠実
忠通
慈円
九条兼実
松殿基房
近衛基実
基通
信頼一家
基隆
忠隆
女
信頼
信親
葉室一門
藤原為房
親隆
葉室顕隆
顕頼
顕長
女
惟方
光頼
長方
女
信説

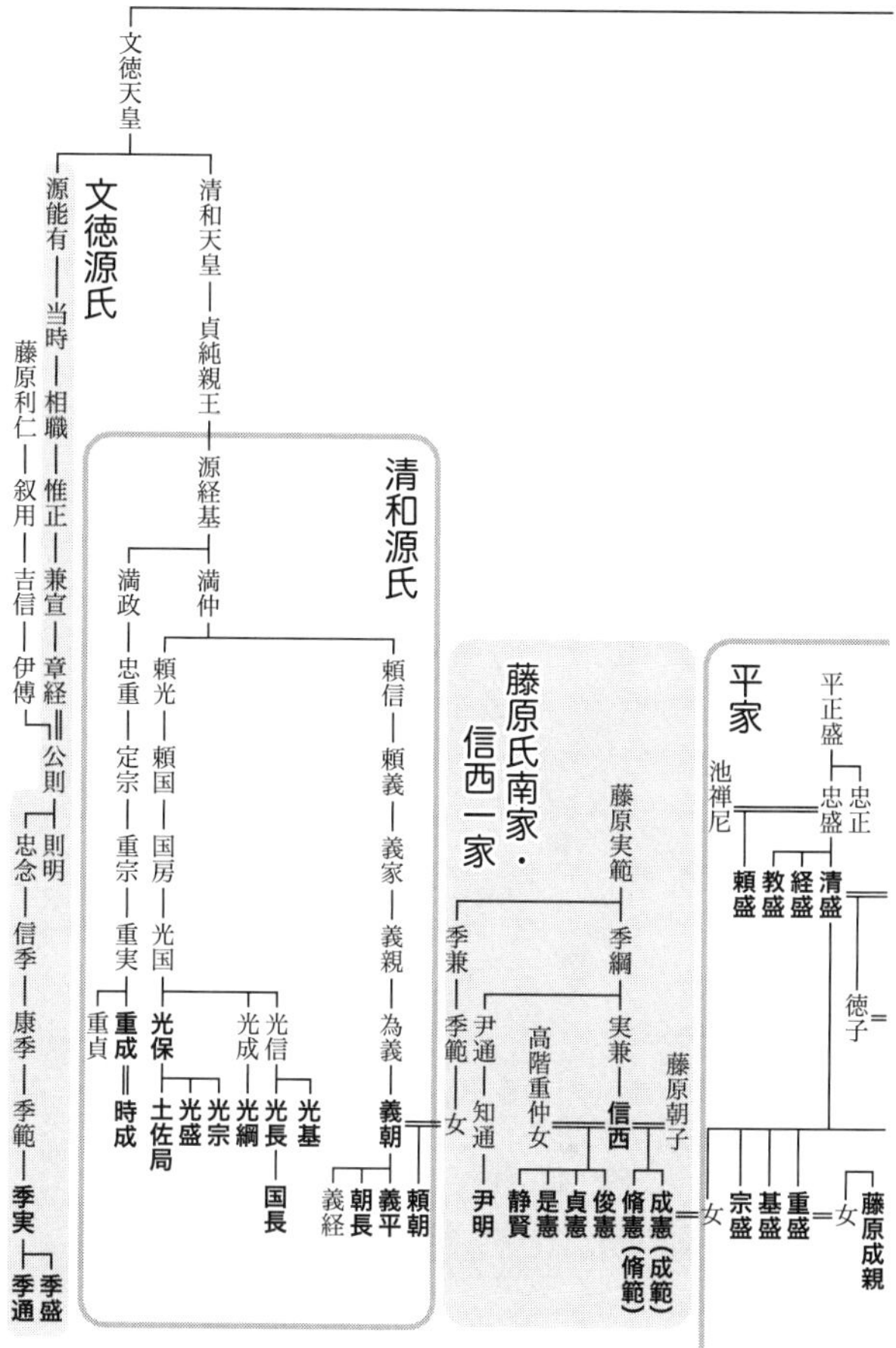

図４　平治の乱の主な関係人物（並び順は出生順ではない）

事実経過編

保元元年（1156）　保元の乱が勃発。
平治元年（1159）　平治の乱が勃発。
11.15　信西が動乱を察知し『長恨歌絵』を王家宝蔵に納める。
12. 9　藤原信頼・源義朝らが後白河上皇の三条殿を襲撃。
12.10　早朝、信西宅に放火。信西の息子らを解官。
12.14　義朝・頼朝親子らに恩賞人事。
12.17　信西の首を梟首。平清盛が熊野詣から六波羅亭へ戻る。
12.18　清盛が婿の藤原信親を父信頼のもとへ護送。
12.22　信西の息子 12 人に流刑宣告。
12.25　未明、二条天皇が六波羅亭へ、後白河が仁和寺へ脱出。
夜明け頃、藤原尹明が天皇の宝器などを六波羅亭に持参。
早朝、清盛が信頼に名簿を捧げる。
夜までに、後白河や摂関家の忠通・基実らが六波羅亭に入る。
夜、二条の大内脱出が発覚。
夜、源師仲が神鏡を回収し桂に滞在。翌日、自宅に保管。
12.26　京都合戦。清盛が義朝を破る。
神鏡を二条の使者が回収した後、再び師仲に神鏡を託す。
12.27　信頼を斬首。清盛一家に恩賞人事。
12.28　師仲・頼朝を解官。
12.29　二条が六波羅亭から美福門院所有の八条室町亭に移る。
12.30　源季実を斬首。信西の子藤原俊憲が出家。
平治２年／永暦元年（1160）
1. 6　後白河が六波羅亭から葉室顕長の八条堀河亭に移る。
1. 6 頃　東国に流された信西の子らが相模に到達。
1. 9　尾張から届いた義朝の首を梟首。
1.19　義朝の子義平を逮捕。
1.21　義平を斬首。
2. 9　義朝の子頼朝を逮捕。
2.11　神鏡が内裏に戻され、新しい唐櫃に収納される。
2.20　大炊御門経宗・葉室惟方を逮捕。
2.22　信西の子らを赦免し京都に召還。
3.11　経宗・惟方・師仲と源頼朝・希義兄弟に流刑宣告。

第一章　真相解明を妨げるもの

平治の乱研究の壁①――覆すべき通説的イメージの不在

平治の乱の真相を語ることには、独特の壁がある。

そもそも知名度が低い。学校では保元《ほうげん》の乱とセットで暗記させられただけで、よくても次のような粗筋を習う程度で終わる。保元の乱で勝ち残った勢力が、内輪もめを起こした。政権を主導する信西に対して、廷臣の藤原信頼と武士の源義朝が不満を抱き、反乱を起こした。しかし、官軍の平清盛《きよもり》に撃破され、清盛が武士の生存競争の最終勝者となった、と。

話のスケールも小さい。皇位や摂関の地位を奪い合った、保元の乱のような政治的スケールがない。源平合戦のように、数千～数万の武士が、全国規模で何年も戦うというスペクタクルもない。平治の乱では、ほんの数百の軍勢がたった数時間、狭い京都盆地で戦っただけだ。

ロマンに満ちた謎もない。〈本能寺の変で信長暗殺を企画した黒幕は誰か？〉とか、〈邪馬台国はどこにあったのか？〉といったような、歴史本や歴史番組の花形には遠く及ばない。

しかも、いざ本気で調べようとすると、学説が乱立しており、何を信じるべきかわからない。戦後歴史学の古典的通説はこうだ。当時、天皇の直系尊属として元天皇が政務を執る政治、すなわち院政が定着していた。そして後白河上皇の院政は、信西が実質的に主導していた。これに対抗心をむき出しにした一派が、二条《にじょう》天皇の親政（天皇が親《みずか》ら政務を執る政治）を望んで信西一派を没落させた、と。〝二条親政派暴発説〟というべきこの通説は、平治の乱を正面から扱った戦後最初の専論だった飯田《いいだ》悠紀子《ゆきこ》氏の『保元・平治の乱』でも踏襲された。

ところが、近年に出た三冊の平治の乱の専論のうち、二つがこの通説を否定した。まず河内《こうち》祥輔《しょうすけ》氏の『保元の乱・平治の乱』は、信西を抹殺する後白河の策略だという〝後白河黒幕説〟を主張した。しかし、続く元木《もとき》泰雄《やすお》氏の『保元・平治の乱を読みなおす』はこれを全否定し、信西の台頭に反感を抱いた後白河の近臣たちと朝廷社会全体が、信頼をリーダーとして信西を抹殺したという〝朝廷総がかり説〟を主張した。さらに、古澤直人《ふるさわなおと》氏の『中世初期の〈謀叛〉と平治の乱』はどちらも否定し、二条天皇の親政を推進する一派が、信西を恨む信頼や義朝と組んで信西を抹殺したと、〝二条親政派暴発説〟に戻った。

これらの前に、別の黒幕を名指しする説もあった。〝二条親政派暴発説〟を肯定しつつ、それを戦乱として激発させたのは平清盛の策謀である、と主張した多賀宗隼《たがむねはや》氏の説だ［多賀77］。この説には先の飯田氏や、この時代の研究の泰斗というべき五味文彦《ごみふみひこ》氏らが賛同してきた［五味87、二一七頁〕。

結局、〝二条親政派暴発説〟以外のすべての説が致命的な欠陥を指摘され、学問的に成立しないと判明した。〝二条親政派暴発説〟を支えるのも状況証拠ばかりで、決定打といえる物証がない。〈学問的に成立する余地がある唯一の仮説〉というだけで、〝定説〟とはほど遠い。

平治の乱研究の壁②——一次史料の不在

次の壁は、平治の乱をめぐる最も不幸な事実といえる。平信範《のぶのり》という廷臣の日記『兵範記《ひようはんき》』で確かな詳細が判明する保元の乱と違い、一次史料（同時代の生の記録）がほぼ皆無なのだ。

平信範は、保元の乱が勃発したその日に、官軍の本拠地の内裏（高松殿《たかまつどの》）にいた（一四頁図3参照）。彼はその目で官軍の出撃と凱旋《がいせん》を目撃し、戦後処理に事務官として自ら関わった。八〇〇年以上も生き残った希有の目撃談であり、日記も比較的詳細で、分量も多く、前後の数ヶ月を通して記事がある。これによって官軍の陣営から見た乱の様子と、その前後の政治情勢が克明に把握できる。

そのようなまとまった一次史料が、平治の乱にはない。平信範はこの時期にも日記を記していたはずだが（平治の乱より後の日記がある）、平治の乱の時期の分が残されていない。彼以外にも多数の廷臣が日記を書いていたはずだが、平治の乱の時期の分は一つも発見されていない。

平治の乱の一次史料は、私が発見した三一年後の頼朝の証言（を記した九条兼実の日記『玉葉』）を除くと、戦後処理に携わった検非違使《けびいし》の日記の一日分と、数点の関連文書しかない。

そうしたわけで、平治の乱の全体像や詳細は二次史料、つまり当事者以外が後世に書いたものから知るしかない。鎌倉後期に編纂された年代記『百練抄』と、鎌倉初期に慈円《じえん》が著した歴史書『愚管抄』と、その少し前に藤原為経《ためつね》（寂超《じゃくちょう》）が著した歴史物語『今鏡』である。

『百練抄』と『愚管抄』の情報源は、平治の乱を記録した日記や、平治の乱を体験した関係者へのインタビューである。特に『百練抄』は日記の抜き書きの集大成なので、信頼性が高いが、記事が詳しくないという弱点がある。また慈円は、〈今の社会がこうなっているのは相応の理由があり、それを無視して幕府を無闇に敵視してはいけない〉と後鳥羽上皇を説得して承久の乱を未然に防ぐ目的で『愚管抄』を著した。そのため極めて慎重に、史実に嘘をつかない態度を徹底して書いている。『今鏡』も同時代人の著作だが、根底に〈日本の朝廷や天皇・貴族社会の素晴らしさを礼讃する〉思想があるので、都合の悪い史実を改竄している。

二次史料にはそうした改竄がつきもので、それらにミスリードされ、史実を見失う危険性とは隣り合わせだ。そのような二次史料に大部分を頼るしかないのが、二つ目の壁である。

平治の乱研究の壁③——保元の乱を踏まえずして語れない

三つ目の壁は、平治の乱が、保元の乱の直接の結果であることだ。

平治の乱を十分に理解するには、保元の乱とその結果生まれた信西政権について知っておく必要がある。そこで、既存の本や研究を参照して頂きたい、といいたいところだが、そうもいかない。私が見る限り、信西政権についてのまとまった、十分に精密な専論がまだないからだ。

保元の乱後から平治の乱までの三年あまりの信西政権は、精密に時系列を追って分析して初めて、解決すべき課題がわかる。そして、未解決のそれぞれの課題について、調べを尽くして結論らしいものを導くのに、膨大な紙幅が要る。私はそれらの作業をあらかた済ませているが、まだ公にしていない。そして、保元の乱と信西政権で、それぞれ本を一冊書かねばならないほど話題が多い。極限まで端折《はしょ》っても、本書の半分の紙幅を費やしてしまう。そうした紙幅の都合から、本書では保元の乱と信西政権について、ごく簡単な概略を紹介するに留める。通説と違う説明もあるが、なぜそれでよいのか、という証明は別の機会を待って公にしたい。なお、保元の乱については前著『「京都」の誕生』でも少し詳しく述べたので、参照されたい。

保元の乱前史——摂関家の内紛と皇位継承問題

保元の乱は、崇徳《すとく》上皇と左大臣藤原頼長《よりなが》が、後白河天皇の軍勢に攻撃されて敗れ、失脚した事件である。白河院《しらかわいん》政を引き継いで専制君主となった鳥羽《とば》上皇が、「彼らは反乱を起こす」と確信したためだが、崇徳院には反逆する動機も、それらしい動きも全くない。

問題は頼長であり、乱の本質は摂関家の内紛の解決だった。

ことの発端は、承徳三年（一〇九九）、関白の藤原師通《もろみち》が三八歳の若さで急死したことにある。息子の忠実《ただざね》はまだ二二歳と若すぎ、本格化しつつあった白河院の院政に対抗できなかった。忠実は娘の泰子《やすこ》を鳥羽天皇に入内《じゅだい》させるよう白河院に命じられたが、辞退した。ところが保安元年（一一二〇）、白河院の留守中に、鳥羽天皇と勝手に泰子の入内を進めたことが白河院を怒らせ、職権を剥奪されて失脚した。彼に代えて、白河院は息子の忠通《ただみち》を関白に起用した。忠実は忠通に辞退するよう迫ったが拒否され、以後、忠通を親不孝者として深く憎み続け、摂関家が完全分裂する。

白河院の没後、院政を敷いた鳥羽院は中立を貫いたが、忠実は暴走を重ねた。次男の頼長を対抗馬に育て、関白と職権が同じ「内覧《ないらん》」の地位に就け、摂関の忠通と併存・競合させ、忠通には摂関の地位を頼長に譲るよう圧力をかけ続けた。忠通は拒否し続けたが、頼長が内覧となる前年の久安六年（一一五〇）、忠実は私兵の源為義《ためよし》を使って摂関家を象徴する本宅「東三《ひがしさん》条殿《じょうどの》」（二四頁図3参照）を奪取し、また藤氏長者《とうしちょうじゃ》（藤原氏の氏長者《うじのちょうじゃ》）の地位を忠通から剥奪して頼長に与えた。忠実は、摂関家が自己都合のために武士を動員し、暴力に訴えるという禁断

図5　鳥羽法皇（『天子摂関御影』）

図6　後白河法皇（『天子摂関御影』）

の扉を開いてしまったのである。

それと相前後して、崇徳天皇が退位し、弟の近《こん》衛《え》天皇が継いだ。崇徳は鳥羽の子で、鳥羽が退位して院政を敷くと同時に天皇となった。しかし問題は、彼の母の待賢門院《たいけんもんいん》（藤原璋子《たまこ》）が白河院と公然の愛人関係にあり、崇徳の父は白河院ではないかと鳥羽院が疑ったことだ。そのため、鳥羽の寵姫の美福門院《びふくもんいん》（藤原得子《なりこ》）が体仁《なりひと》親王を産むと、鳥羽は崇徳を退かせて体仁を皇位に就け、近衛天皇としたのである。院政は、直系尊属（父や祖父など）が親権を根拠として天皇を従属させる政治体制だ。そのため、天皇の兄となった崇徳院は院政を敷ける見込みがなくなった。崇徳は不満を抱いたが、かといって反乱を計画したりはしなかった。反乱の芽は、摂関家の方にあった。

鳥羽院・美福門院夫妻は、近衛とその子孫による皇位継承を望んだが、近衛は病弱で、子を儲けないまま久寿二年（一一五五）に一七歳で早世してしまう。次の天皇の選定は難しかった。近衛の兄の雅仁《まさひと》親王（後白河）は今様《いまよう》という民間の流行歌にうつつを抜かし、父の鳥羽院からも帝王の器でないと見なされていた。崇徳院の子の重仁《しげひと》親王や、美福門院が産んだ娘の暲子《あきこ》内親王が残る候補だったが、重仁に継がせては美福門院が天皇に対する親権を失う。また、女帝を立てるのは、男性の候補者が皆無だった場合の最終手段で、まだ時期尚早だった。そこで、雅仁の息子で、美福門院が養子にしていた守仁《もりひと》王を天皇に立てる、という方針が固まった。

ただ、父の雅仁を皇位に就けず、彼を飛ばして守仁を皇位に就けるのは不適当だ、と関白忠通が指摘した。そこで、まずは雅仁を皇位に就け、早めに守仁に譲位させる、という計画が定まった。こうして皇位に就いた雅仁が、後白河天皇である。後白河は守仁へ皇位を伝えるための中継ぎであり、「速やかに皇位を譲るように」という圧力を美福門院から受け続けた。

保元の乱――疑心暗鬼の極限の暴発

その中で、近衛の死は藤原頼長が呪詛《じゅそ》したせいだ、と噂が立った。真実かはさておき、噂がまことしやかに信じられるくらいには、暴走気味の忠実・頼長親子への信用は失墜していた。美福門院は噂を信じて頼長を深く憎み、その憎悪と猜疑心《さいぎしん》は彼女を溺愛する鳥羽院にも伝染した。保元元年（一一五六）、病に倒れて死期を悟った鳥羽院は、自分の死と同時に頼長が反逆を起こすと確信し、多数の武士を集めた。不義の子として憎んでいた崇徳院には見舞いを許さず、「美福門院を頂点として朝廷に忠節を尽くせ」と全員に遺言し、没した。

こうして後白河天皇の親政が始まると、鳥羽院近臣の筆頭集団にいた信西が、後白河の乳父《めのと》（乳母《めのと》の夫）として政権中枢に躍り出た。後白河は鳥羽院が集めた武士を引き継ぎ、頼長の反逆に対する備えを続け、京都に厳戒態勢を敷いて、頼長の一派と疑わしい者を逮捕し始めた。

これに対して、父忠実とともに宇治に逼塞《ひっそく》していた頼長は、忠実の反対を振り切り、京都に上って崇徳院と合流した。これにより、それまで疑わしい行動がなかった崇徳が、反逆者の一味と見なされてしまう。さらに、二年前から九州で反乱を起こし、取り締まりの対象となっていた源為朝《ためとも》が、上洛して父為義に合流した。すでに大多数の武士が後白河陣営に集まる中、身を守ってくれる従者を渇望していた崇徳は、為義に護衛を依頼し、断り切れなかった為義は息子の為朝らを率いて崇徳と合流した。ここにおいて後白河陣営は、すでに謀反人《むほんにん》として指名手配されていた為朝

図7　二条天皇（守仁）（『天子摂関御影』）

と合流したことで、「崇徳・頼長の反逆の企ては明らかだ」と確信する。

両派は数日間、睨《にら》み合いを続けたが、為義と対立して後白河陣営に残った息子の義朝は、「どうせ戦《いくさ》になるなら勝たねばならず、勝つためには先制攻撃しかない」と主張した。信西はこれを支持し、後白河は関白忠通に決断を迫った。忠通は押し切られ、義朝や平清盛らを主力とする官軍が崇徳院の御所を先制攻撃し、一日で制圧した。鳥羽院の死から九日後の、保元元年（一一五六）七月一一日のことだ。頼長は負傷がもとで落命し、崇徳院は囚《とら》われて讃岐に流刑となった。敗軍の将となった為義一家や、清盛の叔父平忠正《ただまさ》らの一家は、ことごとく斬られた。

崇徳や頼長が、本気で反逆を企んでいた形跡はない。この戦争はただ、鳥羽院・後白河の陣営が、頼長への猜疑心を無闇に募らせ、崇徳をも疑い、疑心暗鬼に囚われた根比べに負けて暴発した虐殺にすぎない。この戦争の根本原因は、かつて白河院が忠実を失脚させて忠通を取り立て、摂関家の内部紛争を引き起こしたことと、白河院が待賢門院と密通して不義の子（らしき）崇徳を儲けたことにある。つまり、すべて白河院の乱脈な政治の後始末なのだった。

大事業の数々で朝廷を主導する信西政権

乱の結果、摂関家の内紛は忠通の勝利に終わった。忠通は武力行使を躊躇《ちゅうちょ》し、周囲の大合唱に押し負けてやむを得ず攻撃を指令する、というスタンスを守った。また信西は、その重大な決断を忠通に押しつけることで、後白河を政治責任から守った。それらの成果として、忠通は数十年ぶりに統一された摂関家の唯一の主導者となり、信西は後白河の絶大な信任を得て、朝廷の事務総長というべき立場を得た。この戦争の最大の勝者は、間違いなく忠通と信西だった。

忠通は統一された摂関家の長として、我が世の春を謳歌するはずだった。しかし、信西は矢継ぎ早に重要な政策を立案・執行して、朝廷政治の実質的な主導者となった。その中で関白忠通は置き去りにされ、取り戻したはずのリーダーシップは、信西に奪い去られた。

信西は、白河院の放縦《ほうしょう》な政治で歪《いびつ》に型崩れした朝廷を憂え、当代一の儒者として、〈威厳ある天皇が統治する国家〉の再建を志した。天皇の本来の住居「大内《おおうち》」と、最も重要な政《まつりごと》の場「朝堂院《ちょうどういん》」は、白河院政の時から放置され、荒廃して久しかったが、信西はそれらを中心とする平安京本来の宮殿・政庁群「大内裏《だいだいり》」を再建する事業を提案し、自ら取り仕切った。そのために、荘園整理に専従する「記録所《きろくしょ》」を設立し、自ら率いた。合法的な手続きを無視して諸国に乱立していた荘園を摘発し、正規の荘園だけを残す荘園整理に取り組み、公領（荘園以外の、国司が率いる国府に税が納入される土地）の収益を確保するためだ。これが大成功し、白河院政以来、誰もが不可能と思っていた大内裏の再建は、わずか一年あまりで完遂された。

その頃、保元の乱の二年前に源為朝の挙兵で始まり、乱で為朝が九州を離れても現地人が引き継いだ反乱が、まだ続いていた。信西は平清盛に平定を任せ、最後は大宰大弐《だざいのだいに》（大宰府の次官。長官が名誉職なので実質的に長）に起用して、九州で朝廷を代表する全権を与えた。清盛はその権限と平家の軍事力を総動員して、家人《けにん》（従者）の平家貞《いえさだ》を総大将として討伐させた。しかし討伐は難航し、平治の乱で家貞が京都に戻ったこともあって決着せず、平治の乱が完全決着した二ヶ月後の永暦元年（一一六〇）五月にようやく、首魁《しゆかい》の日向通良《ひゆうがみちよし》らを討ち取って平定した。平定は信西の死後だが、九州の反乱に初めて本気で対処したのは信西政権であり、その鎮圧作戦は間違いなく信西政権の重要事業だった。

藤原信頼・葉室惟方・二条天皇の反感

こうして信西一家は存在感を増し、優秀な息子たちが朝廷の枢要な事務官をいくつも兼任した。天皇の政務を担う蔵人《くろうど》と、太政官《だいじようかん》の実務を担う弁官《べんかん》と、京都の治安維持の実務を担う検非違使佐《けびいしのすけ》（衛門佐《えもんのすけ》で検非違使を兼ねる者）をすべて一人で兼任する、「三事兼帯《さんじけんたい》」という実務官僚の栄誉を、信西の長男俊憲《としのり》と次男貞憲《さだのり》が、兄弟揃って達成した。さらにその経歴を踏まえて、俊憲は参議に取り立てられ、五世代も父祖から出なかった公卿《くぎよう》に仲間入りした。彼らはそれに値する有能な人材だったが、実務官僚を出す既存の家々と競合し、官職の競争率を上げた。

その中で、摂関家の傍流出身の藤原信頼が、信西と最も鋭く対立した。中流貴族の〝その他大勢〟にすぎなかった彼は、保元の乱後に突然台頭した。後白河の寵愛によって常軌を逸した速さで昇進を重ね、後白河が退位する保元三年（一一五八）までに権中納言《ごんのちゅうなごん》という高官に昇っていた（その上には、大納言と内大臣・右大臣・左大臣・太政大臣しかない）。

信頼は寵愛を誇って既存の家格を蔑《ないがし》ろにし、摂関家に対する家格相応の礼節・敬意を拒否した。後白河の譲位の少し前、賀茂祭《かものまつり》で忠通の従者がその態度を咎《とが》めて暴行する事件が起こると、後白河は激怒し、関係者を処罰して忠通を閉門謹慎に追い込んだ。後白河の寵愛だけを頼りに傍若無人に振る舞う信頼に、朝廷の再建を遂行中だった信西は強い敵意を覚え、さらに信頼にそうした振る舞いを許す後白河を、史上まれに見る暗君と認識して、諦め始めた。

そうした中、かねてからの予定通り、保元三年八月、後白河が退位して守仁が二条天皇となった。これで、信頼の昇進がぴたりと止まった。信頼の出世が後白河個人の寵愛に依存していた以上、天皇が代われば当然なのだが、信頼はこれを信西の妨害工作のせいと信じたらしい。二条が天皇となっても後白河は院政を敷いていたが、信西が実質的に院政を主導している限り、信頼の前途は塞《ふさ》がれてしまう。そう信じた信頼は、信西を憎悪し、二条天皇に接近して、信西の失脚を謀《はか》った。

同じ頃、葉室（藤原）惟方も不穏な動きを見せ始めた。彼は白河・鳥羽院政で絶大な信任を得ていた藤原為房《ためふさ》一家の一員で、信西一家と葉室家は密接な相互扶助関係を結んでいたので、信西に協力的だった。しかし、葉室家の既得権益に対する信西一家の侵蝕の凄まじさに焦り、信西と対立する派閥に鞍替えした。さらに二条自身が、後白河の近臣たちから蔑ろにされていると感じ始め、職務怠慢を理由に彼らを処罰するなど、後白河院政に対して牙を剝《む》き始めた。

二条天皇の大嘗会の完了を待って平治の乱が勃発

こうして後白河院政が相互不信と憎悪に満ちる中で、平治元年（一一五九）が暮れようとしていた。しかし、その中で重要な行事が果たされねばならなかった。大嘗会《だいじょうえ》（大嘗祭）である。天皇は皇位を継ぐと、朝堂院の大極殿《だいごくでん》で百官を前に皇位継承を明らかにする「即位《しょくい》」の儀式を行い、続いて「一代一度」の大規模な祭礼として大嘗会を行う。これらを済ませてようやく、皇位継承の儀礼的な手続きが完了する。二条の即位は、信西がそのために再建した朝堂院・大極殿を用いて、譲位の四ヶ月後の前年（保元三年）年末に済んでいた。

大嘗会は、毎年の新嘗祭《にいなめのまつり》を特別に大規模化したもので、準備に数ヶ月を要する。また、大嘗祭・新嘗祭は収穫祭なので、収穫の秋を経て冬一一月に行われる。平治元年の春〜秋は大嘗会の準備で朝廷は忙殺され、一一月二三日に大嘗会が行われた。その日までに政変を起こすと大嘗会が潰れ、二条の天皇としての権威が著しく傷つく。それを望む者は誰もいないので、大嘗会が済むまで平治元年は平和だった。これまで誰も指摘しなかったが、平治の乱がその年の一二月まで起こらなかったのは、二条の大嘗会の完了を待つためと見て、まず間違いない。

逆に、大嘗会さえ済んでしまえば、政変を望む者に決起を躊躇する理由がなくなる。平治の乱が起こったのは一二月九日で、大嘗会の日からたった一六日しか経っていない。事件の主謀者たちは、大嘗会が済み、挙兵の好機が訪れるのを手ぐすね引いて待ち構えていたのである。

しかも、日付は不明だが大嘗会の直後に、平清盛が紀伊の熊野社に参詣するため、京都を離れた。乱の主謀者たちは清盛を警戒していた。その清盛が京都を発《た》ち、十分に遠く離れた頃を見計らって、主謀者たちは後白河院の御所「三条殿《さんじょうどの》」を襲撃した。平治の乱の勃発である。

第二章　三条殿襲撃事件

平治元年（一一五九）一二月九日──三条殿襲撃事件

保元の乱と信西政権の概略、そして平治の乱の勃発に至る流れは、右の通りだ。これを踏まえて、本題に入りたい。まずは事実レベルの確定を済ませよう。

平治の乱は、後白河の御所への襲撃で始まる。この御所は三条大路《さんじょうおおじ》の北、烏丸小路《からすまろこうじ》の東に面していた（『帝王編年記』）（一四頁図3参照）。「三条烏丸御所」ともいうが、呼びやすい「三条殿」という略称を使い、三条殿が襲われた事件を〝三条殿襲撃〟事件と呼ぼう。その事件を『百練抄』はこう描写する。

十二月九日夜、右衛門督《うえもんのかみ》信頼卿《きょう》・前下野守《さきのしもつけのかみ》義朝等《ら》謀反す。上皇の三条烏丸御所に放火し、上皇・上西門院《じょうさいもんいん》を一本御書所《いっぽんごしょどころ》に移し奉《たてまつ》る。

平治元年（一一五九）の一二月九日の夜、藤原信頼と源義朝らの軍勢が、後白河院の住む三条烏丸御所（三条殿）を襲撃し、火を放った。そして後白河と、その姉で同居中の上西門院の身柄を、大内裏の一本御書所へ移した。

より詳しい『愚管抄』によると、襲撃者たちは「信西は息子らと三条殿に常駐しているので、彼らを押し籠《こ》めて全員打ち殺そう」と企み、三条殿を包囲して放火した。襲撃者一味の権中納言の源師仲《もろなか》は、持参した車（牛車）を三条殿に入れ、中門《ちゅうもん》（御所の内部を区切る回廊の門）の前に駐《と》めて、後白河と、姉の上西門院（統子《むねこ》内親王）を乗せた。

この時、信西の妻で成憲《しげのり》・脩憲《ながのり》兄弟を産み、上西門院に女房（女官）として仕えていた藤原朝子《あさこ》（紀伊二位《きのにい》）も、三条殿にいた。小柄な朝子は、上西門院の衣服の長い裾の中に隠れて車に乗り込んだという。

車は三条殿を出ると、源重成《しげなり》・源光基《みつもと》・源季実《すえざね》という武士たちに護衛されて進み、大内裏の一本御書所という場所に後白河と上西門院を運び入れた。一本御書所は大内《おおうち》（大内裏《だいだいり》の中にある本来の内裏）に近接した施設だが、そこに院を入れることが何を意味するかは、〝全容究明編〟の第一一章で詳しく述べよう。

三条殿には信西の子の俊憲・貞憲兄弟が出勤していたが、逃亡に成功した。しかし犠牲者は多く、火を恐れて井戸に飛び込んだ人々が次々と転落死・溺死した。貴人の死者はほとんど記録されていないが、藤原氏南家《なんけ》（不比等《ふひと》の長男武智麻呂《むちまろ》の子孫）の出身で、上西門院の蔵人として彼女に仕えていた藤原惟章《これのり》（一説に惟盛《これもり》）という人が、この日に井戸に墜《お》ちて死んだという記述が『尊卑分脈《そんぴぶんみゃく》』〈真作孫〉にあると、最近指摘された［佐々木19］。五日後にこの襲撃の功労を賞した昇進人事で、〈虐殺行為で昇進する〉という不正義に憤った左大臣の大宮《おおみや》（藤原）伊通《これみち》は、「など井はつかさもならぬにかあらむ。井こそ人は多く殺したれ（多く殺せば官職を与えるというなら、なぜ井戸に官職を与えないのか）」と非難した［『今鏡』六―ふぢなみの下―ゆみのね］。

同日——信西が京都を脱出し、近江甲賀の信楽へ逃亡

襲撃翌日の一二月一〇日の卯刻《うのこく》（朝六時頃）、信西の家が焼失した［『一代要記』『歴代皇記』］。信頼軍は、九日の夜に三条殿を襲い終わると、信西の自宅に転進し、朝までに着いて放火したのだ。三条殿で信西を捕獲できずに自宅を襲ったわけだが、すでに信西は逃亡していた。

その後の京都の動きを追う前に、信西の逃避行の様子と結末を、『愚管抄』で確認しておこう。

事態を察知した信西は輿《こし》に乗り、人に顔を知られていない夫《ふ》（労働者）に輿を担がせて、四人の家人《けにん》（従者）と南下し、大和国の「田原」という場所へ逃れ、穴を掘って身を隠したという。

大和国の田原は今の奈良県奈良市の東部で、奈良盆地から数㎞ほど東の山岳地帯だ。しかし、

図８　地図：信西の逃避行（国土地理院陰影起伏図を加工）

信西の最期の地を、『百練抄』一二月一七日条は「志《し》加《が》良《ら》木《き》山」とする。近江国甲賀《こうか》郡の信楽《しがらき》（紫香楽）を指すに違いないが、そこは大和国の田原より三〇㎞ほど北東の険しい山中である。離れているのはともかく、二つの場所は木津川の急流を挟んでおり、一つの経路上とは見なせない。

そこで付近を探ると、京都から南下して木津川を越える前（川の北側）に、京都府綴喜《つづき》郡宇治田原町として名を残す山城国の「田原」がある。宇治の平等院から南東へ数㎞ほど山岳地帯に入った場所で、実は信楽に抜けられる。天正一〇年（一五八二）、本能寺の変を知った徳川家康が畿内から三河へ帰る時に、山中を踏破してこの田原から信楽に出る信楽街道を経て、伊賀に出る「伊賀越《ごえ》」の逃避行に成功しているのだ。これなら一つの経路上に田原と信楽が並ぶ。

『愚管抄』の著者慈円は「田原」と聞いて大和の田原と早合点したが、本当は山城の宇治地方の田原だった可能性が高い。『愚管抄』には、信西が田原付近で姿を消すまでの情報が書かれたが、『百練抄』には「信楽まで到達した」という情報がきちんと盛り込まれた、ということだろう。信西一行は、京都盆地から東の山岳地帯を、驚くべき深さまで進んだことになる。

信楽がある近江の甲賀郡は、中世後期には著名な隠れ場だった。戦国時代、室町幕府の将軍は何度も近江守護の六角氏を討伐したが、そのたびに六角氏は甲賀の山中に逃亡した。そして、一度ここに隠れたら絶対に発見できず、必ず討伐が諦められた。その地方へ逃れたことは、〈絶対に居場所を知られたくない〉という信西の執念を意味している。

『愚管抄』には、「信西ハカザドリテ（信西は事態を察知して）」とある。「かざどる」は〈風の変化を察知する〉が語源のようで、〈異変が起こる前に予知すること〉〔河内02-一二〇頁〕ではなく、〈起こった異変をすぐ敏感に察知すること〉と解釈するのが自然なので、信西は、三条殿を襲撃しつつある（またはしている）軍の動きを見て、恐らく自宅から逃亡したのである。

信西の自害と源光保による捜索・発見

『愚管抄』によると、信西は死に場所を決め、穴に隠れた。四人の家人は自ら髻《もとどり》を切って出家し、法名《ほうみよう》（僧としての名）を信西に求めた。〈これから自害する主人の没後を弔う〉という意思表示である。信西は「西」の字を与え、各自の俗名《ぞくみよう》の字と組み合わせて、藤原師光《もろみつ》に「西《さい》光《こう》」、藤原成景《なりかげ》に「西景《さいけい》」、田口兼光《かねみつ》に「西実《さいじつ》」、斎藤清実《きよざね》に「西印《さいいん》」と名づけた。西光は「かくなる上は海を渡って中国へお逃げ下さい。お供します」と願ったが、信西は拒んだ。「逃避行を始めた時、天体の配置が本星命位《ほんせいめいい》にあった。私の命運はここまで。足掻《あが》いても逃げきれまい」と。

穴に入った信西は「うまく隠れたので時間は稼げるだろう」と考えたが、輿舁《こしかき》の口が軽く、信西の逃亡先は噂になってしまった。それを聞きつけた源光保《みつやす》という武士が、二条天皇に「探して身柄を引き渡して差し上げましょう」と宣言し、信西の捜索を開始した。

信楽では、信西の隠れた穴に近い大木に西光がよじ登り、徹夜で警戒していた。彼は樹上で、穴の中で信西が高らかに「南無阿弥陀仏」と念仏を唱える声を微《かす》かに聞いた。信西はいよいよ死のうとしていた。その時、樹上の西光は、不審な松明《たいまつ》の火が多数近づいてくるのを視認した。西光は木から下り、「不審な火が見えます。ご覚悟下さい」と穴の入口から告げ、また木に登った。今度は、多数の武士の姿がはっきりと視認できた。光保の一行が、信西を探してあちこち見回っていた。彼らは、ついに穴の入口を塞ぐ板を発見し、掘り起こしてしまった。

信西は「カキウヅ」められていた。「かき」は動詞を強調する言葉で、「かきうづむ」は「大いに埋める」である。発見した敵は信西を「ホリ出」した。穴の入口を板で塞いだだけなら、「掘り出す」必要はない。穴は土で埋められ、信西は土中に埋まっていたのだ。掘り出された信西は、腰刀を肋骨の上から強く突き立て、すでに自害していた。信西は、生き埋めにされながら自害することで、自害と埋葬を一度に済ませようと狙ったのだ。埋葬に手間取る間に敵に発見され、首を取られるのを防ぐためだろう。首を取られて罪人として衆目に晒《さら》されることは、極度の恥辱だからだ［河内02－一一二三頁］。しかし源光保の手の者は信西を掘り出し、首を取った。

その後の流れは、『百練抄』に次のようにある。

十七日、少納言《しょうなごん》入道信西の首、廷尉《ていい》　川原に於《おい》て請《う》け取り、大路を渡し、西の獄《ごく》の門前の樹《き》に懸《か》く。件《くだん》の信西　志加良木《しがらき》山に於て自害す。前出雲守《さきのいずものかみ》光保　尋ね出《いだ》す所なり。

信西の首は持ち帰られ、三条殿襲撃の八日後に京都に着いた。『愚管抄』によれば、光保は「イミジガホ（得意満面）」だったという。鴨川の川原で信西の首を引き渡された検非違使は、大路を渡し（首を掲げて大通りを行進し）、西の獄（牢獄）の門前の木に懸けて晒した。

一二月一〇日・一四日――信西一家の解官と恩賞人事

『愚管抄』によれば、その後、信頼は二条天皇を大内に行幸《ぎょうこう》（天皇の移動を行幸という）させて、住まわせた。後白河は、三条殿襲撃の時に運び込まれた一本御書所に、そのまま滞在した。その上で、信頼は「世ヲオコナヒ」、つまり朝廷を代表して、執政の地位を自任した。天皇・

院の身柄を押さえて信頼政権が発足したと、『愚管抄』は主張するのである。

この記事は、臨戦態勢が解除されたかのような印象を与える。しかし、三条殿襲撃の後、信頼と義朝は内裏に陣取った、という記録がある〔『一代要記』『歴代皇記』〕。陣取ったのなら、まだ臨戦態勢だ。二条がいる大内かその近辺に、信頼・義朝は軍勢と泊まり込んでいたらしい。

その一二月一〇日、つまり三条殿襲撃の翌日に、信西の息子たちは解官《げかん》された。内訳は、参議の俊憲、権右中弁《ごんのうちゆうべん》の貞憲、左中将《さちゆうじよう》・播磨守《はりまのかみ》の成憲、左少将《さしようしよう》・美濃守《みののかみ》の脩憲である〔『公卿補任』平治元年・仁安元年・承安四年条〕。信西を取り逃がした襲撃者は、同じく取り逃がした息子たちの身柄も未だ押さえていなかったが、とりあえず解官して失脚を確実にしたのだ。

新政権は除目《じもく》（人事異動の行事）を行い、義朝を四位《しい》・播磨守に昇進させた。また、義朝の嫡子で一三歳だった頼朝が、右兵衛権佐《うひようえのごんのすけ》に任官した。『愚管抄』は日付を伝えないが、複数の記録〔『公卿補任』文治元年条、『類聚大補任』〕に、頼朝の任官日が一二月一四日と明記されている。この除目は、三条殿襲撃の五日後、俊憲らの解官の四日後にあたる一二月一四日に行われたことが確実だ。

義朝が任官した播磨守は、院政期には院の寵臣だけが就任でき、任期の後はほぼ全員が公卿に昇った〔元木86〕。ならば、義朝は挙兵時に、将来の公卿昇進を仄《ほの》めかされていた可能性がある。

一二月二二日――信西の子息らの流刑宣告・執行

八日後の一二月二二日、信西の息子一二人が別々の遠隔地に、一斉に流された。流刑地は、俊憲が越後（後に阿波）、成憲が下野《しもつけ》、脩憲が隠岐、貞憲が土佐、是憲《これのり》が佐渡、静賢《じょうけん》が安房《あわ》、澄憲《ちょうけん》が下野（下総《しもうさ》か）、寛敏《かんびん》が上野《こうずけ》、憲曜《けんよう》が陸奥、覚憲《かくけん》が下野または伊豆、明遍《みょうへん》が越後、勝賢《しょうけん》が安芸だった〔『公卿補任』『尊卑分脈』〕。『愚管抄』が「男・法師ノ子ドモ数ヲツクシテ諸国へナガシテケリ」と伝えた通りだが、「男・法師」とあって「女・尼」とは見えないので、女子たちは流刑を免れていた。

その流刑の様子について、実は彼ら自身の証言がある。流刑地への旅路で詠んだ歌の詞書《ことばがき》である〔中村86〕。それによると、下野に流された成憲は、近江の逢坂関《おうさかのせき》を越えて「あづま」のどこかまで到達していた〔『続後拾遺和歌集』『月詣和歌集』〕。また、安房に流された静賢は、兄弟らと一緒に相模の大磯《おおいそ》まで到達し、そこから別行動になったと証言している〔『月詣和歌集』〕。

大磯で別れたのは、そこにある相模国府〔鈴木14―一七八頁〕で幹線道路が分岐するからに違いない。今、ＪＲ東海道線「大磯」駅の二㎞西に神奈川県中郡大磯町国府本郷という地名が残り、その西端に相模国「惣社《そうじゃ》」と伝わる六所《ろくしょ》神社がある。惣社とは、平安末期頃から、国司が管国内の神々をまとめて祀れるよう、国内の主要な神社をすべて国府に集めたものだ。海岸線沿いにその惣社と「国府本郷」の地名が残るその地は、相模国府の故地と考えてよい。

その南西へ七㎞あまりの「国府津《こうづ》」駅は、明らかにかつての〝国府の港〟だ。静賢は「兄弟たちと大磯で別れた」というから、この「国府津」で出帆して南東へ向かい、三浦半島を左手に見て相模湾を横断し、それから東京湾を横断して、流刑地の安房に上陸したに違いない。古代の東海道は、相模から北の武蔵へ陸路で向かわず、この海路で房総半島に上陸するルートだった。二一年後に挙兵して緒戦で敗れた源頼朝も、ほぼ同じコースで安房に逃れている。

その静賢には、相模まで同行した兄弟がいた。兄弟の流刑地のうち、相模より先と見なせるのは越後・上野・下野・陸奥だ。このうち越後は北陸道に、残る上野・下野・陸奥は東山道に属する。本来なら北陸道諸国へは日本海沿いに、東山道諸国へは美濃・飛驒・信濃という山岳地帯を横断して行く建前だが、東海道を行けばまとめて護送でき、海岸沿いで高低差もない。そうした便宜があるため、相模まで集団で運ばれ、静賢以外は陸路で武蔵を北上し、寛敏が上野へ、澄憲が下野（下総）へ、憲曜が陸奥へ、明遍が越後へ向かったのだろう。

この頃の流刑は、宣告されたその日に領送使《りょうそうし》（護送官）に身柄が引き渡され、出発させられる（『清獬眼抄』所引『後清録記』応保三（二）年六月二三日条）。京都から相模国府まで通常一三日を要するので（『延喜式』主計上調絲条）、配流が決まった一二月二二日に出発すると、年を越して平治二年（一一六〇）正月六日頃に相模国府に着く。静賢が兄弟たちとの別れの歌を詠んだのはこの日かその前後だろう。翌月の二月二二日に彼らは赦免《しゃめん》され京都に召し返されるが、流罪宣告から二ヶ月を経ているので、全員、それまでに流刑地に到達したはずだ。

信西の子息は全員遠流に

律令制では、流刑地が遠い順に「遠流《おんる》」「中流《ちゅうる》」「近流《こんる》」といい、罪の重さと比例した。遠流は伊豆・安房・常陸・佐渡・隠岐・土佐、中流は信濃・伊予、近流は越前・安芸である（『延喜式』刑部省－遠近条）。ところが、一二人の信西の子らの流刑地のうち、越後・下野・上野・陸奥はそれらに含まれない。全員孤立させるには、法定の流刑地が不足したのだろう。そう考えると、下野に三人も流されたという所伝はおかしい。『公卿補任《くぎょうぶにん》』によって成憲の下野が確実なので、澄憲は下総の誤りと思われ、二説（伊豆か下野）ある覚憲は伊豆が正しいと思われる。また、越後も二人だが、実際に越後に流されたのは明遍だけである（俊憲の動向は後述）。

脩憲の隠岐、貞憲の土佐、是憲の佐渡、静賢の安房、覚憲の伊豆は、いずれも遠流である。また、法では相模より都に近い伊豆が遠流なので、相模より遠い越後・下野・上野・陸奥も遠流相当に違いない。〈信西の息子は全員遠流に処する〉方針が徹底していたと結論してよい。

『尊卑分脈』は勝賢の流刑地を安芸とするが、安芸は近流の地だ。彼だけ近流で済む理由はなく、誤写だろう。「安房」が似ているが、それでは静賢と重なってしまう。遠流相当で、草書体の字形が似ており、兄弟の多くが東国に流された事実から見て、「武蔵」の誤写ではないか。

なお、静賢の流刑地にも問題がある。『尊卑分脈』に、「安房国に配《はい》す。但し丹波に下向《げこう》す（安房への流罪に処されたが、丹波に下った）」とあるのだ。これは二重の意味でおかしい。静賢は現に安房に下っているし、京都の西隣の丹波では流刑地として近すぎ、彼だけ刑が軽くなりすぎる。静賢は、かつて白河天皇が「国王ノウヂデラ（氏寺）」として白河に建立した法勝寺《ほっしょうじ》の執行《しぎょう》（長）だった。その法勝寺の荘園が、丹波の氷上《ひかみ》郡や桑田《くわた》郡にある（『平安時代史事典』「桑田郡」「氷上郡」）。静賢は、丹波の法勝寺領荘園に身を隠したが捕らえられ、安房に流されたのではないか。

もう一つ問題がある。俊憲の流刑地だけ、最初は遠流相当の越後と決まりながら、後から阿波に改められたのだ。この問題は重要なので、〝全容究明編〟の第八章で詳しく検討しよう。

一二月一七日――清盛が熊野詣から帰京

一二月九日～二二日の三条殿襲撃と戦後処理の人事で、事態は一段落した。これが平治の乱の第一段階である。襲撃者一派は、これで変事を終息させる心づもりだった可能性が高い。ところが現実には、ここから何度も大逆転が起こる。

最初の大逆転は、信西一家の流刑宣告から三日後の一二月二五日未明に起こった。異変を知って京都に急行し、自宅の六波羅亭に戻っていた清盛が、二条天皇を迎え入れたのである。『愚管抄』によると、清盛が紀伊国の田辺宿《たのべのしゅく》（別名を二川《ふたがわ》宿。和歌山県田辺市）に着いた時、京都から来た「脚力《かくりき》（飛脚）」が追い着いた。一行に加わらずに京都の六波羅亭で留守を預かっていた息子の重盛《しげもり》が、変事を急報したのである。清盛は「どう対処しようか」と悩んだ。息子の基盛《もともり》・宗盛《むねもり》、それに一五人ばかりの侍（家人の武士）だけの一行では、無闇に帰京しても為《な》す術《すべ》がない。清盛は、大阪湾から瀬戸内海経由で九州へ向かい、軍勢を集めようと考えた。大宰大弐（大宰府の実質的な長）である清盛は職権で九州の軍勢を召集できるし、実は清盛は三年近く前から、かつて源為朝が勃発させた九州の反乱の討伐にあたってきた。九州には腹心平家貞を総帥とする討伐軍が組織されており、これと合流するのが最も安全で確実だった。

しかし、田辺宿で清盛に合流していた湯浅宗重《むねしげ》という紀伊の武士が反論した。「彼はその時、確かに三七騎を率いていた」と『愚管抄』に書かれているので、その場に立ち会った当事者の目撃証言である。宗重は、自分がその三七騎もろとも合流して一行を五〇騎あまりに増やした上で、「このままで大丈夫。私が京に入れて差し上げましょう」と提言した。

田辺宿では、湛快《たんかい》という僧も合流していた。彼は、熊野社を統轄する熊野別当《くまののべっとう》である（『本朝世紀』仁平三年三月五日条）。湛快は鎧《よろい》・弓矢などの戦装束《いくさしょうぞく》を七セットその場で用意し、清盛に与えた。さらに、宗重の一三歳の息子が小腹巻《こはらまき》（正式な大鎧より簡便な鎧）を脱ぎ、宗盛に与えた。大人用の鎧を着られない同い年の宗盛に、サイズの合う鎧を提供したのである。

かくして、居合わせた紀伊の有力者の全面的支援を得て、清盛は京都への帰還を決意した。ただし、代理人を熊野社へ送って、参拝を代行させた。これから始まる戦で加護を得るため、なおさら神を敬う参拝が必須だったのだ。その代理人が田辺と同じ紀伊国内の熊野社に着くよりも先に、全速力で動いた清盛一行が京都に入った。三条殿襲撃から八日後の、一二月一七日のことである。すでに信西一家は解官され、ちょうど、信西の梟首《きょうしゅ》（晒し首）があった日だ。

清盛、帰京翌日に婿の信親を信頼に届け友好を表明

清盛は、実は信頼の子の信親《のぶちか》を婿に迎えていた。当時は婿入婚《むこいり》で、夫は妻の実家に住んだ。その信親を、清盛は帰京翌日の一二月一八日に父信頼のいる大内へ送り返した。問題は、なぜこのタイミングで送り返したか、だ。この話を伝える『古事談《こじだん》』には、理由が書かれていない。

これは、〈反逆者に堕落した信頼と手を切る意思表示〉ではあり得ない。なぜなら、その七日後に清盛が信頼に名簿《みょうぶ》を捧げるからだ。名簿は自分の姓名を書いた紙で、これを捧げると服従の意思表示になる。名簿を捧げるのは、清盛の去就を不安視する信頼を安心させる工作に違いないが、七日前に手切れの意思表示が済んでいたなら、名簿を捧げる工作が有効なはずがな

い。

現状では、次のような説明がよさそうだ。清盛は戦を予見していた。信親は五歳の幼児なので〔『兵範記』嘉応二年五月一六日条〕、戦場には同行させられず、平家と行動をともにさせると平家の敵が誤って危害を加える可能性がある。そこで父に託して安全を確保させる、という意思を示した。これが信親を送還する口実だったが、その裏に実利的な目的があったのではないか。

信親を護衛した清盛の郎等の難波経房《つねふさ》・館貞安《たてさだやす》・平盛信《もりのぶ》・伊藤景綱《かげつな》は、信頼のいる奥深くまで、大内の様子を具《つぶ》さに観察できた。帰京した翌日で、まだ京都の確かな実情を把握できていない清盛は、成り行き次第で敵の本陣となり得る大内を偵察させ、敵の陣容〔顔ぶれや配置・数など〕を把握するための口実として、信親の送還を思いついた可能性が高い。

四人の護衛は、狩衣《かりぎぬ》という活動着の下に「下腹巻《したはらまき》」という簡易な鎧を着込み、つまり表面上は平時を装いながらいつでも襲撃に応戦できる準備をしていた。義朝はこの四人を見て「アハレ者共《ものども》ヤナ。各《おのおの》一人当千也《いちにんとうせんなり》〔ああ、大した者たちだ。四人の誰もが一騎当千の猛者《もさ》である〕」と感嘆した。聞く人は、義朝が言外に「彼ら四人が清盛の本陣に戻ってしまえば、清盛と戦ってもきっと勝てない」と仄めかしているのかも、と察したという〔『古事談』四―勇士〕。

義朝は同じ戦巧者《いくさこうじや》として、一行が清盛の偵察隊であること、その清盛と早晩激突する可能性があることを察し、ならばこの四人の「一人当千」の難敵をここで押し包んで殺してしまうべきだ、と暗に主張したのである。しかし、清盛が敵か味方かまだ判然としない中で、先手を打って清盛を完全に敵に回すという決断は、誰にもできなかった。逆に、清盛も同じだった。

故鳥羽院の近臣筆頭として三条公教が事態収拾に動く

清盛の入京後、清盛と信頼・義朝は互いに対応を図りかね、動かなかった。その間に、事態を心配して善後策を議論する廷臣が現れ始めた。中心は内大臣の三条（藤原）公教《きんのり》だった。彼の上には太政大臣《だいじょう》の中御門《なかのみかど》（藤原）宗輔《むねすけ》、左大臣の大宮伊通《これみち》、関白右大臣の近衛（藤原）基実《もとざね》がいたが、中御門宗輔は生涯を通じて、政争に関与した形跡がない。太政大臣は名誉職なので廟堂《びょうどう》を主導する職権がなく、宗輔自身も八三歳で、当時としては超高齢だった。彼自身も周囲も、彼をこの政局に関わらせなかったのだろう。

議《ぎ》政官《せいかん》の首班、太政官の頂点として、廷臣を主導する職権を持つのは左大臣だ。しかし、左大臣の大宮伊通もリーダーシップを見せなかった。

それは、この議論を動かし始めた三条公教が、単なる内大臣ではなかったからだろう。公教は、亡き鳥羽院の側近であり、近衛天皇没後の皇位継承者を鳥羽院が密室で相談した腹心の一人であり、鳥羽院の葬儀を司った近臣の筆頭である〔『兵範記』保元元年七月二日条〕。その来

図9　三条公教（『天子摂関御影』）

図10　大宮伊通（『天子摂関御影』）

歴と利害の一致から、公教は同じ近臣最上位の八人にいた信西と組み、信西の嫡男の俊憲に娘を嫁がせて強く提携し、保元の乱後は信西政権に協力して記録所の主導者となっていた。

公教も、彼と議論した廷臣たちも「サモアル人々（そう動くだろう廷臣たち）」であり、廷臣万般ではない。公教は、つい数日前まで全盛期だった信西政権の支持者として、信西を死なせた事変を憂え、利害を共有する廷臣たちを率いて、事態の打開に動き始めたのである。当時有数の学識人・官僚・政治家だった左大臣大宮伊通が加わらなかったことは、この議論が朝廷・廷臣全体ではなく、公教が影響力を持つ派閥の中で完結していたことを示している。

逆にいえば、公教はこの議論に、職責上も能力上も欠かすべきでない伊通を誘わなかった。摂関家の右大臣基実も、その父で摂関家を代表する前関白忠通も誘わず、自派だけで事態を解決しようと動いた。理由は、この政局で主導権を手放さないため、そして情報漏洩《ろうえい》の危惧だろう。信頼らの一派が紛れ込んでいる可能性が高いので、廷臣全員とは議論できない。さらにいえば、伊通や摂関家が敵でないという確信を公教は持てなかった、ということでもある。特に、基実が信頼の姉妹を娶《めと》っていた事実が大きいだろう。摂関家は、乱が完全に落着するまで、主体的な判断や指導力を発揮した形跡がない。平治の乱は、政局が摂関家を蚊帳の外に置いていたこと、つまり摂関家の弱体化を鮮明に映し出したのだった。

難解な当該部分の『愚管抄』を読み解く

三条公教の動向は重要だが、それを伝える『愚管抄』の文章が難解なため、誤読されてきた。

大方世ノ中ニハ三条内大臣公教、ソノ後ノ八条太政大臣以下サモアル人々、「①世ハカクテハイカヾセンゾ。信頼・義朝・師仲等《ら》ガ中ニ、マコトシク世ヲ行《おこな》フベキ人ナシ。②主上二条院ノ外舅《がいきゆう》ニテ大納言経宗、コトニ鳥羽院モツケマイラセラレタリケル惟方検非違使別当ニテアリケル、③コノ二人主上ニハツキマイラセテ、信頼同心ノ由《よし》ニテアリケルモ、ソヽヤキツヽヤキツヽ、④清盛朝臣コトナクイリテ、六波羅ノ家ニ有ケルト、トカク議定《ぎじよう》シテ、六波羅へ行幸ヲナサン」ト議《ぎ》シカタメタリケリ。

この記事では、三条公教らの発言がどこで終わるのか、わかりにくい。①は明らかに彼らの発言だが、続く②が問題だ。②は大炊御門経宗と葉室惟方についての説明文だが、そこに見える「二条院」は後世の呼び名なので、この三文字は地《じ》の文であり、公教の発言ではない。ところが、①の最後に「トテ」などの、発話の終わりを示す終端文言（カギカッコ閉じにあたるもの）がない。②があまりに地の文らしいので、公教らの発言は①で終わる（終端文言は略されただけの）ように見え、続く③の「コノ二人主上ニハツキマイラセテ、信頼同心ノ由ニテアリケルモ、ソ、ヤキツ、ヤキツ、」も、経宗・惟方を主語として、彼らの行動を叙述した地の文に見え、続く④の「清盛朝臣コトナクイリテ、六波羅ノ家ニ有ケルト、トカク議定シテ」は、傍点部「ト」より前が経宗・惟方の発言（議論）の内容だと、解釈されてきた［大隅71－二五三頁］。

しかし、文法的には、④の傍点部の「ト」が、どれだけ遠くても①の発言の終端部である。文脈から考えても、①～④のすべてが公教らの発言だ。なぜなら、ここで経宗・惟方に焦点を当てる理由が、①でしか説明できないからである。①を除いて②③④だけ見ると、経宗・惟方が全く独自に「清盛が無事に六波羅亭に入った」事実を見て行動を開始したように見えてしまう。しかし、清盛の京都帰還によって状況が変わったと認識できるのも、それによって行動を起こす動機があるのも、廷臣全員であって、経宗・惟方だけではない。それを『愚管抄』は、経宗・惟方が特別に行動を起こしたように、経宗・惟方の名前だけを特筆する。なぜか。

それは、①でしか説明されない。「信頼・義朝・師仲ではまともな執政が期待できない」と述べる①は、「別人を執政の臣として立てねばならない」と述べているのと同じであり、だから経宗・惟方の名前が挙がったのだ。続く②で、彼らについて、「二条天皇の外舅（母方の叔父）」だとか、「亡き鳥羽院から特に二条天皇を託された」などと説明が挟まるのは、それらが執政の臣となるにふさわしい資格だと、慈円が説明を挿入したがったからにほかならない。

①は、②とつなげて、「①信頼・義朝・師仲ではまともな執政が期待できない。誰か別人を執政の臣にせねばならない。②ならば、天皇の外戚の経宗や、亡き鳥羽院に天皇の補佐を託された惟方が適任だ」という一連の文章と解釈せねば、意味を持たない。①と②は一体であり、したがって②も公教らの発言の続きと見なければならない。その②に、同時代人の呼び方でない「主上二条院」という傍点部が入っているのは、慈円が注記として挿入したからだろう。

以上のように、①も②も発言の内容と考えるべきなら、続く③も同様に考えるべきだ。③・④の解釈は、「天皇に付き添って信頼と同心していると見られているこの二人（経宗・惟方）にも、目立たぬように「清盛が無事に入京して六波羅亭にいるぞ」と連絡して気を惹《ひ》き、彼らとも万事相談して、天皇を六波羅亭にお迎えしよう」となる。そう公教らは「議シカタメ（議論の上で結論し）」たのであり、ここまでが公教らの発言であり、謀議の内容である。

経宗・惟方は公教の画策で受動的に脚光を浴びただけ

昔は、清盛の京都帰還を知った経宗・惟方が自発的に、二条を脱出させて六波羅亭へ移動させようと企んだ、と理解された〔飯田79―一七一頁〕。しかし、『愚管抄』の正しい解釈が右の通りなら、この説は覆《くつがえ》る。すでに何人かの専門家が気づいたように〔河内02―一三九頁、元木04―一九二頁〕、二人は公教らが立てた二条の脱出計画に協力するよう呼びかけられ、応じただけだ。

公教はいう。「信頼・義朝・師仲は、きちんと執政の臣を担えない。ならば、国家はどう運営されればよいのか」と。ここまで〝執政の臣〟と呼んできた地位は、亡き信西の地位である。それは『愚管抄』の別の部分で「天下ノ執権」と、また『今鏡』〔三―すべらぎの下―内宴〕に「ひとへに世の中をと〈執〉り行ひて」と書かれた地位なので、「執権」と呼んでよい。もちろん、後に鎌倉幕府を支配した「執権」と同じ意味である。そして、後の鎌倉幕府が原則として二人の執権を立てたように（二人目は「連署《れんしょ》」と通称された）、「執権」は複数いて問題ない。それを踏まえて本書では、信西や、その後を継承した者たちの地位を「執権」と呼ぼう。

有能な執権として朝廷を運営してきた信西の退場は、朝廷運営を立ち往生させた。それを憂慮した公教らは、〈適切な執権を立てよう〉と結論した。その人材が経宗と惟方だった。

経宗は摂関家の庶流で、血筋だけで十分に出世できる家柄だが、修行に励んで公事《くじ》（朝廷行事）に練達し、勤務に熱心で、父や兄弟たちが嗜《たしな》まなかった漢詩文にも優れ、「よき上達部《かんだちめ》（素晴らしい公卿）」と好評を博した〔『今鏡』五―ふぢなみの中―はなやま〕。また惟方は、曾祖父の藤原為房以来、蔵人所《くろうどどころ》や弁官局（太政官の実務部門）の要職を歴任して白河・鳥羽院政の実務を支え、祖父顕隆《あきたか》は白河院政期に「夜の関白」と呼ばれ〔『今鏡』二―すべらぎの中―つりせぬうらうら〕、父顕頼《あきより》は鳥羽院政期に「内外執権」といわれ、政務の要《かなめ》を世襲した家の出身だった〔『本朝新修往生伝』〕。

そうした抜きんでた行政手腕を持った上で、経宗は二条の叔父として外戚を代表する立場にあり、惟方は乳父《めのと》として二条を守るよう鳥羽院に託された立場にあった。二条天皇の親政という形で朝廷政務を立て直すなら、二条との関係上も、能力上も、白河・鳥羽院政以来の歴史的経緯を踏まえても、すべてにおいて経宗・惟方が最も適任と判断されたのだ。

河内氏が指摘した通り〔河内02―一三九頁〕、二条親政の本格的な構築はこの時、公教らの発案で始まった。その中で、経宗・惟方は公教らに抜擢され、舞台を用意された演者にすぎない。

公教が消去法で二条親政を選び、一心同体の経宗を起用

これを計画した上で公教らが着手したのは、二条を脱出させ、平清盛に合流させる作戦だっ

た。それが成功すれば、次に起こるべきことは明らかだ。清盛を官軍として行われる、信頼らの討伐である。つまり、二条の脱出が立案された段階で、信頼らの切り捨てが確定していた。

しかし、それなら信頼を執権から疎外するなり、解官して政界から消すなり、流刑にして京都から追放すれば十分だ。なぜ公教らによる二条親政の推進は、信頼の抹殺を必要としたのか。その問いは平治の乱の真相と直結するので、〝全容究明編〟の第一一章で答えることにしよう。『愚管抄』を信じる限り、公教らによる二条親政の推進は、朝廷政治を立て直す手段にすぎなかった。本来なら本命であるはずの後白河院政が、もはや不可能と判断されたからだろう。

朝廷政務を自ら意のままに壟断《ろうだん》した白河院・鳥羽院と違い、これまでの後白河院自身には政務に取り組む意欲が皆無だった。それでも後白河院政が成立していたのは、乳父の信西が、政務を執る意欲と能力に溢れ、息子たちをはじめ、実務を担う有能なスタッフを抱えていたからだ。しかし、彼らが没落した今、後白河の院政を主導できる執権は皆無となり、もはや物理的に後白河院政は不可能となった。ならば消去法で、二条親政で朝廷政務を回すしかないのだ。

執権というなら、実は本来、摂関こそが朝廷の執権である。中には、鎌倉時代末に著された武士向けの裁判の手引き書『沙汰未練書《さたみれんしょ》』のように、「関白とは帝王執権也《ていおうのしっけんなり》(関白とは帝王の執権のことだ)」とはっきり書く史料もある。

ところが、公教らは摂関家を無視した。摂関家の栄華の再来を望まなかったからだろう。公

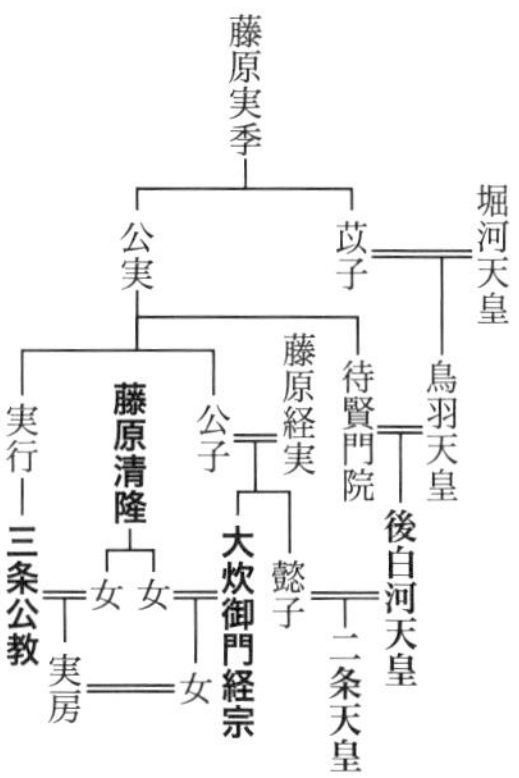

図 12　三条公教と大炊御門経宗の関係

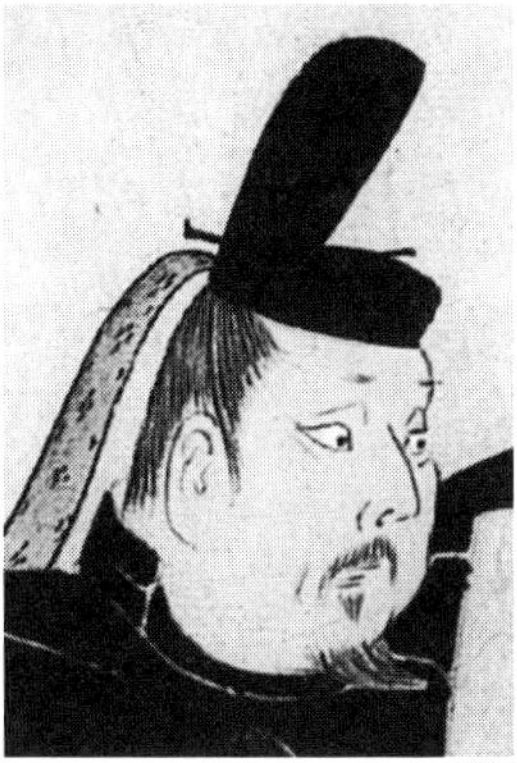

図 11　大炊御門経宗（『天子摂関御影』）

教の祖父の公実《きんざね》は、鳥羽天皇の外戚（伯父）だった。それを理由に、鳥羽天皇が皇位に就いた時、公実は摂関家の若い忠実をさしおいて、摂政就任を望んだ。実現しなかったが、重要なのはこの自意識である。公実の一家は、院政という新たな時代、御堂流《みどう》（道長《みちなが》の直系子孫）の摂関政治の全盛期が過ぎた時代に、自分の一家こそ御堂流に代わる新たな摂関家になるにふさわしい、と自覚していた。その公実の孫である公教は、しおらしく朝廷政務を御堂流の摂関家に委《ゆだ》ねようとは、露ほども考えなかったのだろう。

公教は代わりに、摂関家庶流の経宗を立てた。この二人は、実に濃密な血縁・姻戚関係で結ばれていた。まず、経宗の母が、公実の娘だった。つまり、経宗の母と、公教の父実行《さねゆき》は兄妹であり、公教と経宗は従兄弟《いとこ》同士だ。さらに経宗と公教は、ともに藤原清隆《きよたか》という鳥羽院の寵臣の娘を妻とする相婿《あいむこ》であり、つまりは義兄弟だった。それればかりか、その清隆の娘が産んだ公教の嫡男実房《さねふさ》は、経宗の娘を娶っていた。公教と経宗は、従兄弟であり、相婿であり、義兄弟であり、そして子供同士が夫婦だった。二人は一心同体というべき運命共同体だったのだ。

公教は、信西を失った朝廷政務を立て直すにあたり、当然、自ら主役の一角に食い込もうと望んだだろう。しかし、後白河院政は物理的に不可能なので、二条親政とするしかない。その政権に食い込むには、縁故が必要だ。その縁故が、経宗との何重もの関係だった。二条の叔父という理由で経宗を二条親政の政権トップに押し込めば、その縁故者として、また恩義を感じた経宗からの推薦で、公教も二条親政の政権トップに食い込める。そういう算段だっただろう。

第三章　二条天皇脱出作戦

信西一族の藤原尹明を大内脱出作戦に起用

『愚管抄』によると、かくして提携した公教と経宗・惟方は、「清盛が難なく京都に戻り、六波羅亭に入った」ことの意味を理解し、「二条天皇を六波羅亭へお迎えしよう」と結論した。

彼らは、二条天皇を迎え取る使者に藤原尹明《まさあきら》を指名した。理由はいくつもあった。まず、彼の姉妹が惟方の妻で、惟方とは「一心同体」の関係にあった。次に、「サカシキ者（賢明な者）」で、能力的に頼れた。また「内《うち》の非蔵人《ひくろうど》」という内裏の雑用係だったので、大内の構造を熟知し、迷わず脱出の最適ルートを取れる。さらにこの頃、彼は二条天皇に叱責されて出仕を停止させられていた。大内に潜入した時に万一顔を見られても、彼を見知る人は少なかった。

天皇の叱責で謹慎した経歴や名前の類似から見て、彼は一ヶ月前に内裏で源通家《みちいえ》とつかみ合いの闘乱事件を起こして「除籍（殿上人《てんじょうびと》である資格の剝奪）」処分を受けた藤原尹頼《まさより》だろう。『愚管抄』や『尊卑分脈』は彼の名を「尹明」とし、闘乱事件を記録した『山槐記《さんかいき》』（平治元年正月七日条、一五日条、一六日条）は「尹頼」とする。『山槐記』では平治元年（一一五九）まで「藤原尹頼」が現れ、二年後の応保元年（一一六一）からは「藤原尹明」が現れる。恐らく、尹頼は闘乱事件で脚光を浴びた結果、後白河の近臣の源雅頼《まさより》と名の読みが同じだと気づかれ、遠慮して改名するよう促されて「尹明」と名を改めたのではないか。本書ではとりあえず尹明と呼んで、話を進めたい。

この尹明が「サカシキ（賢明な）者」と認定されたのには、理由がある。尹明は藤原氏の南《なん》家《け》（不比等《ふひと》の長男武智麻呂《むちまろ》の子孫）に属する、儒門《じゅもん》（儒学者を代々輩出する家）の出身だった。父は知通《ともみち》といい（『兵範記』仁平四年六月二四日条）、藤原氏の私立学舎「勧学院《かんがくいん》」に学んで朝廷から学問料（奨学金）を支給され（『中右記』承徳二年三月二一日条）、近衛天皇の皇太子時代に儒学の師となる東宮学士《とうぐうがくし》を務め（『愚管抄』）、紀伝道《きでん》（漢文の美文作成能力を磨くための中国古典学）の頂点として最高レベルの公文書の起草などを担う文章博士《もんじょうはかせ》を務めた俊英だった。

尹明（尹頼）自身も平治の乱の五年前、国家試験に第三位で合格して文章生《もんじょうしょう》となり（『兵範記』仁平四年六月二四日条）、紀伝道を修める儒学者となった。その試験の受験に必要な「貢《こう》挙《きょ》」という推薦手続きで、彼は「高年の才人（才覚ある年長者）」で「礼法を正」せる人材として、候補者筆頭に推挙されている（『兵範記』仁平四年六月二〇日条）。正確な生年は不明だが、弟の道貞《みちさだ》が康治元年（一一四二）に一五歳で急死しているので（『本朝世紀』康治元年七月九日条〕、文章生に推薦された仁平四年（一一五四）に二七歳以上、平治の乱の時には三二歳以上である。文章生は立身の起点なので、その時に二七歳以上なら確かに遅咲きだ。しかし、彼を推薦した式部少輔《しきぶのしょう》の藤原範兼《のりかね》は、翌年に皇太子守仁の儒学の師である東宮学士に採用された英才だから、彼に「才人」と認定された尹明の学才は折り紙付きである。その才学によって、二条天皇は彼を六位蔵人《ろくいのくろうど》に採用し、側近とした〔『兵範記』保元三年一一月二六日条〕。平治の乱の段階で「非蔵人」になっているのは、闘乱事件の罰として蔵人の地位を剝奪されたからだろう。

家族ぐるみでエリート儒者を目指す儒門の生き方は、信西一家と同じだ。それもそのはずで、尹明の祖父尹通《まさみち》は、信西の父実兼《さねかね》の兄だった〔『尊卑分脈』〕。いい換えれば、二条天皇脱出作戦を成功させた尹明の父は、信西の従兄弟だったのだ（一六頁図4参照）。信西はその非凡な学才によって、乳父《めのと》の地位を通して自分の政権を作り上げ、平治の乱を招いた。尹明もその学才によって蔵人となり、平治の乱で二条天皇脱出作戦の案内役に抜擢された。してみると、この二人が平治の乱に関わったことは、藤原氏南家の儒門という生まれが招いた、一つの必然だったともいえそうだ。

一二月二五日早朝——清盛が信頼に名簿を捧げる

その尹明は、後に平家の都落ちにつき合って西海へ没落し、安徳《あんとく》天皇の蔵人になったと伝わる（『尊卑分脈』）。それほど強い平家との縁は、平治の乱での共闘で生まれたと見てよい。

『愚管抄』によれば、公教らと組んだ清盛は、二条天皇脱出作戦の段取りを細かく立案し、尹明に指示した。尹明を潜入させて大内から二条を脱出させる日時は、一二月二五日の丑刻《うしのこく》（午前二時頃）と決まった。それは二五日の夜明けより前で、感覚的には二四日の夜の続きである。

作戦はこうだ。まず、決行直前の昼までに、牛車を大内に用意しておく。牛車には、牛を操って牛車を運転する牛飼《うしかい》だけを付き添わせて、廷臣も武士も付き添わせない。注意を惹かないためだ。牛車の簾《す》は下ろしておく。女官が乗る牛車だと偽装する演出である。

その牛車に、深夜、闇に紛れて天皇を誘導する。合図は放火だ。大内裏の南東の角にあたる二条大宮（二条大路と大宮大路の交差点）で、清盛の手の者が放火する。大内を警備する武士たちは、「何事ゾ」と持ち場を離れて駆けつけるだろう。陽動作戦である。この隙に、尹明が天皇を連れ出して牛車に乗せ、大内を脱出させる、と公教らは「ヤクソク（約束）」した。

決行の直前に、公教らは清盛に指示を与えた。「清盛が熊野から帰京しても、何ごともなく数日が過ぎた。しかし義朝も信頼も日々、「今日こそ清盛と決戦か」と、用心して大内の警備を固めているはずだ。そのままでは、大内で秘密作戦を行うのは難しい。そこで、彼らを少し油断させるため、清盛から「名簿《みようぶ》を信頼に進呈する」と信頼に伝えよ」と。

先にも触れたが、「名簿」とは、「平清盛」と自分の姓名だけを書いた紙である。相思相愛の証《あかし》として本名を知らせ合う風習が『万葉集』に記録されたように、本名を人に知らせることは、自分の人格を委ねることを意味した。名簿を捧げれば、「あなたを主人に仰ぎます」という意思表示になる。これをすれば信頼は清盛を味方と信じ、清盛軍を警戒して固めた大内の警備を緩められる。

清盛はすぐに、「今度の事態の収拾にあたっては、いかようにも皆様方のご決定に従います」と公教に返答した。そこで、公教が自ら筆を執って、清盛の名を名簿に書き、清盛に送った。この二条天皇脱出作戦で主導権を握っていたのが、公教だった証拠である。

清盛は、最も信任する郎等（従者。家人と同じ）の平家貞に名簿を託し、信頼に伝言させた。

カヤウニテ候《そうら》ヘバ、何トナク御心ヲカレ候《そうろう》ラン。サナシトテヲロカナルベキニハ候《そうら》ハネド、イカニモ、、、（イカニモ）御ハカライ御気色《みけしき》ヲバタガ（違）ヘマイラセ候マジキニ候。其《その》シルシニハ、ヲソレナガラ名簿ヲマイラセ候也《なり》。

「現下の状況では、貴方様は何となく心が落ち着かれないことでしょう。この状況でなくとも貴方様に対して疎遠に振る舞うつもりはありませんが、この状況ではご不安をかき立てないためになおさらです。何ごとにつけても、貴方様のご決定・お考えに逆らわないつもりです。その証として、恐れながら名簿を進呈する次第です」という意味だ。信頼は喜んで返答した。

返々《かえすがえす》悦《よろこび》テ承《うけたまわ》リ候《そうらい》ヌ。此旨《このむね》ヲ存《ぞんじ》候《そうらい》テ何事モ申承《もうしうけたまわり》候《そうろう》ベシ。尤本意《もっともほい》ニ候。

「返す返す喜ばしくご提案を承りました。お気持ちを了解しましたからには、何ごとにつけてもご相談申し上げ、お話に耳を傾ける所存です。この運びとなって何よりの本望です」という。

このやり取りは、平家貞を介して「云《いい》ヤリケル」「イハセタリ」と明記されているので、口頭で発話されたことは確かだ。ただ、いい回しや文章の構成、「候《そうろう》」で終わる文体、清盛からの伝達が「候也《なり》」で終わることなどが、中世で実際に交わされた書状の文章と酷似している。特に信頼側の返答は、全文がそのまま中世の書状（返信文）の本文として成り立つ。ということは、このやり取りは書状に書かれ、清盛からの書状を家貞が読み上げた可能性が、かなり高い。つまり、これらの書状そのものが残っていて、慈円がその内容を知り得た可能性が高い。

清盛は二六日の合戦で勝つと、すぐ名簿を取り返した。それを『愚管抄』は「昨日カキテヤリタル名簿（昨日書いて遣わした名簿）」と呼び、「行幸ノ日ノツトメテ（大内脱出の日の早朝）」に名簿を書いたとあるので、名簿の進呈は合戦前日の二五日早朝である。ところが二条天皇の大内脱出は、日付が変わってその二五日になった二時間後の丑刻だ。つまり、その日の夜明け前に二条は脱出し、夜が明けてから清盛が名簿を捧げた、という順番になる。従来、指摘した専門家はいないが、名簿の進呈は、天皇脱出作戦をすでに果たした後の攪乱《かくらん》工作なのだった。

一二月二五日未明——後白河院と二条天皇が大内裏を出る

その一二月二五日の丑刻、葉室惟方が後白河のいる一本御書所を目指し、藤原尹明が二条のいる大内を目指した。惟方は直衣《のうし》を着て、指貫《さしぬき》（ズボン）の裾を膝下まで上げ、紐で括《くく》り付けていた（上括《しょうくくり》という）。正式な「束帯《そくたい》」や、それを少し崩した「衣冠《いかん》」と違い、直衣は活動しやすい装束だ。特に指貫は、裾を紐で括れる構造のズボンなので、格段に移動が容易になる。

惟方は後白河院に何ごとかを「ソソヤキ（囁き）」、すぐに去った。後白河は、すでに用意されていた牛車に乗り、誰にも怪しまれずに一本御書所を出た。行き先は仁和寺《にんなじ》だったと、『百練抄』に明記されている。仁和寺は平安京北西の郊外にあり、二条が向かう平安京南東の六波羅亭とは、正反対の方向だ。後白河は、なぜ仁和寺へ向かったのか。彼のための牛車は、誰が用意したのか。そして、惟方は何を囁《ささや》いたのか。これらは後でまとめて検討しよう。

同じ頃、大内には尹明が潜入していた。彼は職責上、天皇に付き添って移動する作法を熟知していた。二枚の莚《むしろ》を交互に地面に敷いて、天皇にその上を歩ませた。大内は、地面に下りずに牛車の乗降場まで行ける構造だった。これを逆手に取り、まさか天皇が歩くとは誰も思っていない地上を歩かせることで、人目を欺いたのである。莚の道を用意したところを見ると、襪《しとうづ》（足袋の一種）で歩いた可能性が高い。足音が大きい木製の沓《くつ》は、履かなかったのではないか。

これとは別に、公教の一派は、二条に仕える伊予内侍《いよのないし》・少輔内侍《しょうのないし》という二人の内侍（女官）を、あらかじめ味方につけていた。彼女たちは脱出の決行前に、皇位を象徴する神器を納めた箱と宝剣（神器の一つ草薙剣《くさなぎのつるぎ》）を、二条が乗る牛車に密かに運び入れていた。作戦通り二条大宮に清盛の手の者が放火し、陽動が成功すると、二条の牛車はさりげなく大内を出発し、大内裏を出て、六波羅亭へ無事に到着した。尹明はもう一つの仕事のため付き添わず、大内に戻った。

放火が鎮火されると、信頼は天皇に報告した。通常、天皇への伝言は蔵人に託される。蔵人は自ら伝えるか、内侍を介して天皇に伝える。信頼は「火事は大事に至りませんでした、と陛下に申し上げて下さい」と、蔵人を介して伊予内侍に伝えた。すでに二条はいなかったが、伊予内侍は素知らぬ顔で「そのように申し上げておきました」と返答した。廷臣が天皇と直接対話しない仕組みが、ここで効力を発揮したのだ。伊予内侍たちはここまでやり遂げた上で、小袖《こそで》という簡略な動きやすい服装になって、長い髪も動きやすいよう分けて束ね、大内を脱出した。

尹明は保管庫に立ち戻り、用意していた長櫃《ながびつ》（大型の直方体の箱）に、玄象《げんじょう》（琵琶）・鈴鹿《すずか》（和琴《わごん》）などの王家伝来の楽器や、大刀契《だいとけい》（三種の神器に次ぐ尊い宝物。朝敵討伐の将軍に与える、兵の動員権を証明する節刀《せっとう》・鈴・割符《わりふ》など）や、日の御座《おまし》（天皇の日常の生活空間）に常備された太刀、殿上《てんじょう》（天皇が殿上人らと過ごす清涼殿《せいりょうでん》の殿上の間）の倚子《いし》（天皇用の椅子）などを収納し、長櫃とともに脱出した。長櫃は棒を通して二人で担ぐ箱で、右の内容物も一人で運べる重さではないので、供を連れており、厳密には単独行動ではなかった。

天皇に遅れて単身で六波羅亭に着いた尹明を、門番の平家の武士たちは怪しみ、弓や長刀《なぎなた》をX形に交差させて門を塞ぎ、「どなたですか」と問うた。尹明が大声で「進士蔵人《しんしのくろうど》尹明が陛下の御物を持って参上致しました、とあなたの主人にお伝え下さい」と述べたので、その通り伝えると、「すぐに彼を入れよ」と命令があり、尹明は無事に六波羅亭に入った。すでに夜がほのぼのと明ける時間帯だったという。今の暦でいう二月半ばだから、朝の六時台だ。廿刻（午前二時）から五時間弱で、脱出作戦は手際よく完了したのである。

一二月二五日——後白河院・女院・摂関家が六波羅亭に入る

夜が明けると、要人が続々と六波羅亭に入った。まず、仁和寺に行った後白河が、はるばる平安京を北西から南東まで踏破してやってきた。上西門院と美福門院も来た。三条殿襲撃の日、上西門院は後白河とともに一本御書所に入ったが、『愚管抄』の書きぶりだと、上西門院は後白河とは別に、なおかつ美福門院と一緒に六波羅亭に来たようだ。後白河は譲位直前の保元三年(一一五八)に、美福門院を准母《じゅんぼ》(母代わり)としていた〔『兵範記』保元三年正月一〇日条、『今鏡』三―すべらぎの下―内宴〕。この時、後白河の(同母)姉の上西門院も美福門院と強い縁ができた。しかも、上西門院は、美福門院の実の娘の姝子《よしこ》内親王を養女にしていた。この密接な擬制的親子関係により、上西門院は美福門院を保護者と頼って、後白河より先に一本御書所を出て、美福門院の白河押小路殿《しらかわおしのこうじどの》(一四頁図3参照)に身を寄せていた可能性が高い。

この段階ではまだ、二条が六波羅亭に入ったことは周知されていない。したがって、公教の一派が密かに上西門院や美福門院に連絡して、六波羅亭に入るよう促したのだろう。

同じ日、六波羅亭の門番が、前関白忠通・関白基実の親子の到来を告げた。彼らにも、二条の脱出が連絡されたのだろう。公教はちらりと清盛の方を見て、「関白が参上なさったと報告があった。どうすべきと思うか」と問うた。通常なら、関白親子の来訪は無条件に大歓迎すべきなのだが、公教は迷った。慈円が推測した通り、基実が信頼の妹を娶っており、信頼と義兄弟の関係にあったことが、不安材料だったからに違いない。招き入れた基実が裏切り、六波羅亭で知り得た情報を信頼側に通報すれば、信頼の虚を突けなくなる。

しかし清盛は言下に、基実親子を迎え入れるよう答えた。「摂関は別格に尊いので、その動向は我々がとやかく申すことではありません。万一、摂関が参上なさらなかったら、その時に初めて天皇が召喚すればよいことです。それが、そうするまでもなく参上なさったのですから、めでたいと考えて、それでよいではないですか」と。人々は「よくぞ申した」と感激しきりだったという。

この逸話には、翌年から清盛が前代未聞の大出世を遂げた理由が、凝縮されている。清盛の返答は、いわれてみれば誰もが納得・共感する公家社会の模範的解答、しかし生粋の公家社会の構成員たちが誰も出せなかった解答だった。それを、武士出身の清盛がただ一人、こともなげに出したのである。清盛は、公家社会が渇望していながら、彼ら自身が何を渇望しているのか自覚できていない公家社会の理想像を、提示できる感性を持っていた。それだけでも希有の才能だが、さらに清盛は最強クラスの武士団の長として、その理想の実現を阻む邪魔者を排除できる力を持っていた。この両者を合わせ持つ清盛の実力は、掛け値なしに前人未踏である。

その器の片鱗を見せた清盛は、公家社会の中で誰より頼もしく、信西亡き今、実質的に朝廷の柱石というべき存在感を示し始めた。清盛は単に、戦に強かったから平治の乱に勝ったのではない。軍事を超えて朝廷の柱石となれる器が、勝利をもたらしたのである。

一二月二五日夜――二条天皇の脱出が発覚

その二五日の夜に、二条の脱出が発覚し、京都中で「天皇が六波羅へお入りになったぞ」と騒ぎになった。ほぼ丸一日、信頼らは二条の脱出に気づかなかった。側近の殿上人・蔵人や女房ら以外には滅多に人に姿を見せない天皇の生活スタイルが、発覚を遅らせたのである。

二条の脱出を知った信頼・義朝・師仲たちは、大内の紫宸殿《ししいでん》（正殿）に集まり、「虻《あぶ》の目が抜けたよう」になった。この表現は『愚管抄』のこの部分以外、中世までの古典文学に全く現れない。「おもだった人が抜けて、張り合いがなく寂しいさま。また、どうしてよいかわからずまごまごするさま」と辞書は説明するが（『日本国語大辞典』）、この『愚管抄』の文脈からの想像にすぎない。ただ、虻の目（複眼）は大きく、頭の大部分が目なので、「虻の目が抜けたように」は〈主要部分である目を失い、何も見えず右往左往する残骸〉というニュアンスで捉えてよさそうだ。天皇を失った信頼一派は烏合の衆にすぎない、と。この時の会話を目撃した師仲によると、義朝は「日本第一ノ不覚人ナリケル人ヲタノミテ、カヽル事ヲシ出《いだし》ツル（日本最大のうっかり者を頼りにした結果がこれだ）」と信頼を罵倒し、信頼は押し黙ったままだった。

義朝は紫宸殿で鎧を着始めた。本来、そこは公式行事で天皇が姿を見せる場所で、義朝の地位で上れる場所ではないが、決戦が眼前に迫る緊急事態で、場所を選ばなかったのだろう。

義朝は刀に、大刀契を入れた唐櫃《からびつ》（長櫃）の鍵を結びつけていた。唐櫃はすでに藤原尹明が六波羅亭に運び込んでいたので、鍵は無価値だった。師仲はその鍵を見て、「私に下さい。その刀に付けても無益です」といい、義朝は「確かに」といって投げてよこした。師仲が鍵を要求したのは、神器・宝物の保全を自分の使命と考えたからだ。この鍵は六波羅亭に届けねばならない。しかも、最も重要な神器がまだ、大内に取り残されていた。「内侍所《ないしどころ》の御体《ごたい》」である。内侍所は、天皇に側近として仕える内侍の控え室だが、そこに三種の神器の一つである神鏡が安置されている。その神鏡が「内侍所の御体」である。三種の神器のうち、神鏡だけは常に独立して内侍所に安置されており、しかも神鏡を移動させるには、蔵人や内侍などが必ず付き添わねばならない。そのため、ほかの神器を持ち出した時、尹明は神鏡だけ持ち出しそびれていた。

義朝が戦場に向かえば、神鏡は無人の大内に放置される。すると紛失のおそれがある。そこで、近日中に適切に天皇に返却することを前提に、師仲が持ち出すことにした。師仲は神鏡に「どこへ行ってもご一緒します」と語りかけ、懐に入れた。『百練抄』によると、師仲は、神鏡を納めて施錠されている唐櫃を破壊し、神鏡を取り出したという。この神鏡と師仲の行方は、乱の戦後処理として重要な意味を持つので、〝全容究明編〟の第九章で改めて述べよう。

第四章　京都合戦

一二月二六日——京都合戦と義朝の死

翌二六日の昼、義朝は清盛軍と京都の市街地で戦った。これを〝京都合戦〟と呼ぼう。

武装した義朝はすぐに大内を出て、敵の襲撃に備えた。しかし、京都の市街地の街路は狭すぎ、軍勢をまとめて布陣できない。義朝の軍勢は何本かの道に分散した。そこを平家軍が襲った。この平家軍が戦った相手の名は、記録によって違う。『百練抄』には「信頼卿已下《いげ》の輩《ともがら》を追討《ついとう》す」とあり、「信頼の兵」が参戦していて、敗れた信頼は仁和寺《にんなじ》へ落ち延びたという。ところが、『愚管抄』には、六条河原での激突の場面を含めて、義朝と清盛一家だけが現れて、信頼が登場しない。『百練抄』は敵を単純に信頼一派と考え、義朝の軍勢を〈信頼軍〉と認識しただけではないか。そもそも、清盛軍と戦える武士を、信頼が従者の中に持っていた形跡はない。信頼はいち早く逃亡し、京都合戦には参戦していなかった可能性が高いだろう。

『愚管抄』によれば、官軍として信頼一派の追討を命じられた平家軍は、義朝軍が本陣とした大内裏を襲撃した。義朝は、「もはや戦死は逃れられまい。しかし、せめて清盛に一つでも打撃を与え、六波羅に屍《しかばね》を晒そう」と、武士の意地で、全力抵抗を決意した。

平家軍の第一波は、重盛（清盛の嫡子）と頼盛《よりもり》（清盛の異母弟）の二人を大将軍として、大内裏を目指した。しかし、重盛は乗馬を射られて落馬した。その重盛が、大内裏の東の境界・大宮大路から三〇〇mほど東の、堀川《ほりかわ》小路を流れる「堀川」という運河で陸揚げされた材木の上に立ち、別の馬に乗り換える姿が目撃され、「立派だった」と回顧されている。重盛らの鎧には何本も矢が刺さっており、義朝の反撃のすさまじさを物語る。ただ、官軍は自軍の優勢を自覚しており、重盛の所作を観察して褒めそやす心の余裕があったという。

義朝の反撃に平家軍の第一波は怯《ひる》み、六波羅へ退却した。義朝は追撃し、鴨川の六条河原を越えた。六波羅亭の「鰭板《はたいた》（板塀）」まで義朝が押し寄せたというから、六波羅亭の眼前まで迫ったのである。この危機的状況で、ようやく官軍の総大将の清盛が参戦した。清盛は、褐色《かちいろ》（黒に近い藍色）の直垂《ひたたれ》に、黒革威《くろかわおどし》（部品をつなぐ革紐が黒染め）の鎧、黒塗りの矢を背負い、黒い馬に乗って、つまり漆黒に統一した姿で登場し、「物騒がしいので様子を見てきます」と出陣した。その様子は「ヨニタノモシカリケレ（世にも頼もしかった）」といわれた。

清盛の参戦で平家軍は押し戻し、義朝軍を一〇騎以下に減らした。義朝は戦闘を諦め、東国へ落ち延びて、東国に多数確保している郎等らと合流し、総力で復讐戦に挑もうと決断した。

義朝は京都北東の大原の方へ逃れた。そこから比叡山に連なる山並みを横断する竜華越《りゅうげごえ》を通り、琵琶湖を東へ横断する計略だったようだ。しかし、途中で襲撃され、多くの脱落者を出した。『平治物語』が伝える通り、延暦寺の大衆（悪僧）らに襲撃されたと考えるのが自然だ。延暦寺は自分の利益に直結する戦争しかしないので、平治の乱では傍観者を決め込んだが、一旦決着がつくや否や、恩賞目当てに凄まじい落武者狩りに熱中した。義朝一行の被害は甚大だった。次男の朝長《ともなが》が負傷して死亡し、三男の頼朝も一行からはぐれた。源義家《よしいえ》の六男で、義朝の大叔父にあたる陸奥六郎（源）義隆《よしたか》も、竜華越で義朝の身代わりになって討たれた（『吾妻鏡』治承四年九月一七日条、文治元年九月三日条）。

これらの犠牲を払って義朝は近江・美濃を踏破したが、『愚管抄』によれば、尾張に着いた頃には馬も失い徒歩《かち》・跣《はだし》の有り様だった。尾張には、腹心の鎌田正清《かまたまさきよ》の舅《しゅうと》の長田《おさだ》（内海《うつみ》）忠致《ただむね》がいた。忠致は一行を歓待し、湯を沸かして湯浴《ゆあ》みを勧めた。その湯浴みで無防備になった隙に、一行を討つ謀略だった。正清はこれを察知し、「もう逃れられません。残念です」と述べると、義朝は「仕方ない。こうなると思っていたよ。私の首を取れ」と命じた。二条が大内を脱出した段階で死を覚悟していた義朝は、正清に首を斬らせ、正清もすぐに自害して果てた。

一二月二七日――信頼の斬首

京都合戦が終わるとすぐ、残党狩りが始まった。最大の標的は藤原信頼である。

清盛は京都合戦の日のうちに大内に進軍し、信頼の宿所《しゅくしょ》（一時滞在の場所）を捜索して、前日に信頼に奉呈した名簿《みょうぶ》を見つけた。一日で取り返したので、清盛は高笑いしたという。

信頼は、鳥羽院の皇子で仁和寺の御室《おむろ》（長）の覚性法親王《かくしょうほっしんのう》を頼って、仁和寺へ逃れた。興味深いことに、この信頼も、一本御書所を出た後白河院も、三年前に保元の乱に敗れた崇徳院も、保元・平治の乱で庇護《ひご》者を必要とした主要人物は、皆すぐ仁和寺の覚性を頼った。

仁和寺は、九世紀の末に宇多《うだ》天皇が開いて、晩年の修行時代を過ごした寺である。その縁から皇族が御室として管轄する実質的な王家の氏寺になっていたので、王家の人が頼るのはわかる。特に覚性の母は待賢門院で、崇徳・後白河の同母弟だから、彼らが頼ったのは当然だ。しかし、信頼が〈覚性を頼れば匿《かくま》ってもらえる〉と信じた理由は、よくわからない。いずれにせよ、覚性は信頼への肩入れを拒んだ。すぐに朝廷に通報し、身柄を引き渡したのである。

『百練抄』によれば、京都合戦の翌日の一二月二七日、清盛の弟の経盛《つねもり》が身柄を受け取った。そして『愚管抄』によれば、その日のうちに六波羅亭の近く、清水寺《きよみずでら》付近の東山《ひがしやま》山麓に連行され、床だけ設けた簡便な施設で尋問された。信頼と行動を共にした藤原成親《なりちか》も捕らえられていた。成親は、鳥羽院の近臣として鳴らした藤原家成《いえなり》の子で、この年の正月には、朝覲《ちょうきん》行幸（天皇が父母の御機嫌伺いに出向く行幸）に奉仕した賞で昇進する権利を信頼から譲られて正四位《しょうしいの》下《げ》に昇るなど、信頼と極めて親しい一派を形成していた〔古澤13–一三九頁〕。ただ、尋問の結果、信頼の挙兵への関与は浅いとされ、釈放された。この成親は後に後白河の近臣として権勢を誇ったが、鹿ヶ谷《ししがたに》の変でまた清盛に捕縛され、拷問の末に流刑に処され、道中で処刑されることになる。

一方、信頼は「私は過ちを犯していない」と無罪を主張した。聞いた者は「世にも見苦しい」と思ったといい、「これほどの大事件を起こして、そのような釈明が通るものか」と慈円も筆誅を加えている。弁明する信頼に対し、清盛は「ナンデウ（どうして――今さらそんな主張で許されると思うのか）」と首を振った。配下の武士は信頼を六条河原に連行し、斬首した。どの記録も、信頼の斬首は一二月二七日と明記している〔『公卿補任』平治元年条、『帝王編年記』『一代要記』『歴代皇記』〕。信頼は京都合戦の翌日、二七歳で短く華やかな人生を終えた。

一二月二七日・二八日――平家の論功行賞と反乱軍解官の除目

その一二月二七日のうちに、京都合戦の恩賞人事が平家一門になされた。清盛の息子では、嫡子の重盛が伊予守《いよのかみ》（もと遠江守《とおとうみのかみ》）に、三男の宗盛が遠江守（もと無官）になった。また清盛の弟では、経盛が伊賀守《いがのかみ》に（もと無官）、教盛《のりもり》が越中守《えっちゅうのかみ》に（もと大和守《やまとのかみ》）、頼盛が尾張守《おわりのかみ》（もと三河守《みかわのかみ》）に任じられた（『公卿補任』長寛元年・仁安元年・二年・三年・嘉応二年条の各人略歴）。

また、軍記物によれば清盛の次男基盛も任官したと伝わる。その官職は、『源平盛衰記』（一一清盛捕化鳥並一族官位昇進附禿童並王莽事）によれば左衛門佐《さえもんのすけ》、『平治物語』によれば大和守《やまとのかみ》だという。基盛は、すでに前年の保元三年（一一五八）段階で大和守なので（『山槐記』同年八月五日条）、『平治物語』の杜撰《ずさん》は明らかだ。基盛は、この翌年の九月二〇日段階で左衛門佐・遠江守だった（『山槐記』）。この日の除目で兄重盛と弟宗盛が任官したなら、基盛も任官しただろう。遠江守は宗盛の官になったので、基盛は左衛門佐になった可能性が高い。

無官の二人が国守となり、平家は四ヶ国から六ヶ国の国守に成長して、莫大な経済的利権を得た。なお、九州討伐の責任者として大宰大弐だった清盛は、恩賞を得ていない。功績を一三歳の息子宗盛に譲ったからだ。自分より一家、特に次世代の繁栄を優先する常套手段である。

翌二八日、信頼に与《くみ》した権中納言の源師仲と右兵衛権佐の源頼朝が、解官《げかん》された（『公卿補任』平治元年・文治元年条の各人略歴）。師仲は三条殿襲撃のメンバーだが、斬られた信頼と違い、解官（後に流罪）で済んだ。最終決戦の前に信頼や義朝と袂《たもと》を分かち、神鏡を保全した功績が考慮されたに違いない。また、頼朝はまだ逃亡中で、身柄を確保できていなかった。頼朝の処罰の最終的な確定は、彼が逮捕される翌々月以降に持ち越される。

一二月二九日──二条天皇、美福門院の八条室町亭に入る

翌日の一二月二九日、二条天皇は六波羅亭を離れ、清盛軍に付き添われて、美福門院の所有する「八条殿《はちじょうどの》(八条亭)」に入った〔『百練抄』『愚管抄』〕。信頼の斬首と恩賞・懲罰人事によって戦時は終息し、清盛の六波羅亭で身の安全を最優先せねばならない非常事態は去った、と判断したのだろう。この行幸は二条による内乱終結宣言、いわば平和宣言の第一歩だったわけだ。

ただ、二条は大内に戻らなかった。大内裏の内部は戦場にならず、破壊・汚損を免れたが、周辺が戦場となって死や血の穢《けがれ》が満ちていた。美福門院自身は、平安京の北東部に鴨川を挟んで隣接する「白河」地域の白河押小路殿に住んでおり、平安京南部のこの八条殿は空き家だったので、当面の内裏に最適だった(一四頁図3参照)。

『百練抄』〔養和元年二月一七日条〕によれば、この八条殿は「八条室町亭」ともいい、もとは葉室顕隆《あきたか》の家で、息子の顕能《あきよし》が相続したが、「平治の比《ころ》」に美福門院が手に入れ、二条が在位中にしばらく皇居にしたという。それがちょうど、この平治の乱直後の居住を指している。入居が平治元年(一一五九)の末なので、ここを美福門院が取得した時期は平治元年に絞られる。

この八条室町亭は、もともと美福門院が持っていた、「八条殿」という同名の邸宅の至近にある。前著で詳しく述べたが〔桃崎20b─一四三頁〕、そちらの八条殿は、八条大路の北、烏丸《からすまろ》小路の東にあり、美福門院の父藤原長実《ながざね》の邸宅だった。彼女はここで生まれ、父の没後に相続

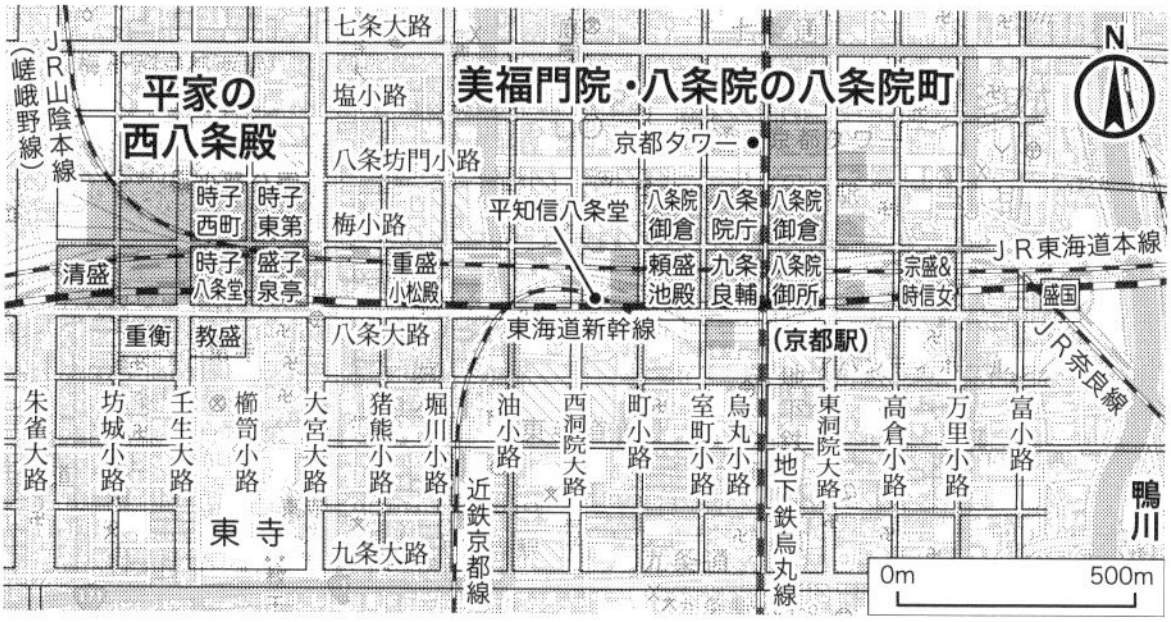

図13　八条院町と平家の西八条殿

し、これを核に周辺の土地を集積・開発した。それらを娘の暲子《あきこ》内親王が相続し、それに因《ちな》んで彼女が「八条院」と呼ばれたので、地域全体が「八条院町《まち》」という一つの新しい都市域になった。

二条天皇の内裏になった八条室町亭は、美福門院の生家「八条殿」から一町《ちょう》（約一二〇m四方の街区）を隔てて西にあり、後にこれも八条院町に繰り込まれた。その八条院町は、とにかく広い。南の八条大路、北の八条坊門《ぼうもん》小路、西の町小路、東の東洞院大路に囲まれた、南北二町×東西三町＝六町にも及ぶ巨大な敷地だった。この八条院町の桁外れの規模も、それを可能にしたのが美福門院の圧倒的な権勢であることも、この地域が本来は人口まばらでほとんど新規開発で成立した街区だったことも、この時代を専攻する専門家の間では有名だ。

ところが、なぜ彼女が、大規模開発を伴う巨大な拠点を必要としたのか、問うた専門家を聞かない。こうした事業を行った女院《にょういん》は彼女だけで、それは女院として少しも普通ではないのだ。

かつて彼女と王家の後宮で覇権を競った待賢門院は、白河院の寵愛によって無双の権勢を誇ったが、この規模の御所を持たなかった。可能でも、持つ理由がなかったのだ。美福門院には、院の寵愛や権勢以外に、この規模の御所を持ちたい特別な理由があったと考えねばならない。

その理由こそ、まさにこの時、二条がその一角の八条室町亭を内裏にした事実と直結するのではないか。美福門院は、天皇の養母として二条を囲い込み、日本最大の権勢を可視化するため、二条とともに暮らす〝天皇母子の宮殿地区〟を必要とした。その内部で二条の皇居とするために、八条室町亭を手に入れた。それは皇位継承問題の総仕上げであり、平治の乱後に計画通り機能し始めた。それが、京都史上屈指の宮殿地区「八条院町」の誕生の真相ではないか。

一二月三〇日——源季実が斬首され、藤原俊憲が出家

二条は八条室町亭を内裏にして平時の到来をアピールしたが、残党狩りは終わっていない。『愚管抄』には「信頼一派の武士たちにも、罪に応じた罰が科された」とあるが、詳細は不明だ。ただ、この残党狩りで行願寺《ぎょうがんじ》が焼けた。摂関政治全盛期の寛弘元年（一〇〇四）に創建された堂で、創建者の僧行円《ぎょうえん》が「皮聖《かわひじり》」と呼ばれたことから「一条革堂《こうどう》」と呼ばれた。場所は一条大路の北で、京都合戦の戦場となった堀川小路から一町だけ東の油小路との交差点にあった。

その行願寺が焼けたのは、近隣の源季実《すえざね》の家に平家軍が放火し、延焼したからだった（『百練抄』仁安元年二月二六日条）。季実と息子の季盛《すえもり》は京都合戦の四日後の一二月三〇日に斬首された（『尊卑分脈』）。京都合戦で義朝一派と見なされ、逃亡して逮捕され、処刑されたのである。

同じ一二月三〇日に、信西の長男俊憲が出家した（『公卿補任』）。このタイミングで出家した理由は、乱の黒幕問題と直結するので、詳しくは〝全容究明編〟の第八章で述べよう。

平治二年（一一六〇）正月六日——後白河が八条堀河亭に入る

その翌日、年が明けて平治二年（一一六〇）になった。正月一日は小朝拝《こちょうはい》（摂関が主な廷臣を率い天皇に拝礼する儀礼）や元日節会《せちえ》（年始を祝う大規模な饗宴）を行う日だが、「兵革《ひょうがく》（兵乱）」「物忩《ぶっそう》に依《よ》り天下に元三《がんさん》の儀《ぎ》無《な》し」（『帝王編年記』）、つまり戦争の混乱で中止された。

五日後の正月六日、後白河は、惟方の叔父の葉室顕長《あきなが》が所有する八条堀河の邸宅に入った（一四頁図3参照）。在位時代から愛用した高松殿が五ヶ月前に焼失し、代わりに院御所とした三条殿も焼き討ちで失われたため、目下の院御所としてそこが選ばれたのだった。

八条大路と堀川小路の交差点に面するこの邸宅は、二条天皇の新たな内裏の八条室町亭から、八条大路に沿って西へ三町（四〇〇ｍ弱）しか離れていない。後白河は意図的に二条の近隣に住んだのだろう。かつて白河院は、鳥羽天皇の里内裏《さとだいり》の隣に住んだ〔桃崎16ａ〕。また後白河院自身も、譲位後に二条天皇の里内裏となった東三条殿に隣接する高松殿に住んだ。今回もそれらを踏襲し、院が内裏の至近に住むことで、院が天皇を抱きかかえるような形を物理的に示し、〈院が天皇を庇護・後見する〉形で院政が行われている、と主張したかったのだろう。

正月九日——義朝の首が東獄門で梟首される

その三日後の正月九日、京都で義朝の首が晒された。『帝王編年記』には、正月四日に義朝が没したとある。長田忠致は、自害に追い込んだ義朝の首をただちに尾張から京都に送ったはずであり、尾張から京都までは四日間の行程であるから〔『延喜式』主計‐上‐調絲条〕、首が晒される五日前に自害したという『帝王編年記』の所伝には、信憑性が認められる。

『百練抄』によれば、義朝と、彼の自害を介錯した郎等の鎌田正清の首が検非違使に受け取られ、東獄の門前の木に懸けられた。『愚管抄』によれば、義朝の首の傍らに紙が添えられ、「下《しも》野《つけ》は 木《き》の上《かみ》にこそ なりにけれ よしとも見えぬ かけづかさかな」という歌が書かれていた。詳しくは前著『「京都」の誕生』で述べたが、「木の上」が「紀伊守《きのかみ》」の掛詞《かけことば》、「よしとも」が「義朝」の掛詞で、「下野守の義朝は木の上に懸けられる存在になってしまった。まるで紀伊守を兼ねたようだが、願わしい兼任人事とはいえないな」という皮肉だ。世間は「ここまで一文字も無駄のない歌はなかろう」と感心した。当時、左大臣の大宮伊通がこうした落首を書いては世相を諷刺《ふうし》したと噂され、これも伊通の仕業と思われた。「たくさん殺した井戸に官職を与えればいいのに」と皮肉ったように（前述）、確かに伊通は平治の乱でも諷刺を憚《はばか》らなかった。彼は左大臣ながら、一貫して政争の当事者にならず、超然と冷めた目で見ていた。

義朝の梟首により、京都合戦の官軍の敵に対する処分が終わった。これをもって朝廷は一連の兵乱が終わったと認識し、それを天下に周知することにした。義朝が梟首された翌日の正月一〇日、「兵革（兵乱）」の終結を記念して、平治二年を改めて「永暦《えいりやく》」と改元したのである。この改元は平治の乱の真相と関わるので、また〝最終決着編〟の第一二章で触れよう。

源義平が斬首され、弟頼朝たちの処遇問題は先送り

改元の直後、義朝の長男義平《よしひら》が斬首された。『帝王編年記』は、改元の九日後の正月一九日に斬首されたと伝えるが、『尊卑分脈』によれば、それは逮捕された日で、斬首は二日後の正月二一日だという。いずれにせよ、反乱軍の残党狩りは順調だったといえるだろう。

その半月あまり後の二月九日、義平の弟の頼朝が近江で逮捕され、京都に送られた（『清獬眼抄』所引『後清録記』三月一一日条、『愚管抄』）。頼朝やほかの弟たちは処刑されなかった。その背後には、池禅尼《いけのぜんに》（清盛の継母。頼盛の生母）や平重盛の助命嘆願があったことが確実だ。

それが幸いして後に頼朝が鎌倉幕府を樹立したのだから、これは平治の乱で最も重要な出来事の一つであり、なぜ兄と違って彼らが処刑されなかったかは大きな謎である。ただ、私が調べた限り、この謎は平治の乱の真相と直結していないようで、紙幅の都合もあるので本書では深入りしない。

二歳（満年齢で〇～一歳）の牛若丸《うしわかまる》（後の義経《よしつね》）ら乳幼児はともかく、実際に京都合戦を戦った者は無罪放免というわけにはいかず、頼朝とすぐ下の弟の希義《まれよし》は流罪に処された。ところが、彼らの流罪が確定・執行されたのは三月一一日で、頼朝の逮捕から一ヶ月も要した。その理由は、二つ考えられる。一つは、池禅尼・重盛らによる異例の助命嘆願を受け入れるのに、朝廷が悩む時間を必要としただろうこと。もう一つは、より深刻だ。その一ヶ月間、というよりも頼朝の逮捕からわずか一一日後の二月二〇日、次の騒乱が起こり、朝廷が再び機能不全に陥ったのである。

第五章　二条派失脚事件

二月二〇日——経宗・惟方が清盛に逮捕される

その二月二〇日、突如として大炊御門経宗・葉室惟方が逮捕された（『百練抄』）。『愚管抄』によれば、後白河が新たな御所にした八条堀河亭には、堀川小路に面して桟敷《さじき》があった。桟敷とは、祭礼の行列などを見物するための仮設の観覧席だ。後白河はそこに陣取って行き交う人々を見物し、「下《げ》ス（下衆）」、つまり民衆を桟敷に呼び寄せて交流した。その交流が何を意味するかは乱の真相と直結するので、〝最終決着編〟の第一二章で詳しく述べよう。

さしあたり重要なのは、経宗・惟方がこれを強引に妨害したことだ。二人は人を遣わして、堀河で陸揚げされた材木の板を使って、桟敷の外側から釘で打ち付け、視界を塞いでしまった。この事件は後に何度も言及するので、〝桟敷封鎖事件〟と名づけておこう。

経宗・惟方は、「世ヲバ院ニシラセマイラセジ。内ノ御沙汰《ごさた》ニテアルベシ（後白河に院政をさせず、二条天皇だけの政務にしよう）」と動機を語った。後白河は激怒し、前関白の藤原忠通と平清盛を召し出し、涙ながらに不当を訴え、清盛に「ワガ世ニアリナシハ、コノ惟方・経宗ニアリ。是《これ》ラ思フ程イマシメテマイラセヨ（惟方・経宗が野放しでは世に朕《ちん》の居場所がない。この二人を存分に懲《こ》らしめなさい）」と命じた。忠通は反対せず、清盛にも「思フヤウドモ（賛同できる複数の理由）」があったので、郎等二人に命じて経宗・惟方を逮捕させた。〝二条派失脚事件〟の始まりである。

二月二二日以降——経宗・惟方の解官・配流と信西一家の赦免

その二日後の二月二二日、重要な決定が下された。先に流刑に処されていた信西の子たちが全員、罪を許され、京都に召還されたのである（『公卿補任』）。そして六日後の二月二八日、経宗・惟方が解官《げかん》された（経宗は権大納言《ごんのだいなごん》、惟方は参議・左兵衛督《さひょうえのかみ》・検非違使別当を罷免《ひめん》）（『公卿補任』）。平治の乱では、最初に三条殿襲撃の結果描かれた勢力図が、京都合戦で信頼・義朝の滅亡という逆転を見せ、さらに経宗・惟方の失脚という二度目の逆転を見せたのである。

解官から一三日後の三月一一日、経宗は阿波へ、惟方は長門への流刑になった。それと同時に、源頼朝が伊豆へ、弟の希義が土佐へ流され、信頼・義朝と京都合戦の直前まで行動をともにした源師仲も下野に流された（『清獬眼抄』所引『後清録記』）。

これで、平治の乱の戦後処理が最終的に完了した。その最終段階の、〝桟敷封鎖事件〟から流刑宣告までの経宗・惟方を軸とした一連の事件が、〝二条派失脚事件〟である。

以上の事実経過を見ると、平治の乱の経緯は、四段階に整理できることがわかるだろう。

①三条殿襲撃事件——平治元年（一一五九）の一二月九日、信頼・義朝らが後白河院の三条殿を襲撃・放火。

②二条天皇脱出作戦——一二月二五日未明、二条天皇が大内を出て六波羅亭に入る。

③京都合戦——一二月二六日、官軍（清盛軍）が義朝らの軍勢を京都市街地で破る。

④二条派失脚事件——年が明けた永暦元年（一一六〇）の二月二〇日〜三月一一日にかけて、経宗・惟方が逮捕・解官・流罪宣告される。

河内説も乱を区分したが、④がない。それを踏襲した古澤説も、「経宗・惟方の失脚」の話を「平治の乱後の政治過程について」という章に入れた［古澤13―一八一頁、一九二頁、一九九頁］。二人とも、二条派失脚事件を〝戦後〟の出来事と見なし、平治の乱の一部と考えなかった。

しかし、経宗・惟方は、京都合戦の罪人（頼朝・希義・師仲）と同日に流刑を宣告された。つまり、彼らの処罰は平治の乱の戦後処理と同日であり、それは彼らの処罰で決着した二条派失脚事件が、平治の乱の一部だった証拠だ。この事実こそが、真相究明の突破口になる。

二条派失脚事件の謎——子供じみた挑発的行為

②二条天皇脱出作戦は、①三条殿襲撃の襲撃者一派が分裂した事件なので、①の直接的結果である。また③京都合戦は、②で分裂した者たち同士の抗争なので、②の直接的結果である。つまり、①と②と③は連続した一つの大事件で、まとめて〝平治元年戦争〟と呼んでよい。

それに対して④は、院政を妨害するため後白河の桟敷を経宗・惟方が封鎖し、それに憤った後白河が逆襲した事件であり、京都合戦の結末と全く連動していない。いかなる史書にも、平治元年戦争と二条派失脚事件の間に、因果関係を認める記述がない。この事件は確かに全体から浮いており、河内説・古澤説が乱の一部だと気づかなかったのも、故なしとしない。

経宗・惟方が推進する二条親政は、三条公教ら旧鳥羽院近臣団が立案し、実現させた体制であり、それが急がれたのは、信西亡き後の朝廷政務の立て直しが急務だったからだ。そこに不自然さはない。しかし、その延長上で桟敷封鎖事件が起こったことは、少しも自然ではない。

道行く庶民と交流する後白河の桟敷に板を打ち付けて視界を塞いだ、というエピソードを読んだ時、私が抱いた率直な感想は〝しょうもない〟だった。いい年の大人の振る舞いとは信じがたい、子供じみた嫌がらせというしかない。「後白河の院政を阻止するため」と『愚管抄』はいうが、二条親政を実現させるために、なぜ、後白河を挑発して怒らせる必要があるのか。後白河を怒らせること自体が目的だったか、さもなくば、後白河の尊厳は踏みにじって構わない、という強烈な自尊心に根差す行為か、二つに一つだ。そして、いずれにせよ、なぜそう考えられたかが説明されねばならないが、それを説明した学説はこれまで出されていない。

朝廷の刑罰制度から見た経宗・惟方の流刑

二条派失脚事件は、京都合戦の後始末の目途が立った頼朝逮捕の、わずか一一日後に起きた。ならば、平治元年戦争の直接の結果と見るのが自然だ。そこに、平治の乱の謎を解く鍵がある。経宗・惟方は、二条天皇を大内から脱出させ、信頼の束縛から逃したとされている。それは、平治元年戦争で最大級の功績であるはずだ。ところが、彼らには恩賞がなかった。その功績は完全に無視され、逆に乱の終幕で断罪されて終わった。これでは辻褄《つじつま》が合わない。

しかも、経宗・惟方に対する処罰は、歴史上の類例や、乱のほかの罪人と比べて重すぎる。朝廷の律（刑法）には、五種類の刑罰があった。軽い順に「笞《ち》」「杖《じょう》」「徒《ず》」「流《る》」「死《し》」という。「笞」と「杖」は木の枝を用いた鞭打ち刑で、一〇回〜五〇回を「笞」、六〇回〜一〇〇回を「杖」という。「徒」は懲役刑、「流」は京や居住地を追放する流刑、「死」は死刑である。

死罪は通常、反逆などの最も重い罪に科される。しかし、平安時代では、嵯峨《さが》天皇の弘仁元年（八一〇）に藤原薬子《くすこ》の変で藤原仲成《なかなり》が射殺《いころ》されて以来、保元の乱まで死罪は行われなかった。事件のたびに明法家《みょうぼうか》（律令の専門家）の罪名勘申《ざいめいかんしん》（律に基づく罪状と罰の提案）によって、律の規定通り死罪になる犯人は多かったが、必ず「罪一等を減ずる」温情措置が取られ、流罪で済まされた。したがって、流罪が事実上最も重い処罰だった。

保元の乱で源為義一家・平忠正一家が、また平治の乱で藤原信頼が、即座に死刑に処されたのは、歴史的には新しい事態だ。〝即座に〟がポイントで、時間を要する明法家の罪名勘申ないくして死刑が確定し、執行された。それは、制度の逸脱ではない。少なくとも信頼には、すでに追討命令が出されていた。追討とは〈追跡して討ち果たす〉ことなので、追討命令は死刑宣告と同じであり、それが出た段階で処刑の法的手続きは済んでいる。追討命令に基づく戦争は、戦争という形を取った死刑の執行なのであり、殺害の場が戦場か刑場かは、重要でない。

頼朝兄弟と源師仲の判決から探る量刑の相場

これを踏まえて、経宗・惟方に下された三月一一日の判決が何を意味するのか、吟味し直したい。参考になるのは、同じ日に流刑に処された頼朝兄弟と源師仲の量刑だ。

この判決で、頼朝が伊豆への流罪に、希義が土佐への流罪に確定した事実の意味は重い。これは、律が定める流刑で最も重い遠流《おんる》である。つまりこの判決で、〈平治元年戦争の実行犯〉という罪と、遠流という罰が対応する、という量刑のバランスが示されたことになる。

源師仲は下野に流されたが、実は、下野は流刑地として法に定められていない。ただ、下野は明らかに伊豆より遠いから、伊豆が遠流である以上、下野も遠流相当と断定してよい。

師仲は、三条殿襲撃で信頼・義朝軍に同行したが、虐殺や放火に参加せず、用意した車に後白河院を乗せて、一本御書所へ連れ出しただけだ。これは、〈後白河の意思に反する拉致〉と捉えれば罪となり、〈危険地帯からの救出〉と捉えれば功績となり、そこで判断が分かれる。

師仲はその後、何も罪を犯していない。京都合戦の直前に三種の神器の神鏡を持ち出したのも、戦乱から神器を保護した功績である。その功績と相殺しても、師仲は最終的に処罰された。ならば、三条殿襲撃での行為は、救出ではなく拉致だと見なされたことになる。量刑としては、〈院と女院の拉致の実行犯〉が遠流に相当すると判断されたのである。

阿波・長門は遠流相当——経宗・惟方と頼朝兄弟は同じ量刑

以上の量刑を踏まえると、流刑相当と断じられた経宗・惟方の罪の大きさが見えてくる。

経宗が流された阿波も、法に定める流刑地ではない。白河院政期の嘉保元年（一〇九四）には、罪人が近流として阿波に流された記録があるが（『中右記』嘉保元年八月一七日条）、実はその二年前の寛治六年（一〇九二）、藤原為房が中流として阿波に流されていた（『中右記』寛治六年九月二八日条）。たった二年間に阿波の扱いが変動しており、不整合が甚だしい。しかも、為房と同時に流された人は、法の定めでは近流扱いだった安芸に中流扱いで流された。また、一世紀半あまり後の文永四年（一二六七）には法の定め通り、安芸が近流扱いに戻っている（『民経記』文永四年八月一三日条）。白河院政は、阿波や安芸などの流刑地としての重さを、相当いい加減に扱っていた。

救いがたいことに、後白河院政の仁安三年（一一六八）、興福寺の僧三人が同じ罪状で下野・周防・阿波に流され、すべて遠流扱いだった（『兵範記』仁安三年六月二六日条、二七日条）。阿波は白河院政の間に中流から近流にぶれ、後白河院政で遠流になった。滅茶苦茶である。

しかし、後白河院政に一貫性があると考えるなら、経宗の阿波流刑も、仁安三年の事例と同じ遠流相当と推測するのが、まずは自然だ。傍証もある。保元の乱で藤原頼長と行動をともにした息子や側近・武士らは、出雲・土佐・伊豆・安房・常陸・越後・佐渡・隠岐・上総・下野・陸奥や阿波に流された（『兵範記』保元元年八月三日条）。阿波以外の一一ヶ国はすべて遠流（相当）なので、それらと一緒くたに流刑地とされた阿波も、遠流扱いと考えて問題なさそうだ。

惟方が流された長門も、法に定める流刑地ではない。しかし、右に述べたように、後白河院政期の仁安三年に、周防への流刑が遠流として扱われた。長門はその周防の西隣にあり、周防より都から遠いので、長門も遠流扱いと見て間違いない。

以上から、三月一一日の判決では、平治元年戦争の罪を問われた頼朝・希義・師仲も、二条派失脚事件の罪を問われた経宗・惟方も、全員が遠流に処されたと結論できる。しかし、『愚管抄』による限り、経宗・惟方の罪は〈後白河の御所の桟敷を封鎖した罪〉にすぎない。たったそれだけの罪と、〈三条殿襲撃で虐殺を行い、京都合戦で天皇の官軍に刃《やいば》を向けた反逆者〉や、〈院・女院を拉致した実行犯〉が、同等であるはずがあろうか。そんな馬鹿な話はない。

経宗・惟方は三条殿襲撃で師仲と同等の罪（共謀）を犯した

ここは、逆に考える必要がある。経宗・惟方は、平治元年戦争の反逆者一味と同じ日に、同じ量刑で処罰された。その事実がある以上、次の［仮説1］が必ず成立する。

［仮説1］経宗・惟方は平治元年戦争かその延長上で、その反逆者と同等の罪を犯した。

では、その〈後白河の御所の桟敷を封鎖した罪〉にとどまらない罪とは、何か。

『愚管抄』に、「コノ二人主上ニハツキマイラセテ、信頼同心ノヨシニテアリケル（経宗・惟方の二人は二条天皇に付き添って、信頼と同心したと聞く）」という記述がある。三条公教らの謀議中の発言で、まだ三条殿襲撃しか起きていない時のものだ。この段階で「信頼に同心していた」というからには、経宗・惟方は三条殿襲撃に参加したと見なされたはずである。

この解釈には河内氏の異論もある。この「同心」は、単に信頼らの仕業を事後的に支持しただけ（少なくとも非難しなかった）と解釈できる余地がある、と［河内02‐一三一頁］。確かにその余地はあるのだが、解釈だけで争うと水掛け論に陥る。ここでこそ、二人が〈平治元年戦争の反逆者一味と同等の罪を犯した〉と判決された事実、河内説が見落とした事実が活きる。それに値する罪といえる出来事は、この段階でも、その後の乱の経過でも、三条殿襲撃だけだ。「信頼同心」とは、事後的な黙認などではなく、襲撃事件への主体的な参加と見るほかない。

この推定を裏づける材料がある。惟方と同じ遠流の源師仲は、惟方と同日に赦免された。これは、三条殿襲撃で院を拉致した実行犯師仲の罪と、惟方の罪が同等と見なされた証拠だ。そして、二条天皇脱出作戦と京都合戦では、惟方も経宗も罪と見なせる行動をしていない（経宗の刑期は惟方・師仲より四年も短いが、第一四章で述べる通り、それは乱後の特別な事情によるもので、罪の重さとは関係がない）。以上を総合すると、次の［仮説2］が導き出される。

［仮説2］経宗・惟方は、三条殿襲撃で師仲と同等の罪を犯したと見なされた。

経宗・惟方は三条殿襲撃の現場におらず、実行犯ではない。ならば次の［仮説3］も導ける。

［仮説3］経宗・惟方の罪とは、〈三条殿襲撃の共謀者だったこと〉である可能性が高い。

経宗・惟方が信頼と三条殿襲撃を企んだ原因は二条天皇

以上を踏まえて、三条殿襲撃と経宗・惟方をめぐる最大の謎に取り組もう。それは、二人の動機である。『平治物語』や通説は、次のように語ってきた。三条殿襲撃の段階では、経宗・

惟方は主謀者の信頼に加担したが、心変わりして信頼を裏切り、二条と後白河を脱出させた、と。なぜ変心したのか。学界は〈二条親政の実現〉を動機と見なしてきた。後白河院政を主導する信西一家を滅ぼすことで、院政を強制的に終わらせたが、それによって成立した二条親政の中枢で信頼が邪魔になり、自分たちだけが政治を壟断《ろうだん》しようと目論んだ、と。

　こうした理解には、いくつも疑問点と誤解がある。まず、少なくとも二条天皇脱出作戦まで、経宗・惟方が二条親政を目指した証拠は一つもない［河内02―一一二頁］。経宗・惟方が二条と強い結びつき（外戚や乳父《めのと》関係）を持っていた、というだけの理由で、彼らが乱の前から二条親政派として院政派と対立していたと主張する説もあるが［古澤13―一七二頁］、〈人間関係のグループが違うから対立関係にある〉という論法は飛躍だ。経宗・惟方が二条親政を担う体制は、三条殿襲撃の後に三条公教らが初めて提案し、経宗・惟方が受動的に乗って始動した。二人が三条殿襲撃を起こした動機を、〈二条親政実現のため〉とする説明は成り立たないのである。

　惟方だけなら、辛うじて説明できなくもない。信頼との間で何重もの姻戚関係が結ばれ、姻戚関係で見る限りは一心同体だ。それに基づいて、保元の乱後のある段階から明らかに、惟方は信頼と、後白河近臣の一つの派閥として活動してきた。そのため、信頼の利害が自動的に惟方の利害となり、信頼の行動に惟方が加担した、という可能性はゼロではない。

　ところが、経宗にはそのような説明ができない。経宗は、信頼との間にはもちろん、惟方との間にも、姻戚関係や養子関係などの族的結合を持たない。また、乱の直前段階で後白河の近臣に組み込まれていたが、信頼や惟方のように後白河にべったりでもなかった。

家柄の面でも、惟方とは隔たりがありすぎ、信頼とも違う。信頼は摂政道隆《みちたか》の子孫（中関白《なかのかんぱく》家）だが、その弟道長の子孫（御堂流《みどう》）である経宗の方が、かなり家格が高い。父子の間で一直線に継承される摂関家が道長以降の御堂流で確立して以来、摂関家とは御堂流と同義だった。一口に摂関家庶流といっても、七代前に傍流の摂政を持つにすぎない信頼と比べると、祖父に御堂流の関白師実《もろざね》を持つ経宗は、極めて本流に近い（一六頁図4参照）。経宗は、惟方とも信頼とも、朝廷の階層や集団として利害を共有していないのである。

来歴・政治的立場・出自がこれほど違うのに、経宗・惟方は同じ三条殿襲撃事件の共謀者となり、同じ日に同等の処罰を受けた。ならば、二人はそれらと全く違う共通点から行動をともにしたに違いない。その共通点とは、二人とも二条天皇の守護者（経宗は叔父として外戚代表、惟方は乳父）だった、という一点以外に考えられない。すると、次の［仮説4］が導ける。

［仮説4］**経宗・惟方が信頼と連携して三条殿襲撃に加担した原因は、二条天皇にあった。**

かくして、三条殿襲撃の核心に、今日までいかなる説にも、主体性ある役者として登場しなかった二条天皇の姿が浮上した。これを手がかりに、いよいよ真相の解明に進もう。

全容究明編

保元元年（1156）11.27　美福門院の差配で守覚が仁和寺に入る。
保元４年／平治元年（1159）4.2　二条が後白河近臣の公卿３人を解官。
12.9　三条殿襲撃事件。【平治の乱勃発】
12.10　藤原信頼が神鏡を移す（二条天皇が大内に入る）。
12.17　信西の首を梟首。平清盛が熊野詣から帰京。
12.22　信西の息子12人に流刑宣告。
12.25　未明、二条が神鏡を残して大内を脱出。
12.26　京都合戦。後白河院の命令で信頼追討の宣旨を発令。
12.29　二条が六波羅亭から美福門院所有の八条室町亭に移る。
平治２年／永暦元年（1160）
1.6　後白河が六波羅亭から葉室顕長の八条堀河亭に移る。
1.10　二条が「永暦」と改元。【二条の勝利宣言】
1.17　二条が五位蔵人の葉室長方（顕長の子）を罷免。
1.26　藤原多子が二条のもとへ入内。
2.9　源頼朝を逮捕。
2.11　朝廷が源師仲宅から神鏡を回収。
2.17　二条が守覚と上西門院を出家させる。
2.20　後白河の命で清盛が大炊御門経宗・葉室惟方を逮捕。
2.22　信西の子らが赦免され京都に召還。葉室長方も復職。
2.26　後白河が日吉社・熊野参詣を決定。【後白河の勝利宣言】
2.28　後白河が経宗・惟方を解官。
3.11　経宗・惟方・師仲・源頼朝・源希義に流刑宣告。
3.25　後白河が日吉社に参詣。
6.14　源光保を薩摩に遠流。途中で殺害。
7.9　三条公教が死去。
7.22　新日吉社が着工。新熊野社も同時か。
8.9　新日吉社・新熊野社が上棟。
8.11　清盛が参議に（公卿に）。
10.10　二条が後白河に朝覲行幸。以後、彼らの二頭政治に。
10.16　新日吉社・新熊野社が完成。
11.23　美福門院が死去。
嘉応２年（1170）　後白河が信頼の遺児信親を流刑にし、すぐに撤回。
安元３年（1177）　天変あり。平治の乱の勃発時が回顧される。
養和２年（1182）　頼朝が伊勢神宮に対し平治の乱での無罪を主張。
建久元年（1190）11.9　頼朝が摂政九条兼実に義朝の無罪を主張。

第六章　保元の乱の恩賞問題と源義朝

信頼の信西への憎悪は三条殿襲撃事件の動機になり得るか

朝廷の公式見解や通説では、三条殿襲撃事件の主謀者は藤原信頼・源義朝とされてきた。このうち信頼の動機は、『愚管抄』と『今鏡』に明記されている。重要なので原文を示そう。

此《この》信西ヲ信頼ソネム心イデキテ、義朝・清盛、源氏・平氏ニテ候《そうらい》ケルヲ、各《おのおの》此乱《このらん》ノ後ニ世ヲトラント思ヘリケル、義朝ト一ツ心ニナリテ、ハタト謀反《むほん》ヲオコシテ、ソレモ義朝・信西ソコニ意趣《いしゅ》コボリニケル也《なり》。〔『愚管抄』五〕

衛門督《えもんのかみ》信頼といひしは、かの大徳《だいとこ》（信西）と仲あしくして、かゝるあさましさをし出《いだ》せるなりけり。御おぼえの人にて「いかなる官《つかさ》もならむ」と思ふに、入道（信西）諫《いさ》むるをいぶせく思ひて軍《いくさ》を起《おこ》したりけるを……。〔『今鏡』三―すべらぎの下―をとめのすがた〕

右の二書によると、信頼は信西を嫉《そね》んでいた。後白河の寵愛によって思いのままに昇進したかったのに、信西が後白河を諫めて阻止したからだ。そして、保元の乱後に「世を取ろう（覇権を確立しよう）」と目論んでいた平清盛・源義朝のうち、信西との間に遺恨を抱えていた義朝と組んで一挙に謀反を起こし、信西を滅亡させようとした、という。

両書とも信用度が高い二次史料であり、信西自身の発言・作品によって、いくらか裏づけも取れる。信西は親しい廷臣に、「今の陛下（後白河天皇）は、日本・中国の歴史上まれに見る暗君だ。反逆の心を持つ臣がすぐ側《そば》にいるのに、気づきもしない。気づくよう人が仕向けても、なお気づかない」と語っている（『玉葉』寿永三年三月一六日条）。また、唐の玄宗《げんそう》皇帝が楊貴《ようき》妃《ひ》を溺愛したため安禄山《あんろくさん》の乱を招いて国が衰亡した話を、後世の天皇たちへの教訓とする『長恨歌絵《ちょうごんかえ》』を著した（『玉葉』建久二年一一月五日条）。いずれも後白河の信頼に対する溺愛を、そして何度諫めても聞き入れない暗君ぶりを嘆き、愛想を尽かしつつあったという表明だ。

『愚管抄』や『今鏡』が述べた理由で信頼が信西を憎んだことは、史実として認めてよい。

しかし、問題はその先にある。それは本当に、三条殿襲撃を起こすに値する動機だったのか。そう問わねばならないのだが、誰も問わなかった。信西が信頼の出世を妨げているなら、信西を失脚させれば済む。それで済まさずに〈信西一家を全員虐殺しよう〉とか〈上皇御所を襲おう〉とかいう極論に至るのには、大きな飛躍がある。信頼の動機を語る『愚管抄』や『今鏡』の説も、従来の学説も、この不自然な飛躍を何食わぬ顔で、見て見ぬふりをしている。

院政期に進んだ平家の優勢、源氏の劣勢——義朝が大博打を打つ動機

　では、義朝の動機はどうか。当時の政治情勢やそれに至る政治史から見て、院や摂関家などの王家・上級貴族をさしおいて、武士が朝廷を牛耳れる可能性はない。したがって、平清盛と源義朝がともに「世を取ろう」と目論んだ、という『愚管抄』の話は、〈武士として可能な範囲内で覇権を確立しよう〉という意味に違いない。具体的には、白河院政下で圧倒的な権勢を誇った源義家のような、また源氏の没落後に武士として白河院の絶大な信任・恩寵を独占した平正盛《まさもり》のような、武士の代表格として一頭地を抜く巨頭を再現したい、という話だろう。源義家には、前九年・後三年合戦を戦い抜いて、東国の武士の大部分を従えた実績があった。平正盛には、その義家さえ匙《さじ》を投げた源義親《よしちか》（義家の子、義朝の祖父）の反乱を平定した実績があった。彼らのような巨頭となるためには、彼らに並ぶほどの圧倒的実績が必要だ。

　義親が反逆者となり、これを正盛が討ったことで、源平の関係は平家優位に確定した。平家は正盛・忠盛《ただもり》・清盛の三代で、白河・鳥羽・後白河の院近臣として着実に地位を上げた。仁平三年（一一五三）に没した忠盛の人生は、賛辞をもって回顧された（『宇槐記抄』仁平三年正月一五日条）。「数国の吏《り》を経《へ》、富《とみ》巨万を累《かさ》ね、奴僕《ぬぼく》国に満ち、武威《ぶい》人に軼《す》ぐ。然《しか》るに人となり恭倹《きょうけん》にして、未だ嘗《かつ》て奢侈《しゃし》の行《おこな》ひ有らず。時の人これを惜しむ（忠盛は何ヶ国も受領を歴任して巨万の富を蓄え、諸国に多数の従者を持ち、武人としての権威は抜群だが、人柄は控え目で一

度も驕《おご》り高ぶらず、時の人は彼の死を惜しんだ）」と。彼は肩書きも刑部卿《ぎようぶきよう》という（形骸化していたが中～上級貴族が就任する）高官に昇り、内昇殿《うちのしようでん》（内裏の生活空間である清涼殿《せいりようでん》に昇れる特権）まで許されて殿上人《てんじようびと》となり、位階は公卿（従三位《じゆさんみ》）の一段階下まで迫る正四位上《しようしいのじよう》だった。彼の勢威は最盛期の源義家に肩を並べ、それまでの武士の歴史上で最高レベルの達成である。その達成を遺産として存分に継承した清盛も、平治の乱までに大宰大弐まで昇り、息子・弟らも官職に恵まれて、公卿を輩出する貴族の家柄のすぐ下まで迫っていた。

それに対して、源氏では義親の反乱を機に、家運が傾いた。義親の子の為義は五位の左衛門《さえもんの》尉《じよう》で終わり、保元の乱で逆賊と認定され、義朝以外の息子たちとともに滅んで、一家の人材が激減した。保元の乱後には、義朝一人が受領の地位を保ち、平治の乱の直前に息子たちが相次いで任官したものの、平家とは雲泥ともいえる実力差が生じた。

平家はこのまま順当に、着実に出世を見込めた。しかし、義朝には飛躍が必要だった。往年の義家や正盛のような偉大な実績を渇望する理由があり、そのために大博打を打ちたい動機があった。では、それが〈後白河の御所で信西一家を襲う〉という形を取ったのはなぜか。

義朝の縁談を断った信西の洞察力を問題視する『愚管抄』

『愚管抄』によれば、信頼と同様に、義朝も信西を憎悪していたという。義朝は、時流に乗って並びない権勢を築いた信西との癒着を望み、結婚適齢期だった信西の四男是憲《これのり》を婿に欲しいと申し込んだ。ところが、信西は断った。「我子《わがこ》ハ学生也《がくしょうなり》。汝《なんじ》ガ聟《むこ》ニアタハズ（私の子は学問で立身を志すので、君のような武士の婿にはできない）」と。それだけでも「アラキヤウナル（繊細さに欠ける）」対応だったが、信西は時を経ずに、清盛の娘を息子の成憲に娶《めと》らせた。

慈円はこの挿話から、平治の乱の必然性を説く。「これではどうして義朝が恨みを抱かないでいられようか。このような不覚を、信西のような立派な者でもしでかしてしまう。それが人間の限界なのだ」と。そして、話を〝人間論〟に展開させ、歴史一般の教訓を語る。

慈円はいう。「何をするにも、物ごとの道理に適《かな》うか否かを事前によく判断して、振る舞いを誤らないようにせねば、うまくいかない。それも、判断材料が一つだけではだめだ。それでしばらくうまくいっても、第二・第三の材料が絡み合えば、予測から外れて悪い結果へ向かいやすい。人の行動の結果は、別の複数の現象と絡み合って初めて決まるので、複合的・複眼的に考えるべきだ。だから信西の行動はまずい。息子たちの昇進や、天下の執権という地位など、栄華に満ち足りていたのだから、心に余裕を持って寛大に振る舞えば、義朝ほど名のある武士から無闇に恨みを買う必要はなかったではないか。彼の運が尽きたというしかない。結局、悪意は人の欠点の最たるもので、身を滅ぼす根本要因だ。信西が悪意に囚われていたように」と。「学者となるべき是憲は、武士の婿にできない」というのは正論である。しかし、義朝の感情や、武士一般の名誉意識の高さなども考慮すれば、正論にこだわって武力蜂起を招かずに済み、自分の死を早めずに済んだはずだ。それができなかったのは「腹ノアシキ」、つまり信西に人格的な欠点があったからだ、と慈円は主張している。信西には、複数の物ごとを複合的・立体的に分析して全体像を把握する洞察力が欠けている、と。

相反する兼実の証言——信西は希有の洞察力の持ち主

しかし、慈円の同母兄九条兼実は、全く逆の証言をしている。兼実は、信西の才能を不世出と認めた。信西が著した『長恨歌絵』と、その制作意図を述べた信西の文書を読んだからだ〔『玉葉』建久二年一一月五日条〕。信西は、信頼に対する後白河の度を越した寵愛が、忠誠心どころか驕り高ぶる反逆心を育てると見抜いたが、何度そう諫めても後白河は聞かず、絶望した。そこで信西は、唐の玄宗と楊貴妃に関する史書を調べ上げ、挿絵入りの教訓書を著した。玄宗の度を越した寵愛は楊貴妃の一族を増長させ、その楊氏一族が、地方から台頭した実力者の安禄山を陥れようとして逆襲され、唐王朝を丸ごと壊滅寸前に追い込んだ。その教訓を活かせない後白河の治世は破滅するだろう。しかし、せめて未来の天皇たちは同じ過ちを繰り返さないで欲しい、と信西は述べている。

興味深いのは『長恨歌絵』を完成させて王家の宝庫「宝蓮華院《ほうれんげいん》」に納めた日付で、それは平治元年一一月一五日、つまり平治の乱勃発のわずか二四日前だった（二条天皇の大嘗会の八日前）。詳細は不明ながら、その段階で、信西ははっきりと動乱の予兆を察知していた可能性が極めて高い。

信西は、身に余る栄華が信頼の人格をどう変え、それがどう朝廷を没落させるかを見抜き、平治の乱まで察知したが、今の朝廷を諦めて未来に託した。それらはすべて、深い洞察力なくして行い得ないことだ。信西は希代の博識家だったが、頭でっかちの詰め込み型の知識人ではなく、同時代人の大多数が持たない洞察力を備えた人だった。しかも、そうした評価を下したのは、摂関家の三男でありながら長男基実の近衛家と対等な九条家を新たに興した兼実や、偉大な外記《げき》（太政官の文書行政官）として後世回顧された清原頼業《よりなり》など、トップクラスの政治家・実務家たちだった。その中で、信西が義朝からの婚姻の提案を無下に蹴り、あてつけのように清盛と婚姻関係を結ぶ、という行動がいかに重大な結果を招くか考えもせず、洞察力が欠けていた、という慈円の評価は浮いている。

だいたい、ここでの慈円の論述は長すぎ、歯切れが悪い。信西のような「イミジキ者」がこれほど浅はかな愚行を犯した、という釈然としない史実を読者に納得させるために、その説明はくどくどしく、いい訳がましい。そして、複眼的視野が大切といいながら、最後は「腹ノアシキ」＝人格的欠陥の話にしてしまい、究極的には「平治の乱は人間の限界がもたらした」で片づけてしまう。話が長い割に説得的でなく、長大な『愚管抄』の中でもこの部分だけ、飛び抜けて非論理的で、強引さが目立つ。慈円は、平治の乱の真相を知り得なかったか、もしくは真相に迫っていながら意図的にぼかしたか、どちらかを疑ってよい。

義朝・信西の縁談問題は結果（三条殿襲撃）と釣り合わない

この婚姻問題の背景には、慈円が書かなかった重要な情報が、少なくとも二つある。

一つ目は、信西一族が義朝一家との婚姻関係をすでに持っていた事実だ。義朝の嫡男頼朝の母は、熱田《あつた》大宮司《だいぐうじ》の藤原季範《すえのり》の娘だった。この季範が、信西の父実兼《さねかね》の従兄弟だったという、『尊卑分脈』からすぐに判明する事実を、これまで指摘した専門家はいない。義朝に嫁いで頼朝を産んだ女性は、信西の又従兄弟《またいとこ》（はとこ）なのであり、頼朝と信西はともに藤原実範《さねのり》（季範の祖父、信西の曾祖父）の血を引いていた（一六頁図4参照）。義朝と信西はもとより姻族であり、義朝はそれを梃子《てこ》にして、より直接的で強力な姻戚関係へと更新しようとした、ということだ。

二つ目の情報は、より本質的である。義朝が婿に望んだ相手は是憲だが、清盛が婿にしたのは彼ではなく、成憲だった。この是憲と成憲は母が違うが、慈円はその情報を省いた。是憲は、紀伝道を修めて儒官《じゅかん》に就き、儒者官僚として朝廷の実務を担うべき人材だった。是憲と母が同じ兄の俊憲・貞憲もまさにこの道を歩み、それを信西は「学生」と呼んだのだ。

一方、成憲の母藤原朝子（紀伊二位《きのにい》）は後白河の乳母《めのと》、つまり成憲は後白河の乳母子《めのとご》だ。乳母子は乳母の子で、兄弟同然に育ち、最も信用できる腹心となる。後白河は乳母子の成憲や同母弟の脩憲《ながのり》を優遇するため、彼らだけに特別な人生、つまり儒官や事務官ではなく、近衛少将・中将となって受領を兼ねる人生を歩ませた［中村86―一四頁］。これは「公達《きんだち》」といわれる家柄だけが歩める華麗な経歴だ。

是憲は「学生」だが、成憲は違う。信西の対応の違いはそこに根差した。ただ、信西は「学生」の婿入り先が武士では不適切というが、ならば誰なら適切なのか、よくわからない。儒学者には、儒学者同士で姻戚関係を結んで支え合う慣行があったが、「学生」である俊憲の妻に儒学者の娘はいないので、そうした慣行が理由ではなさそうだ。また、信西は暗に〈公達の成憲なら武士に婿入りして問題がない〉と主張しているが、なぜそういえるのかは定かでない。

結局、「我が子は学生なので」は、義朝との縁談を望まない信西の口実だった可能性が高い。

ただ、それはここでは重要でない。どれほど正当な理由で信西が拒否しても、義朝が逆恨みしなかった保証がないからだ。そのためか、ほぼすべての説がこの話を真実と信じ、最新の古澤説でさえ、この件で義朝は信西に敵愾心《てきがいしん》を抱いたと結論している［古澤13―九七頁］。

しかし、その真偽もまた、実は大した問題ではない。重要なのは、仮にそれが真実だとしても、動機に対して行動とその結末があまりに重大であり、不釣り合いであることだ。〈信西に婚姻を断られた恨み〉という程度の動機が、〈上皇御所を襲撃・放火して、居合わせた人々を虐殺し、信西一家の皆殺しを図る〉という未曾有の暴挙に及ぶ動機となり得るのか、なぜ誰も疑わないのだろう。

保元の乱における義朝の恩賞問題——裏づけなき通説

いや、義朝の動機はほかにもあった、と通説はいう。義朝は、保元の乱での恩賞の少なさに不満を抱き、乱後の政権を主導していた信西への憎悪を募らせていたのだ、と。

具体的には、次のようにいう［竹内62–六七頁、元木04–一三〇頁］。平家への恩賞は、清盛の播磨守任官ばかりか弟の頼盛・教盛にも及び、手厚かった。対照的に、義朝一家で恩賞を得たのは義朝だけ、しかもわずかに右馬権頭《うまのごんのかみ》にすぎず、受領ではないため経済的な恩恵がない。

しかも、敵陣にいた父為義の助命も朝廷に拒否された。そのため、義朝は「深い不満をいだいた」。「保元の乱の実戦で、源義朝は平氏一門よりもはるかに力闘して、勝利の原因をつくった。勝因となったのは清盛ではなく義朝であった」のに、最大の功労者の義朝に恩賞が薄く、大して功労がない清盛の恩賞が厚かったのだから、義朝が不満を抱くのは当然だ、と［竹内62–六七頁］。

この説は学界で常識のように語られてきた。しかし、なまじ常識化したため、誰も十分な裏づけを確認しなかった。そもそも、その説は大前提として〈義朝軍の方が清盛軍よりはるかに力闘し、勝利に最大の貢献をした〉というが、それを裏づける記述は信憑性が高い記録のどこにもない。記述があるのは、信憑性が乏しい軍記物の『保元物語』だけだ。

保元の乱当日の恩賞

では、義朝の恩賞問題が平治の乱を起こす動機となったかどうか、判定できるだろうか。実はできる。事実を丹念に追えば、どの専門家も出さなかった答えが、一つだけ出る。

保元の乱の当日、最初の恩賞として次の人事があった（『兵範記』保元元年七月一一日条）。

①安芸守《あきのかみ》の平清盛が、播磨守に遷《うつ》る。

②下野守の源義朝が、右馬権頭を兼ね、内昇殿を許される。

③左衛門尉の源義康《よしやす》が、内昇殿を許される。

この三人は、三手に分かれて最初に白河北殿《しらかわきたどの》へ向かった各隊の隊長だった。後から源頼政《よりまさ》・源重成《しげなり》・平信兼《のぶかね》らも後詰めとして白河北殿へ向かったが、彼らは恩賞に浴していない。実際に戦闘して決着をつけた先陣の三隊の隊長だけが、恩賞の対象となったと考えてよい。

その三人のうち、義朝・義康の二人だけが内昇殿を許された。つまり、殿上人になった。清盛が対象外だったのは、すでに殿上人だったからだ。『公卿補任《くぎょうぶにん》』には清盛が内昇殿を許された記事がなく〔『公卿補任』永暦元年条略歴〕、そのせいか清盛の伝記でも言及がない〔五味99〕。しかし、記録を精査すると、すでに仁平二年（一一五二）の段階で清盛は、近衛天皇の「殿上人」だった〔『兵範記』仁平二年九月一〇日条〕。久寿二年（一一五五）八月、つまり後白河の皇位継承の直後にも清盛は「殿上人」として記録に見える〔『兵範記』久寿二年八月一日条、九日条〕。清盛はとうの昔に、しかも平時に殿上人になっていた。保元元年（一一五六）にようやく、特別な戦功を立てて初めて殿上人になれた義朝より、かなり先行している。

同じ内昇殿を許されながら、新たに官職を得た義朝と、得られなかった義康の間には、大差がある。義朝軍が白河北殿の正門（大炊御門《おおいのみかど》大路）を担当し、明らかに敵陣を正面から攻撃する最大の激戦を担ったのに対し、義康軍が裏手（近衛大路）から接近し、包囲の一角を形成して逃亡を防ぐ程度の役割しか果たさなかったことと、対応しているだろう。

報酬への満足度は主観で決まる

義朝への恩賞は、当日の記録に「右馬権頭に任命した」とだけある。そのため、下野守から右馬権頭に遷り、受領の地位を失ったかのように語られがちだ〔飯田79－一五四頁、元木04－一三一頁〕。しかし、義朝は半年後に下野守を「重任《ちょうにん》（任期更新）」しているので（後述）、下野守のまま右馬権頭を兼任したことが明らかだ。兼官が増え、内昇殿も許されたのだから、義朝の地位は純増である。特に、義朝・義康が武士の源氏で初めての殿上人となったのは、破格の厚遇といっていい［元木04―一三一頁］。

これを踏まえて元木説は、従来蓄積されてきた源氏と平氏の格差に注目した。そして、乱の前から平氏の官職が圧倒的に高く、それぞれの従来の地位に足し加えるにふさわしい官職が与えられただけで、恩賞が不公平だったとはいえない、と結論した［元木04―一三〇頁以下］。

古澤説も、清和源氏で初代の経基《つねもと》以来、満仲《みつなか》・頼信《よりのぶ》・義家などの義朝の直系祖先が左馬権《さまのごんの》頭《かみ》・右馬権頭となってきた歴史に注目し、義朝の右馬権頭任官にも、父祖の輝かしい官歴の再現という意味では十分に意義がある、と指摘した［古澤13―八二～八三頁］。しかしそれでも、視野を数百年規模の朝廷全体に広げ、謀反を鎮圧した功労者に対する恩賞を朝廷が与える手順の歴史に着目すると、義朝が満足したとはいえないという。歴史的には必ず踏まれてきた手順、すなわち〈功労者自身の希望を事前に訊《き》く〉〈官職ばかりでなく位階を与える〉〈しかも越階《おっかい》（数階級の特進）で位階を与える〉〈当人ばかりでなく一族・一家・郎等らにも恩賞を与える〉〈平将門《まさかど》の乱を鎮圧した藤原秀郷《ひでさと》への恩賞を基準として踏まえる〉などの手順がすべて、保元の乱には存在しない。したがって、それらを期待していた義朝は、期待と異なる恩賞を薄いと感じたはずで、深い不満を抱いたという通説が正しい、と［古澤13―八四～八五頁、九六頁］。

それぞれ重要な着眼点であり、一理ある。しかし、いずれの説も、人間の鉄則を見落としている。〈報酬への満足度は、当人の主観でしか決まらない〉という鉄則を。周囲の誰もが適正な報酬、あるいはもらいすぎの報酬と考えていても、当人が〈自分への報酬は不当に低い〉と考えることは珍しくない。逆に、周囲の誰もが〈彼は薄給で哀れだ〉と思っていても、当人が〈自分にはこれで十分〉と考えることも珍しくない。私たちの誰にでも、心当たりがあろう。

従来の説は、〈社会一般で相場がどう考えられたか〉に気を取られていたが、重要なのは相場ではなく、〈当人が満足か不満か〉だ。それは、義朝が満足度をどう表明したかを調べることでしか、解明できない。義朝はそれを言葉で語らなかったので、行動から割り出すしかない。

義朝と義康、最初の恩賞に不満を表明し追加させる

義朝と義康は明らかに、即座に不満を表明した。乱の一九日後の七月三〇日、源為義・平家弘《いえひろ》らを斬った日に、義朝は左馬頭、義康は「蔵人判官《くろうどのはんがん》」として記録に現れるからだ『兵範記』)。「蔵人判官」は、六位蔵人《ろくいのくろうど》で、かつ検非違使・衛門尉《えもんのじょう》である人をいう。乱の当日、義朝は右馬権頭に任じられ、なおかつ義康には六位蔵人だった形跡がない。一九日後までに、追加の恩賞として、義朝は右馬権頭から左馬頭《さまのかみ》に転じ、義康は新たに六位蔵人に就任したのである。

義朝の左馬頭への昇格を、『保元物語』は乱当日の七月一一日とするが、これまで裏が取れ

なかった。しかし、左馬頭の前任者である藤原隆季《たかすえ》の経歴を『公卿補任』で確認すると、実は裏が取れる。そこにはわざわざ、義朝と交替した事情が詳しく書かれていた。その記事には、「保元々七月十一日、左京大夫《さきょうのだいぶ》に任ず。義朝を以《もっ》て左馬頭に任ぜらる。仍《よっ》て所望無しと雖《いえど》も遷《せん》任《にん》す」とある。七月一一日に隆季は左馬頭から左京大夫に遷ったが、それは隆季自身の所望ではなかった。義朝を左馬頭に任命できるよう、左馬頭のポストを空けるための人事だったのだ。そこまでして行われる人事は、よほど強い意志の結果である。なおかつ、ほぼ同格の右馬権頭をすでに与えてある点からも、同じ日に人事をやり直すとみっともない不手際となる点からも、朝廷側には動機がない。この昇格は、義朝自身の強硬な要望に朝廷が押し切られた結果に違いない。

左右に分かれた官職では左の方が上だが、本質的に同格だ。権官《ごんかん》は〝権《かり》の官〟なので正官より劣るが、正官が絶大な権限を一手に握る諸国の守《かみ》を除けば、大した違いではない。それにもかかわらず、前任者を強引に異動させてまで義朝が左馬頭就任を望んだ理由は、よくわからない。直系の祖先に左馬頭の任官者はなく、むしろ、右馬権頭は祖先の満仲の官職だった可能性があり（『小右記』には「馬権頭《うまのごんのかみ》」と見える〔天元五年三月五日条〕）、先祖の再現という観点なら、右馬権頭の方こそ適切だった。現状では、「これほどの軍功を挙げたのに、その恩賞が権官では割に合わない」という、『保元物語』の義朝の台詞《せりふ》より真実に近そうな理由は見あたらない。

いずれにせよ、義朝は乱の当日に右馬権頭という恩賞に不満を表明し、即座に左馬頭に転任させてもらった。これを参考にすると、義康が六位蔵人に任命されたのも、その日か直後だった可能性が高そうだ。義康が許された内昇殿は名誉に違いないが、「清盛・義朝が官職を得たのに自分だけ官職を何一つもらえないのは不公平だ」と訴えて認められたのだろう。

このように、乱で官軍の主力だった隊長三人のうち二人が、乱のその日のうちに恩賞に不満を表明して追加を要求し、認めさせた。多少ごたごたがあったものの、それで恩賞問題は乱の当日に決着がついたはずだった。乱から一ヶ月半ほどを経た八月二七日、源重貞《しげさだ》が右衛門尉《うえもんのじよう》に任命されたが、それは源為朝を逮捕した功績への報賞である（『兵範記』）。追加の恩賞は、それに値する追加の功績を挙げた場合に与えられる、というのが原則であるはずだった。

清盛は国守の権益を拡大したが地位を上昇できず

ところが、乱の功績を後から何度も蒸し返して主張し、恩賞の追加を求め続けた人がいた。平清盛である。乱の当日、清盛は恩賞として安芸守から播磨守に遷った。受領の任国が更新されただけだが、実は安芸守も播磨守も、平家には特別な意味を持った。清盛は久安二年（一一四六）からこの年まで、二度も重任して足かけ一一年も安芸守だった。さらに、保元の乱で清盛が播磨守に遷ると、安芸守には弟の経盛・頼盛が相次いで就任した。安芸は明らかに平家の知行国《ちぎょうこく》（私的で永続的な領有を公認された国）となっていた。清盛は、安芸を平家の知行国として維持したまま播磨守に任官したことで、平家全体の国守としての収入源を一つ増やした。

しかも播磨守は、実は単なる国守ではない。播磨は一二郡を擁《よう》する大国で、収益が多く、院政期には特に優遇された院近臣に与えられ、彼らの大多数が播磨守から公卿に昇るという、特別な国守だった［元木04―一三〇頁、元木86］。院政期の播磨守は、嘉保元年（一〇九四）に藤原顕季《あきすえ》が就任して以来、つまり白河院政の初期から、六条藤家《とうけ》（藤原顕季・長実《ながざね》・家保《いえやす》・家成《いえなり》・顕保《あきやす》）と、藤原信頼の祖父・父（基隆《もとたか》・忠隆《ただたか》）、そして鳥羽院の乳父《めのと》の藤原清隆だけで占有された。白河院・鳥羽院の最も有力な近臣の二家の筆頭格だけで、ほぼ占有されてきたのだ。

ところが、久安元年（一一四五）に平忠盛が播磨守となったことで、この特権集団に平家が食い込んだ。忠盛の後、摂関家の忠実に仕える源顕親《あきちか》が播磨守を二期務め（『兵範記』『台記』仁平四年八月九日条）、平家は一度この特権的地位を失った。しかし保元の乱の恩賞で清盛が播磨守になったことにより、平家は再び返り咲いた。

したがって、清盛の播磨守任官は、三つの意味を持つ。第一に、六条藤家・藤原信頼一家に続く院近臣の特権集団として平家の地位が固まったこと。第二に、知行国安芸を温存して新たに国守を獲得したこと。第三に、清盛の国守としての任期が延びたことである。

こうして経済的な特権は拡大したが、制度上、清盛の地位は上がっていない。その点で、新たに左馬頭や六位蔵人という地位を加えられ、内昇殿という新たな特権を得た義朝・義康と比べて、清盛への恩賞は見劣りしている。通説とは裏腹に、保元の乱の論功行賞で不満を抱く者がいるとすれば、その筆頭格には義朝よりも清盛の名を挙げるべきなのだ。

清盛も流れに乗って追加の恩賞を要求・獲得

清盛はほかの二人と違い、乱の当日には恩賞の増補を要求しなかった。しかし、六日後の七月一七日、清盛一家に追加の恩賞があった。清盛の弟の教盛・頼盛が、内昇殿を許されたのである。理由は、「弟たちにも勲功があるので恩賞を頂きたい、と清盛が申請したため」と明記されている〔『兵範記』保元元年七月一七日条〕。乱から六日も経て清盛が追加を要求した理由は、一つしか考えられない。義朝・義康の動向に刺激され、「ならば自分も」と考えたのだろう。

義朝・義康は、不満を表明して追加の恩賞を要求すれば、朝廷が比較的簡単に要求を呑む、と証明した。さらに、彼らが追加で昇進した結果、乱当日の恩賞人事で成り立っていた(と朝廷が判断した)恩賞のバランスが、崩れた。ただでさえ、任国が一ヶ国増えただけの清盛は、内昇殿という大きな飛躍を遂げた義朝・義康と比べて飛躍が少なく、最初の恩賞に満足していたとはいいがたい。その上、さらに義朝・義康の恩賞が増えれば、清盛には我慢する理由がない。その状況下で、要求すれば通るというのなら、追加の恩賞を要求しない手はないのだ。

清盛は次のように考えたのだろう。〈隊長への恩賞として義朝・義康に殿上人身分を与えるなら、同じ隊長の自分にも同じ権利がある。すでに殿上人である自分には無理でも、一家の誰かに与えるのが当然で、その配慮を朝廷が怠って、義朝らに見劣りする恩賞人事で済ませてよいはずがない〉と。しかも清盛は強気で、内昇殿を許されるべき弟を二人も推薦した。

家格差を考慮すると恩賞は清盛にこそ薄い

保元の乱の段階で、清盛と義朝の間には、位階・官職で大きな差がついていた［元木04－一三〇～一三二頁］。そして位階・官職で特定のレベルに長く（一世代で数十年、あるいは数世代）いると、それは家格として永続化し始める。

清盛の父忠盛は、検非違使・左衛門尉に始まり、国守を何度も経験しながら、右馬権頭・左馬権頭・中務大輔《なかつかさのたいふ》・右京大夫《うきょうのだいぶ》・内蔵頭《くらのかみ》などの京官を歴任した。左衛門尉を除いてすべて「諸大《しょたい》夫《ふ》」の家柄にふさわしい官職で、それらを歴任した忠盛は平家を「侍」の家格から「諸大夫」へと押し上げた。しかも晩年に刑部卿に至り、位も正四位上《しょうしいのじょう》まで昇った。刑部卿など「八省《はっしょう》の卿《きょう》」は中流貴族の上層部しか就けず、しばしば公卿が兼ねた。忠盛の視野には、公卿が入り始めていたのだ。

清盛も左兵衛佐《さひょうえのすけ》・中務大輔・肥後守《ひごのかみ》を経歴した上、保元の乱の段階で正四位下《しょうしいのげ》・安芸守だった。左兵衛佐・中務大輔や正四位下も「諸大夫」相当であり、そのレベルの地位に二代続けて就いた結果、平家の格式は父忠盛の一代限りの出世ではなく、〈諸大夫の上層部〉に確定した。

対照的に、源為義は左衛門尉で生涯を終え、諸大夫の下の「侍」の家格に留まっていた。子の義朝も、乱以前に下野守・右馬助《うまのすけ》しか経験せず、乱の段階で従五位下《じゅごいのげ》・下野守だった。いずれも「侍」の家柄で就ける地位で、保元の乱まで源氏は「侍」の家柄を脱却できていない。

位階で見ると、保元の乱の段階で、清盛と義朝の間には六階級も差があった。さらに乱の以前から、清盛は父忠盛から二代続けて、源氏とは縁のない内昇殿を許されていた（院の昇殿の許可なら、源義家の先例がある）。そして、清盛の先代に「諸大夫」の家柄を確立した平家と、未だ「侍」の家柄に甘んじる源氏は、個々人の待遇を超えた家の格式レベルで大きく隔たっていた。

中国を参考にした身分制社会では、恩賞には軍功の大小だけでなく、現有の地位も反映される。同じような功績を挙げても、もとから地位が高い人、格式が高い家の人ほど大きな恩賞を得る。いわば累進課税に似た原理で、恩賞は大きくなる。清盛は、それを踏まえてこう主張したのだ。〈あの勲功で、義朝・義康の家柄で殿上人を一人出せるのなら、うちの家柄では二人出せるでしょう〉と。清盛にいわせれば、保元の乱の恩賞は、清盛に対してこそ薄かったのだ。

申請通り二人の内昇殿が認められたのだから、清盛の主張には説得力があったことになる。

源義康と平家が繰り広げる恩賞の追加要求競争

その中で、源義康は「蔵人判官」として現れた六日後（乱から二五日後）の八月六日、叙爵《じょしゃく》（従五位下に昇叙）された（『兵範記』）。五位に昇ると六位蔵人と検非違使を去る決まりだが、特別な恩典として検非違使に留任して「大夫尉《たいふのじょう》（大夫は五位）」となる「叙留《じょりゅう》」の手続きを、義康は認めさせた。衛門尉が検非違使を兼ねる「検非違使尉《けびいしのじょう》」自体が栄誉だが、叙留されて「大夫尉」になるのは莫大な栄誉だった。後に、平家追討の功績で源義経に後白河が与えたのもこの地位で、〈検非違使尉の中でもまれに見る功績ある者〉という肩書きなのである。

ところが、この恩典に浴した直前に、義康が特段の功績を挙げた形跡はない。彼は、乱当日の戦闘以外では、鳥羽院の遺命に従った鳥羽殿・内裏の警備と、七月三〇日の平家弘一家の処刑を行っただけだ。警備は乱に参加したすべての武士が担っており、死刑執行は恩賞の理由にはなり得ない。ならば、この追加の恩賞は、乱当日に出陣した功績に報いたものだ。朝廷は〈乱当日の人事で恩賞は十分〉と認識していたはずなので、義康が要求したと見てよい。追加の恩賞を得た平家とのバランスを取るために、義康が二度目の追加を要求したのである。

義康への最初の恩賞も、平家の追加の恩賞で得た教盛・頼盛兄弟の待遇も、内昇殿の許可だった。小なりとはいえ一つの武士団の長として一軍の隊長を務めた義康と、それと同等の隊長（清盛）に随従した教盛・頼盛の功績が同じはずがない、と義康は主張したのだろう。

ところが、それから一ヶ月後の九月四日、検非違使・左衛門尉の平基盛（清盛の次男）が、六位蔵人となった（『兵範記』）。理由は記録にないが、乱の五日前の七月六日に、密かに大和から上洛して藤原頼長の一派と疑われた源親治《ちかはる》を逮捕した功績（『兵範記』）に対する恩賞に違いない。そして重要なのは、〈検非違使・左衛門尉が、六位蔵人を兼ねる〉という基盛の地位が、一ヶ月前の叙爵直前の義康と完全に同じことだ。義康・基盛は並んでいたが、義康だけが後出しの功績で地位を高めてよいとなっては、恩賞バランスが崩壊する。それは是正されねばならず、基盛も同等の功績を掘り起こして地位を高めてよいはずだ、と清盛は考えたのだろう。

かくして、〈バランス崩壊の是正〉を主張して誰かが恩賞の増補を実現するたびに、別の誰かが〈是正の行きすぎで新たに生じたバランス崩壊の是正〉を主張して恩賞の増補を実現させ、以下その繰り返し、といういたちごっこが起こった。その中で清盛は、乱後に次々と恩賞の理由となる功績を掘り起こし、一家の昇進を要求し、実現させていった。清盛の攻勢は矢継ぎ早で、しかも源氏の二人より優遇されることにこだわり抜き、執念深さを見せたのだった。

義朝のみ恩賞追加を要求せず――恩賞問題を動機とする通説は誤り

ところで、ここに実に興味深い事実がある。義朝は、乱の当日に右馬権頭という恩賞を左馬頭に修正させ、清盛・義康らをいたちごっこに走らせる発端を作った。ところが義朝は、その軽微な修正だけ実現させた後、全く動かなかった。義朝だけ、この乱後一ヶ月間に追加の恩賞を得たり要求した形跡がない。もし、左馬頭という恩賞に義朝が不満を抱いたなら、ほかの二人が次々と不満を表明して成果を勝ち取る中で、義朝だけが動かないなど、あり得べくもない。

清盛・義康は、〈乱の恩賞の追加は、要求すれば実現する〉と証明した。しかも、乱での義朝の功績が、この二人を下回ることはない。そして、その功績を否定してでも義朝を抑圧・弾圧しようと後白河や信西らが考えた形跡も、記録に見えない。これらを総合すると、一つの結論を導かざるを得ない。保元の乱の恩賞としては、義朝は左馬頭への任官で満足していた、と。

乱当日に左馬頭を兼ねた時、朝廷は下野守の重任に言及しなかった。義朝の下野守任官は仁平三年（一一五三）なので（『兵範記』仁平三年三月二八日条）、四年の任期は保元二年（一一五七）に切れる。つまり、一年以内に義朝は確実に国守の地位を失う。それにもかかわらず、義朝は乱の功績を振りかざして国守の更新を求めなかった。その代わり、彼は驚くべき行動を取った。

義朝が下野守の重任を認められたのは、乱から半年後の保元元年（一一五六）の一二月二九日だった。理由は戦功ではなく、「日光山を造る功（下野の輪王寺の伽藍《がらん》を私財で造営した功績）」、つまり単なる普通の「成功《じょうごう》」だった（『兵範記』）。「成功」とは、私財を国家事業に提供する見返りに位階・官職（多くは国守）を得る制度である。義朝は受領の地位を、清盛のように軍功の対価として要求してもよいのに、何と私財を投じて、通常の手続きに則《のっと》って買ったのだ。

以上から、保元の乱の恩賞問題の全体像が見えてくる。清盛・義康が何度も不満を表明し、躍起《やっき》になって功績を主張して次々と恩賞の積み増しを要求した中で、義朝だけが違った。義朝は乱当日の左馬頭任官の恩賞で納得し、さらに私財を投じて「成功」に勤《いそ》しみ朝廷への貢献を積み増しする〝模範的な優等生〟を演じ切った。それが意味することは、あまりにも明白だ。義朝が平治の乱を起こした動機とされてきた〈保元の乱の恩賞への不満〉は、存在しない。

義朝と重盛の間で均衡させられる源平の勢力バランス

その義朝が、一度だけ乱の功績を理由に追加の恩賞をもらった。下野守に重任されてから約一ヶ月後、年が明けて保元二年（一一五七）正月二四日の除目で、従五位上に叙されたのである。理由は、崇徳院方の藤原盛憲《もりのり》を捕らえた功績だった。その同じ日、平重盛も従五位上に叙された。理由は、父清盛が崇徳院方の叔父忠貞《たださだ》（忠正のこと）を捕らえた功績だった（『兵範記』）。

乱から半年も経て、また恩賞人事が蒸し返されたわけだが、この日は義朝・重盛だけでなく、平惟繁《これしげ》が従五位下に、源光宗《みつむね》が従五位上に、平信兼が検非違使に、それぞれ昇進した。

平惟繁と平信兼は乱の前日に内裏に召集された武士で、源光宗はその五日前に義朝・義康らとともに鳥羽殿の警備に召集された源光保の子である（『兵範記』保元元年七月一〇日条、久寿二年四月八日条）。さらに、この日に従五位下に叙された中原業倫《なりとも》と、右衛門尉に任じられた坂上兼成《さかのうえのかねなり》は、平惟繁とともに崇徳陣営の流人を流刑地まで送り届けた「領送使」だった（『兵範記』保元元年八月三日条）。加えて同じ日に、徳大寺《とくだいじ》（藤原）実能《さねよし》が従一位に、関白忠通の長男基実が正二位に、同じく次男基房が従四位上《じゅしいのじょう》に、信西の子成憲が従五位上に、同じく脩憲が美濃守になった。彼らは、乱当日に後白河の内裏に参上した数少ない廷臣か、その息子である。

以上から、この日の除目では、乱の功労者全体に追加の恩賞がばらまかれたと見てよい。ただ、昇進理由として乱の功績が明記されたのは、義朝と重盛だけだ。とするとやはり、この人事は、彼らのどちらかの要求に端を発する可能性が高い。そうなると、二つの理由から、要求したのは平家だろうと考えられる。一つは、これまで清盛が恩賞増補を何度も要求してきたのに対して、義朝が一度も要求しなかった、という前歴。もう一つは、位階の前歴である。

前段階の従五位下に叙された年は、義朝が仁平三年（一一五三）（『兵範記』三月二八日条）、重盛が仁平元年（『公卿補任』長寛元年条）なので、この日に従五位上に昇るまでに要した時間は、義朝が四年、重盛は六年だった。この昇叙を待ち焦がれた時間は重盛の方が二年も長く、したがって昇叙を求める動機が強い。しかも、従五位下から従五位上へ昇るのに、弟の宗盛は四年、父清盛に至っては二年しか要していない。家族の昇進速度とのバランスから考えても、重盛が同じ昇進に六年もかけたことはやや長すぎ、やはり昇叙を強く望む動機がある。

義朝と重盛は、全く同じ理由（乱で逃亡した敵の逮捕）で全く同じ位階（従五位上）を得た。源氏と平家の恩賞バランスを取ろうとする、強い意志が働いたからだろう。すると、次の経緯を推定できる。清盛の要求によって〈重盛を従五位上に昇進させよう〉という話が出て、〈ならば義朝にも同等の昇進を与えないとまずい〉という話になり、〈それなら乱の功労者で報賞が不十分と思っている者たちを、まとめて昇進させてしまおう〉という話に落ち着いた、と。

義朝と重盛は同じ日に、同じ理由で、同じ位階に昇った。源氏の当主義朝は、平家の当主清盛の息子と同格で、したがって清盛は義朝より別格の高さにあると示された。国守の人数による経済力の格差（平家は四人、源氏は下野守義朝だけ）とこの格式の違いが、政治的存在感の差を物語っている、と元木説は強調する。源氏と平家が対等に拮抗《きっこう》したかのような「源平対等」史観は、源平合戦で平家と覇を競った強い源氏の印象を慈円が『愚管抄』で遡及させた幻想にすぎず、脱却すべきだ、と〔元木04－一四八頁〕。しかしその説は、すでに古澤氏に論破されている。慈円は、『愚管抄』でそのようなことなど主張していない、と〔古澤13－八八～九一頁〕。

義朝一家の猛追――嫡子が平家に追い着く

しかも、極めて重要な事実がある。源氏は、実は平家のはるか後方から追い上げ、順調に差を縮め、追い着きつつあった。この事実はこれまで誰からも、注意を払われた形跡がない。元木説を批判した古澤説さえ、「保元の乱後にその差は広がる一方」と述べていた〔古澤13－九七頁〕。

顧みれば、二世代前の最終経歴は、平正盛の従四《じゅし》位下《いのげ》・讃岐守に対して、源義親は反逆者であり、その段階で雲泥の差がついた。一世代前には、正四位上・刑部卿に至った平忠盛に対し、源為義が五位（恐らく従五位下）の左衛門尉で終わった〔『宇槐記抄』仁平三年正月一五日条、『兵範記』保元元年七月二七日条〕。為義の地位は忠盛と比べてその程度にすぎないといわれてきたが、正盛・義親の代に開いた大差を思えば、実は差を縮めていることに注意すべきだ。

そして、平治の乱の段階で、清盛は正四位下・大宰大弐であり、義朝は従五位上・下野守・左馬頭だった。位階の差はさらに縮まり、義朝の左馬頭は父より高い諸大夫の家格に相当する。そして義朝の地位は、清盛の嫡子と同等まで追い着いたのだ。今回の従五位上への昇叙も、重盛が六年かけたものを義朝が四年で成し遂げたわけだから、前向きに捉えてよい。

翌保元三年（一一五八）二月には、三男の頼朝が一二歳で統子《むねこ》内親王に仕える皇后宮権《こうごうぐうのごんの》少進《しょうしん》に起用され、一年後の平治元年（一一五九）二月一九日に彼女が院号宣下《いんごうせんげ》されて上西門院《じょうさいもんいん》になると、頼朝も上西門院の蔵人に転身し、二日後には義朝の次男で従五位下の朝長《ともなが》が姝子《よしこ》内親王に仕える中宮少進《ちゅうぐうのしょうしん》に起用された。さらに四ヶ月後の六月には、頼朝が六位蔵人に大抜擢された〔『公卿補任』文治元年、『兵範記』保元三年二月三日条〕。義朝は後白河院の女性家族（同母姉の統子と、その養女姝子）に息子たちを奉仕させる形で昇進競争に参加し、平治の乱の半年前までに後白河から二条へと奉仕先を鞍替えし、六位蔵人という天皇側近に頼朝を立身させることに成功した。

六位蔵人といえば、前述の通り、三年前の保元元年に清盛の次男基盛が一八歳で、また源氏の同族の義康が（当時三〇歳か〔『諸家系図纂』〕）登用された実例がある。さらにさかのぼると、九年前の久安六年（一一五〇）に、清盛の長男重盛が一三歳で六位蔵人に登用されている。

注目すべきは重盛との共通性だ。頼朝と重盛は、ともに嫡男であり、なおかつ、ともに一三歳で六位蔵人になった。頼朝の六位蔵人への起用は、重盛の先例を意識的に踏襲したものと見て、まず間違いない。嫡男を同じ年齢で同じ地位に就ければ、義朝は〈自分の一家が清盛一家と同格である（べきだ）〉と主張できる。朝廷はそれを認めた。嫡子の格式において、源氏はついに平家に追い着いたのである。祖父世代に開いた絶望的な差を思えば、壮挙といっていい。当主の格式も、〈これから頑張れば追いつける〉と希望を抱ける程度の差しかない。弟たちも含めた家全体の繁栄が著しい清盛と比べれば見劣りするが、それは義朝の弟たちが保元の乱で全員賊軍となった結果にすぎず、息子世代で同じ過ちを繰り返さなければ取り戻せる差だ。

義朝の恩賞不満説は成り立たず——二条に奉仕する動機あり

祖父の代に開いた平家との雲泥の差を、義朝は急速に埋めて、〈平家と同等〉と主張できるだけの実績を少しずつ手に入れてきた。驚くべき追い上げである。祖父の代まで視野に入れて鳥瞰《ちょうかん》すれば、源氏の地位向上という課題は、明らかに前進していた。あとはその流れに乗って、義朝一家がさらに実績を積み増し、平家に振り落とされない努力をすればよいだけだ。

かくして、結論が出る。〈義朝が恩賞に不満を抱いた〉とか、〈保元の乱で源平の格差が保たれた／さらに拡大した〉という類《たぐい》の説は、史実に反する。義朝は恩賞に不満を表明しなかったし、保元の乱を経て格差は縮まる一方だった。やはり、〈保元の乱での恩賞に対する不満が動機となって義朝が反逆に踏み切った〉という説は、成り立つ余地がない。

むしろ重要なのは、嫡子の格式で源氏が平家に追い着くよう、朝廷が許した事実の方だ。これは、〈莫大な恩寵をくれた人物に報いよう〉と義朝が決意する動機になる。

では、その人物は誰か。頼朝は、天皇の側近である六位蔵人に抜擢された。その決断を下したのは、後白河院でも信西でもなく、二条天皇その人と考えるのが妥当だ。後白河の在位中には清盛一家の格下に甘んじてきた義朝一家が、二条天皇のお蔭で、清盛一家と対等になる足がかりを摑んだ。二条天皇の登場は、義朝にとって追い風だったのだ。

したがってここに、義朝が二条に対して強い忠誠心を抱く動機が生まれる。そのことが平治の乱、特に三条殿襲撃において、どれほど大きな意味を持つか、いうまでもあるまい。

第七章　先行学説の弱点と突破口

信西一家を憎んだ信頼が院近臣を代表して義朝を動員した？

以上の通り、保元の乱の恩賞問題は源義朝には存在せず、義朝の娘と藤原是憲の縁談問題は挙兵の動機として弱すぎる。ではなぜ、義朝は上皇御所の襲撃という大それた暴挙に参加したのか。

元木説は、次のような筋書きを描いた。保元の乱後、信西の息子たちが要職に就任し、官職の競争率を上げ、後白河院の近臣団の既得権を侵蝕した。これで院近臣団の大多数が信西一家を疎《うと》み、殺意を抱いた。藤原信頼はその近臣団の筆頭格であるばかりでなく、信西に昇進を阻害され、個人的な恨みも人一倍なので、院近臣団の総意を代表して信西一家の殺戮《さつりく》を主導した。信頼は、義朝や清盛などの武士団を自由自在に動員できる立場を活かし、義朝を挙兵に参加させた。義朝は動員に応えただけであり、自分自身の動機から挙兵に参加したのではない、と。

しかし、右の筋書きには問題点が多い。

まず、信西の息子のうち俊憲・貞憲の弁官局・蔵人所への進出は、弁官や蔵人を経歴しない、実務官僚でない家柄（特に公達の家）とは全く競合を起こさない。成憲・脩憲は近衛次将《こんえのししょう》（中将・少将）や受領になったが、近衛次将は厳密な定数もなく、数十人を収容できる官職だ。

信西一家は、六六国二島ある諸国のうち、最大で同時に三つの知行国を獲得した。それは、実は摂関家や美福門院に次ぐ富裕さだった［五味87－一九四頁］。それを、朝廷社会が信西に殺意を抱く原因になったと見なす説もある［古澤13－一三二頁、一四〇頁］。しかし、たったこれだけのことで、朝廷社会全体が信西一家を殺戮し尽くそうと本当に考えるだろうか。それだけの多数派が殺意を抱くには、せめて兄弟で大臣・近衛大将や大納言・中納言に並ぶとか、知行国・国守を一族で五ヶ国も一〇ヶ国も独占した、というようなレベルで栄華が独占されたのでなければ説得力に欠ける。

そもそも、信西一家は鳥羽院の生前、実務官僚として活躍できる官職を一度も与えられず、国守という経済特権もほとんど与えられず（時たま、日向や飛驒など大した収入にならない国々を与えられたのみ）、『愚管抄』で「俊憲等《ら》、才智《さいち》文章《もんじょう》ナド誠《まこと》ニ人ニ勝《す》ぐレテ」と儒学者・実務官僚の能力を絶賛された俊憲にさえ、何と無官の時期があった。その不遇時代を堪え忍んだ彼らが、保元の乱後にようやく弁官・蔵人や近衛次将・受領をいくつか兼ねたとて、それは能力や、鳥羽院政期の信西の奉公の労に対して当然の、というよりも遅すぎて少なすぎる報いだ。その彼らの能力・功労を知る朝廷社会、特に同じ鳥羽院近臣団として信西一家をよく知る人々が、ただこれだけの報賞に目の色変えて嫉妬し、揃って殺意まで抱いたと考えるのは難しい。

乱の初段階で、経宗・惟方・師仲と藤原成親（鳥羽院の寵臣家成の子）・藤原光隆《みつたか》、また源光保が信頼派だったと元木説はいう。しかし、武士の光保を入れてもたった六人の信頼派の存在をもって、「反信西派がかなり広範に存在した」という主張は無理がある。

さらに、後白河院の近臣団のうち、最も重要な代表格というべき勢力が、元木説に挙げられた信頼の協力者に入っていない。後白河の母方の縁者である徳大寺実定《さねさだ》と三条公教もいないし、平清盛もいないのだ。彼らを欠く集団が、院近臣団の総意を代表できる可能性はない。

そもそも、清盛は後白河院の近臣団で唯一の武士であり、当時最も勢力がある武士であり、京都合戦の後に二条親政派の経宗・惟方を後白河の命令で捕縛・拷問した、筋金入りの後白河院政派だ。三条殿襲撃は、その清盛の留守中を狙って行われた。つまり〈清盛の賛同・共感・協力を得られそうにない〉という前提で行われた。院近臣団は少しも一枚岩でなく、しかも極めて有力な清盛が信頼派でなかった。とすると、その状況で起きた三条殿襲撃が、大多数の院近臣の意志を代表して信頼が起こした事件だといえる可能性は、ありそうにない。

元木説は、信頼が「自在に武士を行使できる、武門というべき立場にあった」とも主張した［元木04―一五六頁］。根拠は二つあり、一つは信頼の子信親が清盛の婿だったことだという。

しかし、子世代が婚姻関係を結べば武士を自在に行使できる、という考え方でよいなら、清盛の娘を息子成憲に娶らせた信西も、同様に清盛の子女と婚姻関係を結んだ廷臣も、全く同じ理由で平家を「自在に行使できる」武門になる。しかし、現実にそうだった形跡は全くない。

逆に、かつて全盛期の摂関、たとえば藤原道長・頼通《よりみち》親子は、源満仲・頼光《よりみつ》・頼信親子や、平維将《これまさ》、平維良《これよし》など〝武家の棟梁〟と呼ぶべき武士を「自在に行使」した。では、それをもって道長や頼通を「武門」といえるか。答えはいうまでもあるまい。

元木説のもう一つの根拠は、信頼が義朝と密接な関係にあったことで、そのため信頼は義朝を自在に行使できたという［元木04—一五五頁］。しかし、その〝密接な関係〟とは、義朝の子義平が武蔵で義賢《よしかた》（義朝の次弟）を襲殺した大倉《おおくら》（大蔵）合戦《がっせん》の時に信頼が武蔵守だった事実と、義朝の軍需物資（矢羽や馬など）の仕入れ先だった陸奥が信頼の知行国だった事実だけだ。大倉合戦は国司が指揮した戦ではないし、まして信頼の知行国から軍需物資を仕入れただけで義朝が信頼にとって「自在に操縦できる武力」になってしまうというのは、論理的にも苦しすぎる。

廷臣が三条殿襲撃を敢行するに値する動機は存在しない

では、怨恨説も元木説も成り立たないなら、平治の乱の動機問題はどう片づけるべきか。

私は長らく、平治の乱の動機問題にこの疑問を抱いていた。『愚管抄』や『今鏡』や通説の説明には、どう見ても納得しがたい欠点があった。それは、原因と結果の間にある、飛躍と食い違いだ。史書や通説は、〈信頼・義朝は信西一家を滅ぼしたかった。だから上皇の御所を襲った〉という。しかし、〈信西一家を滅ぼしたい〉という課題と、〈上皇の御所を襲った〉という結果が、「だから」という接続詞でつながるものか。それは、あまりに飛躍しすぎだ。

虚心坦懐に考えよう。信西一家を滅ぼしたいなら、信西の家を襲うのが自然で、攻撃目標を上皇御所としたのは不自然極まりない。その不自然さを、『愚管抄』は「信西一家が常に上皇御所に勤務しているから」だと説明する。こんな馬鹿な話はない。信西一家が常に上皇御所に張りついているなら、まずは両者を引き剝《は》がすのが順当だ。なぜ、彼らはその努力を払わずに、〈上皇御所を襲おう〉という短絡的で異常な結論を下したのか。

信頼・義朝はそうした短絡的思考しかできない、社会常識を逸脱した異常な人間だった、と答える人があるかもしれない。しかし、同じく三条殿襲撃に関与した経宗・惟方・師仲は、明らかに異常者ではない。惟方は亡き鳥羽院のお気に入り筆頭格で、美福門院にも取り入り、かなり政治的な暗躍を見せたが、それでも常識人の範疇《はんちゅう》に属するし、際立った個性が記録されたほかの廷臣たちと比べれば、〝個性派〟と呼ぶことさえ難しい程度の人物だ。源師仲の経歴や性格にも、後白河の近臣という以上の個性を示す記録はない。決定的なのは経宗で、実務の練達と公事《くじ》出仕に精を出す姿ばかりが目立ち、政争や暗闘に関与した形跡は皆無で、政治家として無味無臭、人畜無害の代表格といえる「よき上達部《かんだちめ》（素晴らしい公卿）」と定評があった。

この模範的常識人の経宗を含む三人が、上皇御所の襲撃という異常な事件を目論んだのだから、〈異常な事件は、異常者の廷臣が起こした〉という説明は成り立たない。そして、怨恨も恩賞問題も、従来挙げられたすべての理由は、上皇御所を襲うほどの暴挙の理由にならない。廷臣が三条殿襲撃に踏み切るに値する動機は、当時の朝廷社会には存在し得ないのである。

俊憲の脱出時に襲撃者は撤退済み

三条殿襲撃の真相を読み解くヒントは、先述の、課題と結果の飛躍・食い違いにある。〈信西一家を滅ぼしたい〉という課題と〈上皇の御所を襲った〉という結果には、二つ飛躍があり、結びつかない。飛躍の一つ目は、課題に比べて結果が重大すぎること。二つ目は、結果が何一つ課題を解決していないことだ。二つ目の方が証明が容易なので、そちらから説明しよう。

もし三条殿襲撃の主目的が〈信西一家を滅ぼす〉ことなら、主目的と結果が全く嚙み合っていない。信西一家を一人も逮捕・殺害できず、全員取り逃がしたのだから。これは考えられない大失態だ。後で述べるように、上皇御所を襲う行為には莫大なリスクを伴う。それだけのリスクを取った以上、せめて信西一家の討滅という主目的くらいは果たさねば意味がない。全員取り逃したのでは、莫大なリスクだけ背負って成果はゼロだったことになる。これは異常だ。
襲撃の主目的が信西一家の殲滅《せんめつ》ではなかったことを裏づける、強力な証拠がある。三条殿襲撃を、俊憲が逃れた時の状況だ。重要なので、『愚管抄』の原文を確認しよう。

俊憲・貞憲トモニ候《そうらい》ケルハ、逃《にげ》ニケリ。俊憲ハ「タヾヤケ死ナン」ト思《おもい》テ、北ノ対《たい》ノ縁《えん》ノ下ニ入《いり》テ有《あり》ケルガ、見廻《みまわ》シケルニ逃ヌベクテ、ホノヲ（炎）ノタヾモヘニモヘケルニ、走リ出《いで》テソレモ逃ニケリ。

信頼・義朝らの軍勢が三条殿に火を放った時、俊憲は逃げられないと悟り、「じたばたせず焼け死のう」と観念して、北対《きたのたい》（北から寝殿に向き合う建物）の縁（縁側）の下に入った。ところが、ふと周囲を見回すと、自分を見咎めそうな敵の姿がなく、脱出できそうだった。そこで俊憲は、燃え盛る建物群の間に飛び出し、走って三条殿を脱出し、そのまま逃亡した。
右の内容は、俊憲自身しか知り得ないので、俊憲の証言に違いない。ところが河内氏は、この記述を否定した。俊憲たちが火事に紛れて逃れられたのなら、火事は襲撃者を邪魔しており、したがって火事は意図的な放火ではなく不慮の失火と考えるべきで、『愚管抄』に信頼らが「御所ヲマキテ火ヲカケテケリ」と書かれているのは誤りだ、という〔河内02-一一九頁〕。しかし、『愚管抄』に「火事に助けられて逃れた」とは一言も書かれていない。そもそも、自説に合わない記述を慈円の誤解で片づける解釈は、河内氏自身が述べた「『愚管抄』の叙述そのも

図14　西宮神社の室町時代の大練塀（築地）と筆者（身長172 cm）

のをありのままに解釈しなければならない」〔河内02―一二七頁〕というポリシーに反する御都合主義だ。

それよりも、この証言には、通説と辻褄が合わない矛盾点がある。まず、縁の下に隠れた俊憲の視界に、襲撃者の姿が一切見えなかったのがおかしい。信西一家を討滅しに来たのなら、俊憲を鵜《う》の目鷹《たか》の目で探し、いかにも隠れそうな縁の下は真っ先に探しに来そうであるのに。

俊憲は脱出に成功した。ということは、三条殿を出るまで一人の襲撃者とも出会わなかったことになるが、これもおかしい。貴人の邸宅は、築地《ついじ》で囲まれている。築地は土を段階的に突き固める「版築《はんちく》」で造った塀で、人間の身長よりかなり高い（図14）。しかも上部に屋根が載っていて、これが鼠返しのような仕組みで下からよじ登ることを不可能にしている。道具なくして、人は築地を乗り越えられない。したがって、俊憲は門を通って三条殿を出たと考えていい。

貴人の邸宅、特に上皇レベルの御所なら門は複数あったはずだが、それらの門が塞がれてしまえば、三条殿から出る手段は絶無になる。したがって、襲撃者の主目的が信西一家の討滅なら、外部と内部を行き来する唯一の手段である門をすべて、必ず塞いだに違いない。

ところが、俊憲や貞憲は脱出に成功した。つまり、二人とも門から出た。ならばその時、襲撃者は門を封鎖していなかったのだ。二人の身柄を確保しないうちに、襲撃者はすでに三条殿の包囲を解き、撤収していたと考える以外にない。信西一家の討滅が目的なら、そうなるわけがない。ならば、三条殿襲撃の主目的は、信西一家の討滅ではなかったと結論すべきだ。

上皇御所の襲撃を正当化できるのは誰か

俊憲兄弟の脱出以前に、襲撃者がした行為は二つしかない。三条殿への放火と、後白河院・上西門院の連れ出しである。上西門院はたまたま後白河と同居していただけで、標的ではあるまい。標的は後白河だ。しかも、円満な連れ出しなら、御所に放火するはずがない。ならば、次のように考えるのが妥当だ。襲撃者の主目的は、後白河の拉致と三条殿の破壊だった、と。

では、誰が、何のためにそうしたのか。ヒントは、事件の重大さそのものにある。

それまでの歴史上、上皇の御所を襲った犯罪者は一人もいない。辛うじて類例といえるのは、かつて最盛期直前の摂関家で、藤原道長に敗れつつあった兄道隆の息子たち（伊周《これちか》・隆家《たかいえ》）が、花山《かざん》法皇を矢で射た事件だ。それは狂気の沙汰とされ、伊周兄弟は解官《げかん》・遠流《おんる》とされて一家（中関白家《なかのかんぱくけ》）は没落し、道長の一人勝ちが確定した。それは記録に残る限り唯一の、上皇に対する襲撃事件だ。しかし、それは平安京の街中での出来事だった。わざわざ上皇御所に出向いて包囲したり、軍勢を率いて乱入したり、火を放つような事件は、文字通り皆無だった。

飛鳥時代に天皇（当時は倭王）の生前譲位が始まって以来、上皇を憎む人は一定数いたはずだが、誰も上皇御所を襲わなかった。まして、上皇を憎んでいるわけでもない（と史書や通説がいう）信頼・義朝らが、〈憎い政敵を滅ぼすために手っ取り早いから〉という理由だけで上皇御所を襲おう、という決断に至る可能性そのものが、当時の思考様式ではありそうにない。

もし信頼・義朝が、信西の邸宅を襲っただけなら、私戦で済んだ。私戦も殺人も違法なので処罰は免れないが、それまでの判例に照らせば、解官・流罪くらいで済む。しかし、上皇御所を襲えば国家への反逆になり、「追討」という形での死刑判決は避けられない。

かつて平将門が起こした戦乱は、私戦の成り行きから常陸の国府を襲ったことで国家への反逆に踏み込んでしまい、追討命令が出され、滅ぼされてしまった。院政期の源義親も国府を襲い、反逆者と認定されて追討使の平正盛に滅ぼされた。国府を襲っただけでこれである。まして上皇の御所を襲い、上皇の生命を危険に晒したのだから、その罪は限りなく重い。三条殿襲撃は、当時の誰にとっても、〝常軌を逸した〟では済まない暴挙だった。

そこで問題になるのは、なぜそれだけの罪を犯しても無事に済むと思ったか、だ。〈憎い政敵を滅ぼすために手っ取り早いから、上皇御所を襲った〉ことを正当化できる口実は、いかなる論理や先例・常識に照らしても存在せず、社会が理解や共感を示す可能性はない。むしろ、その不当さに対する心情的反発や正義感から廷臣や武士の多くを連帯させ、〈不正を糺《ただ》す〉という理由で離反される可能性が高い。

それにもかかわらず、襲撃者たちは〈当然生き延びられる〉という大前提で事件を起こした。彼らは、襲撃が社会の反発を（あまり）買わず、正当化可能で、襲撃さえ成功すればひとまず一件落着で安心だ、と信じられる理由を持っていたことになる。それは何だったのか。

上皇御所の襲撃を正当化できる者。そして、犯人たちがその正当化の効力に全幅の信用を置けるほどの者。それに該当するのは、襲われた上皇と同等以上の存在しかなかろう。

ここまでに導いてきた数々の結論が、この作業仮説を支持している。何よりよく合致するのは、〈廷臣が三条殿襲撃に踏み切るに値する動機は、当時の朝廷社会に存在し得ない〉ことだ。廷臣に動機が存在し得ないのに現に事件が起こったのだから、事件を起こした動機は廷臣より上、つまり上皇と同等以上の存在にあったと考えるべきだ。

すると、その動機の持ち主に該当するのは、天皇・上皇クラスしかいない。つまり、三条殿襲撃事件の黒幕は、二条天皇か、後白河院自身だった可能性が、極めて高い。

皇位継承問題と信西一家流刑問題に注目した河内説の価値

黒幕をここまで絞り込んだ歴史学者は、私が初めてではない。すでに河内説が、三条殿襲撃事件の黒幕を後白河だと名指ししている〔河内02－一三四頁〕。ただ、河内説は元木説・古澤説によって批判されている。本書は紙幅の都合から、河内説の問題点の要点だけ示そう。

河内説の核心は、乱の根底に皇位継承問題があると考えたことだ。氏によれば、後白河は次のように考えた。〈①自分の次男で、仁和寺で出家する予定だった一〇歳の守覚《しゅかく》に皇位を継がせたい〉→〈②しかし、それは守仁＝二条に継がせよと遺言した鳥羽院の支持率から見て、朝廷社会の誰からも支持されそうにない〉→〈③特に信西は真っ先に反対しそうだ〉→〈④だから信西を殺そう〉と。

これが論理的に成り立たないことは、明らかだろう。もし②が成立するなら、後白河の敵は朝廷社会全体であって、敵意の鉾先《ほこさき》が信西だけに向くのはおかしい。また、信西が正面切って反対したとしても、それだけで殺害を決意したと結論するには、よほど強力な証拠が要る。まして、まだ実際に反対されてもいないのに、最も強く反対しそうな一人というだけの理由で、「後白河に信西を抹殺しようとする動機がありえるのではないか、と推測することは可能である」〔河内02－一三五頁〕というのは、やはり飛躍しすぎである。

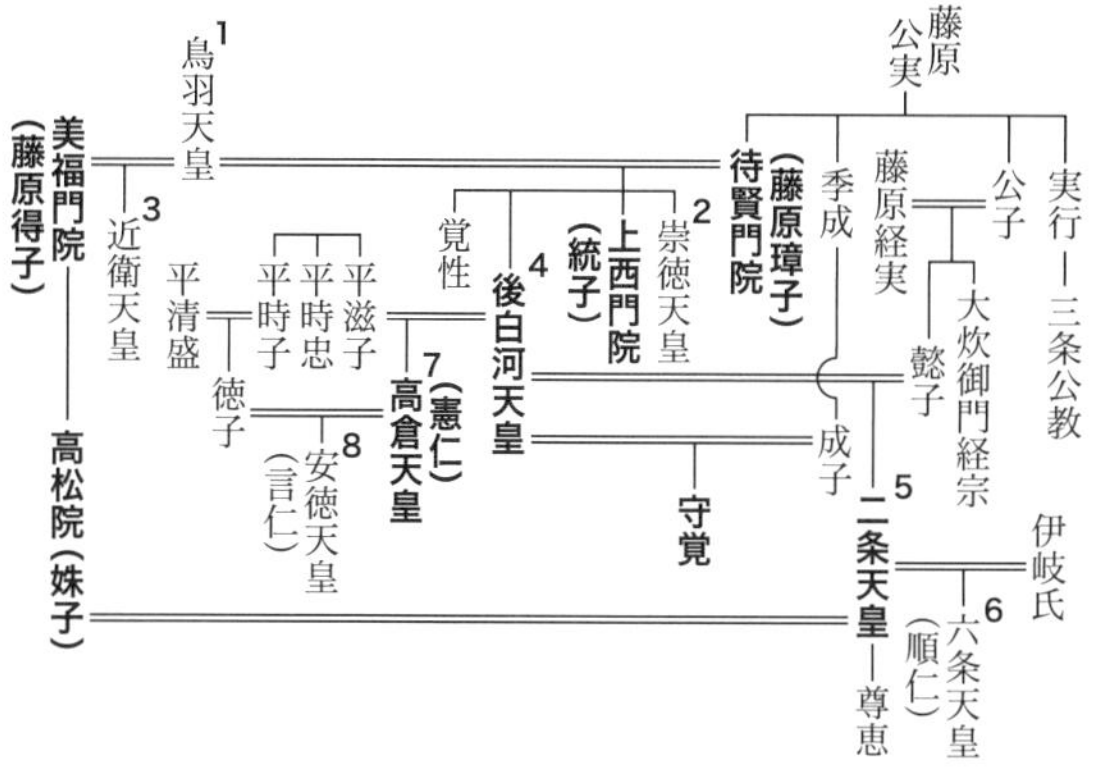

図 15　皇位継承問題の関係者（並び順は出生順ではない）

河内氏は自説について「卑見は皇位継承問題を想定してみた。卑見の想像が当たっているかどうか、その確証は得られないが……」と述べ〔河内02－一三五頁〕、信西と後白河が皇位継承問題で対立したと推測した部分では、「しかしながら、文献上にその徴証を見出すことができるわけではない。無意味なことと言われるかもしれないが、あえて想像を廻《めぐ》らしてみよう」と述べた〔河内02－一一三頁〕。当人が「想像」と断言しているのだが、仮説としても、証拠が不在で、論理にも無理がある。

ただ、それでも河内説には捨てがたい、価値ある指摘がある。

一つは、後白河の皇子で二条の異母弟だった守覚の出家に注目したことだ〔河内02－一一四～一一五頁、一三五頁〕。守覚の出家は、京都合戦のわずか一ヶ月半後であり、その時期にはまだ最後の戦後処理

図16　守覚法親王（東京大学史料編纂所所蔵模写本。仁和寺原蔵）

（頼朝・希義兄弟や経宗・惟方・師仲の流罪処分）が完了していない。ならば、平治の乱と無関係でないと考えるのが順当である。皇族は、出家すれば皇位継承権を失う。二条の異母弟がこの時期に出家した事実は、平治の乱に皇位継承問題が絡んでいたと推定するのに、十分な根拠となる。これは、従来の学説の中で最大の価値があった着眼といっていい。

もう一つ河内氏の着眼で重要なのは、信西の息子たちの断罪処分（解官・流罪）が、京都合戦で信頼が滅亡した後も、何と二ヶ月間も有効であり続け、撤回されなかった事実を指摘したことだ［河内02－一三〇頁］。信西の息子たちの断罪処分は、三条殿襲撃を果たした直接の結果として襲撃者一派が下した、信西一家を謀反人と断定する決定である。もしそれが、通説のいうように信頼による不正な人事だったのなら、信頼側が謀反人と断定されて滅亡した段階で、ただちに撤回されるのが当然だ。それが撤回されなかったということは、信頼でない別の誰かが信西一家を謀反人と断定し、その判断が信頼の滅亡後も揺るがなかった、ということだ。

ならば、その〝誰か〟とは何者か。河内氏のいう通り、「その人物が九日事件（桃崎注——

三条殿襲撃）の真の主役であろう」。そして、私見と同じく、河内氏もこう推測した。「そこに思い浮かぶのは、高位にある一人の人物ではなかろうか」と。

二条天皇が黒幕だから上皇御所を襲撃できた可能性

元木説・古澤説は、河内氏の憶測が真実を含む可能性は本当に皆無か、という観点での検証を続けなかった。そのため、〈黒幕は上皇クラスではないか〉という河内氏の閃《ひらめ》きは捨て去られ、主謀者を廷臣や武士に求めることになった。

古澤説は、次のように説く。信西一家を没落に追い込んだ三条殿襲撃グループは、信頼の処刑後に、信西一家の復讐心を恐れた。信西一家は、復権すれば自分たちの不正を糾弾するだろう。だから信西一家を没落させたまま封じ込めておき、それを正当化する口実を別途用意した。それが〝二条親政の実現〟という大義に基づく正義だ、と［古澤13―一九八〜一九九頁］。

この推論の根拠は、三条殿襲撃の恩賞で昇進した人々の末路、特に源重成・源季実の死だ。三条殿襲撃の貢献者である彼らが責任を押しつけられて殺された以上、生き残りの貢献者たちも行く末が危ない、という論法だった。しかし、これは状況証拠に依存しすぎている。

最大の問題は、平治の乱の全体にわたって、成人であるはずの二条天皇に主体性がかけらもない、という前提で話が進むことだ。古澤氏は、三条殿襲撃の後の「二条天皇は普通にみえる生活をしていても、まったく自由ではなく、広い意味で蜂起貴族のコントロール下にあり……」と断定する［古澤13−二〇五頁］。しかし、「まったく自由ではな」い証拠は、示されなかった。

本書では、河内説が示した可能性を、検討も反証も省いて葬り去ることは避けたい。むしろ本書では、河内説と違う観点・材料から、廷臣が主謀者でないのは確実だと再確認してきた。

ここで、先の［仮説4］（九八頁）を導き出した根拠を思い出されたい。〈当人同士に結合する縁故・理由がない経宗と信頼が、連携して三条殿襲撃に加担した理由は、二条天皇にあった可能性が高い〉というものだ。それは、〈三条殿襲撃の黒幕は二条天皇ではないか〉という予想を、容易に導き出す。

本書はこれから、これまで誰も見向きもしなかった〝二条天皇黒幕説〟を、検討の俎上に載せたい。〈上皇御所を襲撃・放火するという、廷臣では決断できない暴挙は、天皇の命令だからこそ立案・実行可能だった〉という作業仮説に立つと、事件の全体像はどうなるだろうか。

次章では、この作業仮説を検証する。二条天皇黒幕説が、記録・史実と矛盾しないか検証し、むしろ二条天皇黒幕説を採用しなければ説明不可能な史実を掘り当て、さらに二条天皇が黒幕だという動かぬ証拠を探し出す。そうした作業が、ここからの課題となる。

第八章　二条天皇黒幕説の論理的証明

源重成・源光基・源季実はなぜ三条殿襲撃に参加したか

二条天皇が黒幕だったと考えなければ理解できない、謎めいた現象がいくつかある。一つは、三条殿襲撃のメンバーだ。襲撃者の中に、源師仲が連れ出した後白河院・上西門院の牛車を警護した三人の武士がいた。源重成《しげなり》・源光基《みつもと》・源季実《すえざね》である。この三人は源義朝の郎等ではない。

源重成は清和源氏だが、義朝とは大きく系統が違う（義朝は満仲《みつなか》の子孫、重成は満仲の弟満政《みつまさ》の子孫。一六頁図4参照）。鳥羽院から〝頼れる武士〟として信任され（『本朝世紀』久安三年七月二一日条）、院に来訪者を取り次ぐ側近として重用された（『台記別記』仁平元年二月二一日条、『山槐記』仁平二年九月二二日条）。保元の乱の当日には、源季実とともに後白河陣営に召喚され、白河北殿攻撃の後詰めとして戦場に臨んでいる（『兵範記』保元元年七月一〇日・一一日条）。

源光基も清和源氏だが、やはり義朝とは系統が違う（義朝は満仲の子頼信《よりのぶ》の子孫、光基は頼信の兄頼光《よりみつ》の子孫。一四九頁図17参照）。信西の首を掘り出して都に持ち帰った、光保《みつやす》の甥（兄光《みつ》信《のぶ》の子）である。光基は保元の乱の記録に名前を現さないが、叔父の光保が鳥羽院の遺命で、頼長らの反逆に備えて鳥羽院を防備するよう召集された「源氏平氏の輩《ともがら》」の一人なので（『兵範記』保元元年七月五日条）、光保の指揮下で参加していた可能性が高い。この光基の後裔《こうえい》（弟光長《みつなが》の子で養子にした光衡《みつひら》の子孫）は後に美濃に土着し、土岐《とき》氏・明智《あけち》氏などの祖先となって鎌倉幕府に御家人として仕えた。室町時代には美濃の守護大名となり、戦国時代まで生き残る。本能寺の変を起こした明智光秀は、この光基（の養子光衡）の末裔だ。

源季実は、清和《せいわ》天皇の弟の源能有《よしあり》を祖とする文徳《もんとく》源氏である。つまり、清和源氏ではない。季実の五代前の公則《きみのり》が利仁《としひと》流藤原氏の養子となり、武士となった。公則の子則明《のりあき》は内舎人《うどねり》（天皇側近の雑用係）となって後藤内《ごとうない》則明と称し、源頼義《よりよし》・義家親子に仕えて腹心となった。一一世紀半ばの前九年合戦に従軍し、いわゆる〝頼義七騎〟、すなわち吹雪の中で凍死・戦死寸前まで追い詰められながら生き延びた七騎の一人として有名だった。白河院は晩年の則明を召して、その時の様子を語らせている（『古事談』四–勇士、『十訓抄』六–可存忠直事）。白河院はこの一族を気に入り、武士として取り立てた。

則明の弟の坂戸禅師忠念《さかとのぜんじちゅうねん》は河内国坂戸に住み、その子信季《のぶすえ》の時に本姓の源氏に戻し、その子康季《やすすえ》の時から院近臣となって、滝口の武士や北面の武士として天皇・上皇に近侍し、検非違使・衛門尉となって京都の治安維持も担った。前述の通り、検非違使・衛門尉のまま五位に昇

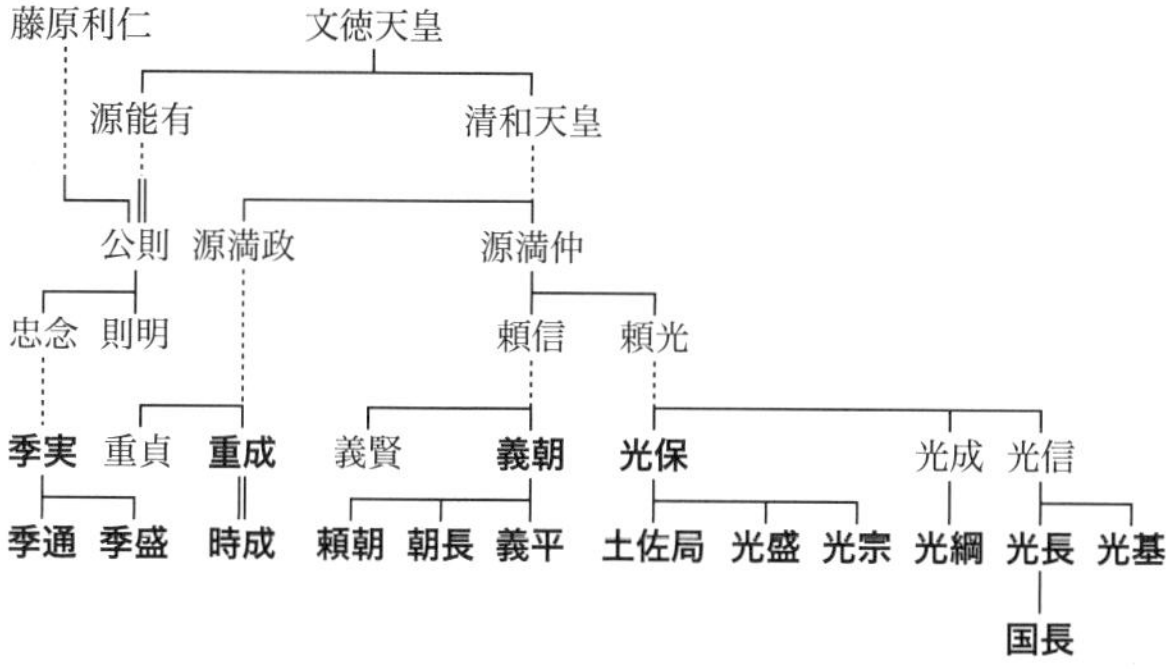

図17　清和源氏（頼光流・頼信流）と文徳源氏

る者は「大夫尉《たいふのじょう》」という究極的な名誉だった。その「さしもありがたき大夫尉」に康季の子孫は連綿と就任し、「みなこの職をきは（極）めたり。他家には有《あり》がたき事《こと》也《なり》」と謳《うた》われた、院近臣の武士の名門だった〔『古今著聞集』神祇第一―賀茂社司康季叶神慮事〕。

康季の子季範《すえのり》や、その子の季実もその家風を継承し、季範は北面の武士として鳥羽院の近臣だった。季実は院からの信任を父から受け継ぎ、保元の乱の前後に活躍している。後白河陣営の一員として内裏の高松殿を警備し〔『兵範記』保元元年七月一〇日条〕、戦後は崇徳院・頼長らの捜索を指揮し〔同七月一二日条〕、崇徳院方の藤原教長《のりなが》を連行し〔同月一四日条〕、義朝による為義一家の処刑を後白河天皇の命令で実検し〔同月三〇日条〕、戦後は源為朝の身柄を検非違使として受け取る役を果たしている〔同八月二七日条〕。季実は、この頃に朝廷が最も頼りにした検非違使の一人といってよい。

要するに、三条殿襲撃で後白河院の車を警備した重成・光基・季実の三人は、保元の乱でも官軍として活躍した、義朝・清盛らに次ぐ主力級の武士だった。彼らは信頼・義朝の従者ではないので、二人の怨恨につき合う義理がない。彼らにはそれぞれ独立して、三条殿襲撃に参加した理由があったはずだ。

彼らは皆、天皇の武力の柱というべき「源氏平氏の輩」であり、保元の乱ではその立場に沿って行動した。（家職の）職責上、当然に、治天《ちてん》の君（鳥羽）＋天皇（後白河）の陣営に参上したのだ。ならば彼らは、平治の乱でもそうだったのか。

恐らく違う。そのような形で保元の乱に参加した「源氏平氏の輩」のうち、源頼政・平信《のぶ》兼《かぬ》・平惟繁《これしげ》が三条殿襲撃に参加しなかったからだ（『兵範記』保元元年七月一〇日・一一日条）。重成・光基・季実は、彼ら個々人に固有の事情で三条殿襲撃に参加したと見なければならない。

実は、彼らのうち季実が「信西を恨んでいた」という趣旨の記述が『尊卑分脈』にある。信西が摂津の天王寺に参詣した時、季実を供として随従させようとしたが、季実は拒んだ。そこで信西は報復として、保元元年（一一五六）八月二日に検非違使・左衛門尉を解官し、季実は籠居《ろうきょ》した。怨んだ季実は平治の乱で信頼に加担し、三条殿襲撃の直後に検非違使・左衛門尉に復帰させてもらい、河内守《かわちのかみ》に任じられたが、信頼一派が敗れた京都合戦の四日後、一二月三〇日に斬首された、という。

しかし、これは季実の官歴と食い違う。右の話では、季実は保元元年八月二日に解官されたとするが、史実では、その二五日後に季実はまだ検非違使であった〔『兵範記』保元元年八月二七日条〕。二年後に後白河院の御幸始《ごこうはじめ》に随従した時にも、季実は検非違使だった〔『兵範記』保元三年八月二五日条〕。彼は保元の乱後、一貫して検非違使であり続けたのであり、『尊卑分脈』の所伝は明白な誤りであって、作り話である可能性が高い。この所伝を退けると、季実が信西を恨んでいた形跡は一つもなくなる。すると、重成・光基も含めた三人が三条殿襲撃に参加した理由が、信西への怨恨だったことを示す証拠は皆無になる。やはり怨恨説は捨ててよい。

三人とも皇太子時代の二条と個人的親近関係に

では、信頼・義朝らとの個人的な親近関係によって協力したのか。『平治物語』には、京都合戦に敗れて東へ逃亡した義朝に源重成が同行し、「自分が義朝だ」と名乗って身代わりに討たれた話がある。しかし、こうした行動は、主人を落ち延びさせるために行うのが普通だ。鳥羽院の近臣だった事実から見ても、保元の乱での扱いから見ても、重成が自立した武士だったことは疑いなく、義朝の従者だった可能性はゼロだ。主従関係にないなら、命と引き換えに義朝を逃す義理はない。『平治物語』の描く重成の最期は、全くの作り話と見てよい。

重成は平治の乱を境に姿を消す。「平治の乱の時、美濃の子康森《こやすのもり》で現地住民に包囲されて殺された」と『尊卑分脈《そんぴぶんみゃく》』にある。京都合戦で敗れて落ち延び、美濃で死んだらしい。しかしそれは、父以来の拠点が美濃にあり、東隣の尾張を目指す義朝と途中まで同行したにすぎまい。

重成は義朝の従者でなく、近い同族でもない。もちろん、光基も季実も義朝の従者でなく、同族でもない。彼らと信頼・義朝の間には、婚姻関係・養子関係なども確認できない。彼らが三条殿襲撃に参加した理由は、信頼や義朝との個人的関係に引きずられた結果ではあるまい。

実は、この三人のうち二人にはほかの「源氏平氏の輩」にない共通点がある。二条天皇との近さである。

最も顕著なのは源光基で、叔父の光保の娘が「土佐局《とさのつぼね》」と名乗る女房として鳥羽院に仕え、院の寵愛を受けて「最後ノ御ヲモイ人（最後の最愛の女性）」となった（『愚管抄』四）。父の光保はその縁で鳥羽院に気に入られ、院の生前に、院の遺骸を棺に入れる近臣筆頭格八人に選ばれている（『兵範記』保元元年七月二日条）。その信任を踏まえ、鳥羽院は最愛の妻である美福門院の養子守仁（二条）に、最愛の愛人土佐局を乳母《めのと》としてつけた。守仁は彼女を大切にし、皇位を継ぐと典侍《ないしのすけ》（女官統轄官の次官）に抜擢した（『今鏡』三―すべらぎの下―ひなのわかれ）。

光基は、惟方（乳父《めのと》）とほぼ同レベルに信任される二条の近臣筆頭の光保の甥であるから、二条の個人的な親近関係は極めて強い。しかも、守仁が皇太子に立てられた時、従兄弟の光盛《みつもり》（光保の子）が雑用係の春宮蔵人《とうぐうのくろうど》に任命され、また武装護衛官「春宮帯刀《とうぐうのたちはき》」の長である帯刀長《たちはきのおさ》

(帯刀先生《せんじょう》)に、光基の従兄弟の光綱《みつつな》(叔父光成《みつなり》の子)と、光基の甥の国長《くになが》(弟光長の子)が任命された〔『山槐記』久寿二年九月二三日条、『兵範記』保元三年八月二三日条〕。帯刀長の定員は二名なので、そのすべての席をこの一家が占めたのである。また、保元三年(一一五八)の末までに、光保の子の光宗は二条天皇に内昇殿を許され、殿上人《てんじょうびと》になっていた〔『兵範記』保元三年一二月二九日条〕。源光保を頂点とするこの一家に対する二条からの信任は、特別に強い。この重要な事実と、それが平治の乱で一家を二条親政派として行動させた可能性はすでに指摘されており〔須藤94〕、〝二条天皇黒幕説〟を匂わせる重要なヒントだったが、河内説・元木説・古澤説では活用されなかった。

次に源季実の場合、同じ二条の皇太子時代の春宮帯刀に、息子の季盛・季通《すえみち》が任命され、保元三年(一一五八)の皇位継承まで勤め上げた報賞で左衛門尉と右兵衛尉に任じられた〔『山槐記』久寿二年九月二三日条、『山槐記』『兵範記』保元三年八月二三日条、『尊卑分脈』〕。この一家でも、二条との親近関係は露骨だ。

このように、三条殿襲撃で後白河の車を護送した武士のうち二人は、二条その人と個人的なつながりが強かった。逆に、彼らには信頼・義朝との個人的なつながりが認められないし、個人的に信西を恨んでいた事実も認められない。このことは、二条と親しい股肱《ここう》の、命令を聞きやすい武士が動員されて、三条殿襲撃が二条の命令で行われたことを、強く示唆している。

三条殿襲撃の直後、光保は自ら申し出て信西を追跡し、遺骸から首を切り取って持ち帰った。光保は検非違使でもないのに、なぜ信西の捕獲にここまで意欲を燃やしたのか。

その行動が職務外のものであるなら、個人的な理由に基づいたはずで、それは三条殿襲撃事件を起こした者たちとの関係に探るのが自然だ。そして、光保には信頼・義朝との個人的な縁故がない。すると、その個人的理由に最もふさわしいのは、先に述べた、二条の乳母の父という縁故である。つまり光保の行動は、二条への熱心な奉仕と推定するのが妥当だろう。これもかなり強力な傍証として、三条殿襲撃の主謀者が二条だったことを示唆している。

なお、光保の行動を「二条天皇親政派としての立場が彼を動かした」という説もあるが［須藤94］、これは誤解を招く。源光保一家が、この段階で二条の親政を望んで行動した形跡はない。政務が後白河院政であろうと何であろうと、光保一家は二条個人に対して熱烈に奉仕する関係にある、ということが重要なのである。

三条殿襲撃後の除目は二条の意思

さらに決定的なのは、三条殿襲撃から五日後の一二月一四日に行われた除目《じもく》の有効性だ。その除目で、源義朝は従四位下に昇叙されると同時に、四日前に成憲が解任された播磨守にも任じられ、さらに息子の頼朝が右兵衛権佐に任じられた（『公卿補任』『類聚大補任』『尊卑分脈』）。

これは時期的に見て恒例の除目ではなく、臨時の除目である。臨時除目は任官者が少なく、手続きも簡略で、天皇や上皇が思いついた日に行えた。それでも、信頼やその仲間が辞令の紙切れを書いて終わり、という代物ではない。上卿《しょうけい》という責任者役の公卿を一人動員し、五位蔵人《くろうど》・弁官・外記《げき》に何段階もの書類手続きをさせなければならない。彼らが信頼に反発してボイコットすれば、臨時除目でさえ成り立たない。それを行えたのは、公卿・蔵人・弁官・外記という広い範囲に協力者がいた証拠だ。河内説や元木説はそれを念頭に〈朝廷の大部分が信頼を支持した〉と見なしたのかもしれないが、除目が天皇の名で行われることを軽視すべきでない。二条が幼少でない以上、除目が行われた事実だけでも、二条の積極的関与を疑う十分な理由になるのだ。

より直接的な証拠もある。この除目で義朝親子が得た官職は、京都合戦で敗れて謀反人と断定された段階で剝奪された。重要なのはその手続きで、信頼が斬首された翌日の一二月二八日の除目で、頼朝が右兵衛権佐を「解官」された事実だ〔『公卿補任』文治元年条〕。

普通、クーデターで不正に成立した政権が行った人事異動は、クーデターが覆された段階で手続き的に不正と断定され、無効とされて、異動以前の状態に人事が巻き戻される。それは古今東西を問わず普遍的な現象であるし、後に日本中世でも実際に行われたことだ。

鎌倉時代の末期、倒幕の挙兵に失敗した後醍醐《ごだいご》天皇は鎌倉幕府に逮捕され、島流しにされた。

ところが、脱出して倒幕をやり遂げた後醍醐は、自分の逮捕・島流し以降の人事異動を不正と見なし、廷臣の昇進ばかりか、光厳《こうごん》天皇が皇位を継いだことまで無効として、すべて巻き戻して官職や皇位を剥奪した。さらに、その一八年後、足利尊氏《たかうじ》が南朝の後村上《ごむらかみ》天皇に降参した〝正平《しょうへい》の一統《いっとう》〟の時にも、北朝で行われた昇進が全て無効とされ、北朝の廷臣たちは北朝で得た官職を剥奪された。重要なのは、それらの地位剥奪が、解官ではなかった事実だ。解官という形では、それまでの在任が有効だと認めるに等しいからである。

　ところが、一二月一四日の除目で得た官職を、頼朝は解官された。つまり、朝廷はその除目が法的に有効と宣言した。信頼による不正ではなく、天皇による正規の除目と認定したのである。

　通説に従うなら、それは、信頼に身柄を押さえられた二条が、意思に反して強要されただけ、となるだろう。しかし、もしそうなら、四日前の信西一家の解官処分も、二条の意思に反する信頼の強要だったはずで、信頼が斬られた直後に解除されたはずだ。それが解除されなかった以上、処分は信頼の不正ではなく二条の意思であり、四日後の除目も二条の意思である。

　いや、除目も処分も経宗・惟方らが勝手に行ったことで、二条は操られたにすぎない、という考え方もあろう。古澤説をはじめ、誰もが証拠を示すことなく、二条は状況に振り回されただけ、と考えてきた。しかし、二条はすでに一七歳で、政治的な判断を下せない幼少期をとうに過ぎている。その二条を経宗・惟方らの操り人形と決めつけるには、よほどの証拠が要る。

この除目の主眼は、五日前の三条殿襲撃の功労者への恩賞である。その恩賞授与が二条の主体的意思で行われたのなら、三条殿襲撃そのものが、二条の主体的意思で行われたと推定せざるを得ない。ここに、二条天皇黒幕説を支持する推定が、また一つ得られる。

逃走に成功した俊憲が信頼処刑後に出家・自首した謎

一二月一〇日の信西一家の解官も、一四日の除目も、二条の意思だ。そう考えなければ理解しがたい事実がある。信西の長男俊憲の出家である。俊憲は、一二月二〇日に出家した『公卿補任』。それは信頼が斬首された三日後で、頼朝・師仲らの解官と平家の恩賞人事が行われた除目の二日後だ。信頼が滅び、その一派の失脚が確定したのだから、もし信西一家への処罰が信頼の不正な暴走だったのなら、この段階で俊憲は自分の復権が近いことを確信できたはずだ。参議に復職し、名誉も回復され、元通り政務に励む希望を抱くのが当然だろう。

ところが、彼は出家して、自ら政治生命を完全に絶った。彼は絶望してしまったのだ。

俊憲の末路には、もう一つ謎がある。当初は越後だった俊憲の流刑地が、後に阿波に変更されたことだ。流刑地が変更されたのは、一二人の兄弟で彼だけである。何か特殊な事情があったと推察せざるを得ない。

実は、当初宣告された流刑地に行かなかった兄弟が、もう一人いる。次弟の貞憲である。貞憲は土佐への流罪が宣告された。しかし『弁官補任《ぶにん》』によれば「兵死《へいし》の聞《きこ》え有るに依《よ》り、流罪に処せず」、つまり三条殿襲撃で死んだと信じられて、流刑が執行されなかった。この記録によって、流刑宣告があった一二月二二日の段階で、朝廷が貞憲の身柄を確保していなかったことが判明する。しかも、流刑は結局執行されなかったのだから、信西一家が赦免される翌永暦元年（一一六〇）二月二二日まで、貞憲は二ヶ月間も逃げ延び、逮捕されなかったと判断してよい。そして、同じ『弁官補任』によれば、その逃避行の間に貞憲は出家していた。

この事例から、流刑宣告が被告全員の身柄を押さえないまま、処分手続きだけ先行して行われたことが明らかだ（静賢も身柄を押さえられず、丹波に逃亡中だったらしいことは〝事実経過編〟で述べた通り）。さらに出家の日付を、貞憲は記録されず、俊憲は記録された。貞憲の場合、二ヶ月の逃亡の間のいつ出家したか朝廷では把握できず、日付が重要でもなかったのだろう。逆に俊憲の出家は、朝廷が把握できる場所・日に行われたのだろう、と推察できる。

以上を総合すると、最もありそうなのは次の筋書きだ。貞憲と同じく、九日の三条殿襲撃を逃れた俊憲も逃亡に成功し、流刑宣告や信頼の斬首があった日も逃亡中だった。しかし、逃亡を諦めて三〇日に出家し、すぐ朝廷に自首した。自首直前なので俊憲は出家の日付を忘れず、朝廷も日付を把握できた。そして自首と出家によって情状酌量がなされ、越後より少し近い阿波への流刑へと、実質的に減刑（ただし量刑上は同じ遠流相当）された、と。

俊憲は信西一家弾圧の黒幕が二条と気づいて絶望したか

出家してすぐ自首したなら、俊憲は出家した三〇日に京都近辺にいたはずだ。逃走する意志がある間は、遠方からわざわざ京都近辺へ戻ると思えないので、最初から京都近辺に潜んでいたのだろう。一七日の信西の梟首、二二日の自分の流刑宣告、二六日の京都合戦、二七日の信頼の斬首、二八日の信頼一派の解官を、俊憲は知り得たと見てよい。つまり、信頼一派が解官された二八日の除目でも、その翌日にも、自分たちの赦免《しゃめん》が発表されなかったことを知り得た。

ということは、出家した段階で、俊憲は二つの明白な事実を知っていたことになる。

一つは、信西一家の失脚が、信頼らの意向でなかったという事実だ。それは、ただちに次の結論を導く。彼らの意向でないなら、後白河院政が機能不全に陥っていたあの日、信西一家を失脚させるという高レベルの政治的判断を下したのは、二条天皇ではないか、と。

もう一つは、信西一家の失脚を現政権が支持している事実だ。次に述べる通り、その現政権とは二条天皇の親政であり、つまり今現在、二条が信西一家の失脚を望んでいる。その事実はただちに、三条殿襲撃で信西一家を失脚させた張本人が二条だったことを推知させる。

かくして俊憲は、信西一家の没落を策した二条の朝廷に、今後、信西一家の居場所がないことを察したのだろう。実は、事態はまだ決着しておらず、後白河の反撃によって二ヶ月後には事態が逆転し、信西一家は復権できるのだが、それを待つ粘り強さが俊憲にはなかった。彼は早々に絶望し、出家を遂げて政界から完全に引退したのである。

なお、俊憲の出家は父信西の死を弔うため、と考えたくなるが、それは違う。一七日に信西が梟首され、その死が明らかになってすぐ出家したのなら、その解釈でよい。しかし、半月も経てから出家したのだから、理由は直近の、京都合戦の戦後処理が最大の理由と見るべきだ。

こうした諦めの早さはインテリにありがちだが、俊憲の場合、優れた儒学者だったことがこれを加速させただろう。儒学者は、〝君臣の義（君主への忠誠心）〟を極めて重視する。君主に忠誠心を疑われ、失脚させられたら、それは〈臣として忠誠心が足りない〉と君主に判断されたことを意味する。全力を尽くして忠誠に励んだつもりだが、評価されず、むしろ反逆を疑われた。それは、儒学者としての自尊心を大いに傷つけただろう。自分の忠誠心の表現が至らず、君主の側も自分の忠誠心を汲み取れない。この君主のもとで、このような自分は、理想的な君臣関係を築ける見込みがない。俊憲は生真面目な自責の念とともにそう結論し、君主のために政務に励む意欲を喪失し、ゲームを降りてしまった可能性が高い。

儒門の俊憲らは断絶、公達の成憲らは存続

佐渡に流された弟の是憲も出家した。平治元年（一一五九）のことという（『法然上人行状画

図』四四〕。三条殿襲撃の直後、解官・流罪の前後に出家したと見て間違いない。

これまで重視されなかったが、平治の乱に起因して出家した信西の息子は、俊憲・貞憲・是憲だけだ。彼らは全員、高階重仲《たかしなのしげなか》の娘を母とする。一方、藤原朝子を母とする成憲・脩憲兄弟は出家せず、赦免された後に、成憲は大宰大弐・参議を経て正二位・権中納言に至り、脩憲も正三位《しょうさんみ》・参議に至った。信西の家格では信じられない栄達であり、明らかに後白河の乳母として大切にされた母の力だ。その同じ力が、平治の乱で彼らに出家を免れさせたと見てよい。

もっとも、成憲・脩憲の赦免はこの段階では予見できない。赦免は、後に述べるような後白河の反撃・大逆転を経て、初めて現実味を帯びた。ただ、朝廷の流刑は原則として、よほどの重罪でなければ、いつか赦免される。つまり、出家するか否かは、一〇年も二〇年も先ではない赦免を視野に入れて、決断されたはずだ。それを視野に入れると、次のような筋書きが見える。

高階氏を母とする俊憲・貞憲・是憲は、父祖以来の儒門という家格・家業を継ぎ、さらに実務官僚のポストを新たに獲得し、〝行政儒門〟とでもいうべき家へと脱皮した。それに対して、朝子を母とする成憲・脩憲は、近衛少将・中将を若年時代の主な官歴として、既存の信西一家とは違う「公達《きんだち》」の家を興そうとしていた。その違いと出家の有無が無関係ではあり得まい。朝廷社会の認識と彼ら自身の自覚において、行政儒門たる父祖以来の信西の家は断絶が避けられないが、公達家としての朝子の血を引く家は存続させるべきだ、と結論されたと見てよい。

そのプランの発案者は不明だ。ただ、二条親政の主導者、特に葉室惟方には、これに賛同する動機がある。惟方は実務官僚家で、弁官・蔵人などのポストや、それに伴う栄誉（三事《さんじ》兼帯《けんたい》など）を、行政儒門の信西一家と取り合う競合関係にあった。その競争相手である一家の断絶は、惟方にとって望ましい。一方、公達が経歴する近衛少将・中将には、葉室家は絶対に就任しないので、競合せず、存続させても実害がなく、許容できる。いずれ参議・権中納言などの高官を取り合うことになるが、成憲・脩憲の若さを考えれば、当分は先のことであるし、葉室家と公達の家では参議への昇り方、つまり競い合う〝枠〟が違う［百瀬95］（葉室家のような家は、左大弁《さだいべん》か右大弁《うだいべん》で参議を兼ねる「大弁宰相《だいべんのさいしょう》」となるが、公達の家は左中将か右中将《うちゅうじょう》で参議を兼ねる「宰相中将《さいしょうのちゅうじょう》」となり、それぞれ定員八人の参議の中で別枠である）。

ただ、それは許容できるというだけのことであって、成憲・脩憲が復権できる可能性を率先して残そうという動機が、惟方にはない。経宗にも二条にも、特段の動機を抱く理由が見つからない。とすれば、彼らの出家を避けさせたのは、彼らを公達に取り立てるという常軌を逸した優遇を与えたのと同じ、乳母子を出世させたい後白河だった可能性が、最も高い。後白河は成憲・脩憲に、「後年の復権を期して出家は避けよ」と指示したのではないか。また、解官・流罪は受け入れさせるから出家だけは強要しないよう、二条親政側に愁訴したのではないか。

経宗・惟方の処罰と信西一家の赦免は表裏一体の出来事

この信西一家の処遇問題を掘り下げると、平治の乱の真相を解明できる鍵が姿を現す。

信西の子らが一斉に赦免され、都に召還されたのは、永暦元年（一一六〇）二月二二日だった。解官（前年一二月一〇日）から二ヶ月半近く、流罪宣告（同二二日）からちょうど二ヶ月、そして京都合戦（同二六日）から二ヶ月近くを経ていた。要するに、信頼の挙兵で失脚させられ、信頼が滅亡してから赦免まで、随分と待たされていた。

なぜ待たされたのか。実は、永暦元年（一一六〇）二月二二日という赦免の日付には、重大な意味があった。経宗・惟方の逮捕から、わずか二日後なのだ。日付の近さから見て、明らかに両者は表裏一体の出来事である。そして、先後関係から見て、次のように結論できる。信西一家の赦免は、経宗・惟方の失脚によって初めて可能になった、と。

信西一家の復権は、経宗・惟方の存在と両立しなかった。しかも、信西一家の赦免を可能にしたのは、信頼の滅亡ではなく、経宗・惟方の失脚だった。ということは、逆に信西一家の失脚は、経宗・惟方が存在感を高めたことと連動している。その信西一家の失脚は、三条殿襲撃の翌日に解官という形で断行されたのであり、したがって三条殿襲撃の直接的な結果であり、襲撃の目的の一部（主目的は後白河の拉致と三条殿の破壊）と推断してよい。

真相の証明――三条殿襲撃の黒幕は二条天皇

ここまでたどり着ければ、あとはこれまで明らかにしてきた様々な材料から、一気に平治の乱の真相へと掘り下げてゆける。そこで、憶測や飛躍に陥らないために、慎重に、論理的に真相を証明しよう。証明の出発点となるのは、次の命題である。

命題1〈三条殿襲撃は二条天皇一派の意思である〉

この命題は、これまでに判明した事実を用いると、次のように証明できる。

①永暦元年（一一六〇）二月の経宗・惟方の失脚は、疑いなく後白河院の意思である。
②したがって、それと同時・セットでなされた信西一家の赦免も、後白河の意思である。
③ならば、信西一家の失脚は経宗・惟方一派の意思であり、後白河の意思に反する。
④信西一家の失脚は、三条殿襲撃の直接的な結果であり、襲撃と一つの出来事である。
⑤したがって、三条殿襲撃は、経宗・惟方一派の意思である。
⑥経宗・惟方は二条天皇の近臣であるから、経宗・惟方一派とは二条天皇一派である。
⑦したがって、三条殿襲撃は二条天皇一派の意思である。

これで命題1が証明できた。これに、次に掲げる命題2をかけ合わせることによって、三条殿襲撃の主謀者を絞り込める。それは、次のような命題である。

命題2〈三条殿襲撃は天皇・上皇クラスの意思である〉

この命題は、これまでに判明した事実を用いて、次のように推定できる。

⑧三条殿襲撃の結果として起こった人事（**義朝らの恩賞と、信西一家の解官・流罪**）**は、信頼・義朝の滅亡後も有効で、撤回されなかった。それは、三条殿襲撃の主謀者が、滅んだ信頼・義朝ではなく、生き残った誰かだった証拠である。朝廷人事が天皇の名で行われる以上、生き残りの一人である二条天皇が三条殿襲撃の主謀者だった可能性が十分ある。**

⑨上皇御所を襲撃・放火する三条殿襲撃を起こすに値する動機は、当時の社会通念上、廷臣レベルでは抱き得ない。ならば消去法で、主謀者は天皇・上皇クラスと考えられる。

以上から、命題2が真実である可能性はかなり高いと推定してよい。これを命題1とかけ合わせれば、一つだけ結論が出る。三条殿襲撃を命じた天皇・上皇クラスで、二条天皇一派に属するのは、二条天皇だけである、と。

ただ、命題2には弱点がある。⑨が〝当時の社会通念〟に依存しているからだ。社会通念は一般論にすぎず、例外があり得る。特に、平治の乱のような特殊で複雑な事件では、例外的な事態が起きた可能性を大いに考慮すべきだ。そのような不確実さが⑨に残る。これをどうにか克服できないか。

第九章　源頼朝の証言と三条殿襲撃の「王命」

義朝は「王命」によって平治の乱に参加した

実は、〈三条殿襲撃は天皇・上皇クラスの意思である〉という命題2を、疑問の余地なく証明できる記録がある。それが本書の冒頭で紹介した、これまで誰も注目しなかった、源頼朝の証言である。平治の乱の真相究明を可能にする決定的な史料であり、命題2を証明する動かぬ証拠なので、今こそ改めて、その切り札を切ろう。

頼朝の発言の文脈を調べてみると、〈鎌倉幕府とは何であると、頼朝が思っていたのか〉という頼朝の遠大な構想や、〈鎌倉幕府の成立論〉という日本中世史の大問題に直結している。それを詳しくここで紹介すると、平治の乱の真相へと掘り下げてゆく本筋から大きく外れてしまう。頼朝の証言は、実は〈平治の乱の結末としての鎌倉幕府の成立〉という話に落とし込めるので、本書の構成上からも、彼の証言の文脈は、本書の最後に紹介することにしたい。ここでは証言の内容とその意味だけを、記録から紹介して先へ進もう。

建久元年（一一九〇）、平治の乱で京都を追放されてから三〇年ぶりに、頼朝は京都の土を踏んだ。頼朝は後白河法皇と会談し、今後の国政を共同で行う関係を再確認した。そしてその日のうちに、摂政九条兼実と二人きりで会談した。その席で、頼朝は平治の乱の真相を語った。彼の長い台詞の一部なのだが、今は乱の真相の部分だけ、原文の読み下しとともに訳を示そう。

義朝の逆罪《ぎやくざい》、是《こ》れ王命を恐《かしこま》るに依《より》てなり。逆に依て其《そ》の身は亡ぶと雖《いえど》も、彼《か》の忠　又《ま》た空《むな》しからず。

父義朝が反逆罪を犯したのは、「王命」を恐《かしこま》った結果です。反逆行為によって父義朝の生命は滅ぼされましたが、その振る舞いには忠誠心が満ちていました。

頼朝はいう。義朝が平治の乱で反逆とされた行為に及んだのは、「王命を恐った」ためだった、と。今でも命令を了解したときに「畏《かしこ》まりました」というように、この「王命を恐る」は〈帝王の命令に逆らった場合に蒙《こうむ》る罰を恐れて、命令に従う〉という意味に解釈する以外にない。義朝は、帝王の命令に逆らえず従ったため、平治の乱で反逆とされた行為に及んだ。頼朝はそう述べたのだ。

「逆罪」は帝王に対する反逆行為なので、帝王の命令に逆らえずに「逆罪」を犯す、というのは矛盾に見える。しかし、院政期には帝王が二人いた。天皇と治天《ちてん》の君（院政を敷く院）である。これを念頭に置けば、矛盾は何もない。義朝は、一方の帝王（天皇か治天の君）に命じられて逆らえず、もう一方の帝王への反逆行為に手を染めた。そう解釈するしかない。

平治の乱の時、帝王の一方は二条天皇で、もう一方は後白河院だった。頼朝は、〈平治の乱が二条天皇と後白河院の戦争だった〉ことを暴露したのだ。そして、その中で義朝が取った行動は、次のいずれかだ。〈二条天皇に命じられて後白河院への反逆行為を行った〉か、もしくは〈後白河院に命じられて二条天皇への反逆行為を行った〉か、である。

義朝が「王命」で行ったのは三条殿襲撃

では、どちらが正解か。平治の乱において、「義朝の逆罪（義朝の反逆行為）」と呼べる義朝の行動は、二つしかない。三条殿襲撃か、京都合戦である。

記録を見る限り、京都合戦では疑いなく清盛軍が「官軍」だった。したがって、それと戦った義朝が逆賊である。そして清盛の拠点の六波羅亭には、二条天皇と後白河院がいた。つまり清盛は、二条天皇・後白河院の二人の意向を背負って官軍として活動していた。

これを裏づける証拠が、二つある。一つは、京都合戦の直前に、信頼に対する「追討宣旨《ついとうせんじ》」が発行された、という『公卿補任』〈平治元年条〉の証言だ。「宣旨」は天皇の命令文書なので、清盛に信頼を討たせた命令は、二条天皇から出たことがわかる。

しかし、もう一つの証拠が後白河の関与を証明する。清盛に従って参戦した三男宗盛の証言である。寿永三年（一一八四）、源平合戦の大詰めで一谷《いちのたに》の合戦に大敗した宗盛は、四国方面に逃亡した。その宗盛に後白河院は使者を送り、「安徳天皇と三種の神器を伴って京都へ帰還せよ」と命じた。それに対する宗盛の返書に、次のようにある（『吾妻鏡』寿永三年二月二〇日条）。

平家と云《い》ひ、源氏と云ひ、相互の意趣《いしゅ》無《な》し。平治に信頼卿反逆の時、院宣《いんぜん》に依《よ》りて追討するの間、義朝朝臣 其《そ》の縁坐《えんざ》為《た》るに依り、自然の事 有り。是《こ》れ私《わたくし》の宿意《しゅくい》に非《あら》ず。

これは、平治の乱における平家の立場を当事者が語った、興味深い証言だ。宗盛はいう。「源氏と平家は、そもそも恨み合っていなかった。平治の乱で信頼が反逆した時、追討を命じる院宣《いんぜん》が出たので信頼一味の義朝とも争ったが、個人的な怨恨で争ったのではない」と。

これは、信頼の追討が後白河の「院宣」で命じられた、という証言だ。宗盛が発信した書状の原文に書かれているので、宗盛の記憶違いでない限り、信憑性は高い。

では、天皇の「追討宣旨」が出されたという『公卿補任』の記事は、作り話か。そうではあるまい。謀反人の追討命令は、宣旨で出すのが古来の正規の手続きだ。康和三年（一一〇一）、義朝の祖父義親が九州各地を襲って謀反人と認定された時、彼を追討する命令は宣旨で出され、太政官符《だいじょうかんぷ》で施行された（『中右記』康和三年七月五日条、『百練抄』七日条）。その義親が嘉承二年（一一〇七）に出雲を襲った時にも、これを平正盛に追討させる命令は宣旨で出された（『殿暦』嘉承二年一二月一九日条、『中右記』天仁元年正月二九日条）。それらはいずれも白河院政の最中のことだ。院政のもとでは、院の意思である追討命令も、形式上は宣旨で出されるのが一般的だった。

すると、信頼追討の命令が「院宣」と「宣旨」の二通りで記録されている事実は、矛盾でなくなる。この「院宣」とは、「院宣」という種類の文書ではなく〝院の意思表示〟を意味するだろう。白河院政期のように、信頼・義朝の追討も、後白河の意思に基づいて二条天皇が宣旨を出した。その追討は、後白河・二条の双方の意思を反映した命令だったのだ。

すると、「王命」を帯びていた義朝の戦闘行為が、京都合戦だった可能性はなくなる。ならば、平治の乱においてこれに該当する義朝の行為は、三条殿襲撃しか残らない。

「王命」を発したのは誰か——信西・信頼のいずれが後白河の敵か

では、その「王命」を発した帝王はどちらか。常識的に見れば、後白河の御所を襲う命令を後白河自身が出した（これが河内説である）と考えるのはナンセンスだ。しかし、常識という先入観は、平治の乱の真相解明を何度も妨げてきた。証拠がどうしても欲しい。

その証拠となる二枚目の切り札を切ろう。前著『「京都」の誕生』の中で、私は、平治の乱の終結の翌年から晩年まで後白河が用いた御所「法住寺殿《ほうじゅうじどの》」の歴史を洗い直した。すると、法住寺殿が信西・信頼の双方と深い関係にあったことがわかった。

法住寺殿の立地は今の蓮華王院《れんげおういん》、いわゆる三十三間堂の場所である（一四頁図3参照）。そこは、平治の乱で焼き払われた信西宅の仏堂（『歴代皇記』）の跡地であり、その中核の建物は、中御門西洞院《なかのみかどにしのとういん》にあった藤原信頼の邸宅から移築された（『兵範記』保元三年一〇月二三日条、『百練抄』仁安二年正月一九日条、『仙洞御移徙部類記』所引『右禅記』永暦二年四月一三日条）。後白河は、信西宅の跡地に信頼宅を移築して、法住寺殿を創建したのだ。その事実は、信西・信頼の両方に対する後白河の親愛感情を示している、と私は推測した。

しかし、結論からいえば、これは証拠のない当て推量で、誤っており、撤回せねばならない。もしこの当て推量が正しいなら、〈信西も信頼も、ともに自分の敵でなかった〉と後白河が認識したことになる。しかし、信西と信頼が互いに敵意・悪意を抱いていたことは記録に明らかで、疑いの余地がない。それなのに、後白河から見ると二人とも味方だった、というのでは辻褄が合わない。信西と信頼が敵同士なら、少なくともそのどちらかは必ず、後白河にとって敵だった可能性が高い。

では、後白河にとって最終的に、信西は敵だったか味方だったか。また、信頼はどうか。本書では、もうその答えが出ている。京都合戦の二ヶ月後、信西の息子たちは赦免された。それは後白河の意思であり、なおかつ平治の乱における最終決定だった。信西一家は最後まで、後白河から味方と認定されていたのだ。そして、〈信西と信頼のどちらかは必ず、最終的に後白河の敵となった〉のならば、その敵とは信頼だったことになる。

後白河の信頼一家への処罰感情と信西一家への親愛感情

これを証明する証拠がある。信頼の嫡子信親《のぶちか》の処遇であり、これが二枚目の切り札だ。

父信頼が斬られた時に、信親は五歳の幼児だった。その信親が、一一年後の嘉応二年（一一七〇）、伊豆国への流罪に処された。その理由が、『兵範記』に次のように書かれている。「彼《か》の卿《きょう》（父信頼）死罪の時、五歳の幼稚に依《よ》り沙汰《さた》無《な》し。成長の後、更《あらた》めて此《こ》の罪を行《おこな》はる」と（『兵範記』嘉応二年五月一六日条）。意味は次の通りだ。乱の当時は、幼年の信親を処罰することが人道的にためらわれたので、父に連坐して処罰されるのを免れた。しかし、今や一六歳に成長し、一人前の大人として処罰しても人道的に問題ない年齢になったので、処罰した、と。

二日後に「流人を召還した」と同じ『兵範記』にあり、その「流人」が信親を指すと思われるので、流刑は執行されなかったらしい。しかし、重要なのは、〈信親は重罪人の息子である〉という認識が、乱後一一年も経て、なお保たれていたこと、それに基づいて信親が流刑に処された時、後白河が院政を敷いていた事実だ。〈信頼は敵だ〉と後白河が最終結論を出し、一一年間も改めずにいたことを、この出来事は証明しているのである。

それればかりではない。五歳だった当人の意思とは明らかに無関係な信頼の反逆の連帯責任を、後白河は信親に問うた。しかも乱から一一年も経ってから、待ちに待ったとばかりに信親を処罰した。後白河の信頼に対する処罰感情の強さは、常軌を逸して強いと見なければならない。二日後に流刑が撤回されたのは、「信親への悪意が社会的に許容できる限度を超えている」と廷臣が諫言した結果ではないか（諫言したのは、時期的に見て清盛だった可能性がかなりある）。

一方、信親が流罪に処された年、信西の子の成範《しげのり》（乱後に成憲から改名）は正三位・左兵衛督《さひょうえのかみ》として公卿に昇り、四年後の承安四年（一一七四）には参議になった。さらにその一ヶ月後、弟の脩範《ながのり》（乱後に脩憲から改名）が従三位に叙され、公卿となった。後白河院政のもと、信西一家は復権するにとどまらず、飛躍を成し遂げていた。後白河が信西一家への親愛感情を貫き通したことは明らかで、信頼・信親親子への憎悪と著しい対照を成す。

ちょうどその頃、後白河は西光《さいこう》（藤原師光《もろみつ》）を寵愛していた。その息子の師高《もろたか》・師経《もろつね》兄弟が安元三年（一一七七）に比叡山と紛争を起こすと、後白河は彼らを庇《かば》い抜き、比叡山の長である天台座主《てんだいざす》の明雲《みょううん》を流刑に処した。その年に続いて起こった〝鹿ヶ谷《ししがたに》の変〟で、平家を害する陰謀を企てた後白河院近臣団の主犯格として、西光は真っ先に清盛に捕らえられ斬首された。

これらはすべて、西光一家に対する後白河の尋常でない寵愛の結果だった。西光は、後白河の在位時代に内舎人《うどねり》・滝口武者《たきぐちのむしゃ》として近侍した経験があり〔『兵範記』保元二年一〇月二七日条〕、早くから後白河の側近だったが、それは主人信西の推薦によった可能性が高く、彼への寵愛も信西に対する寵愛の延長上にあった可能性が高い。西光は信西の乳母子《めのとご》であり〔『玉葉』承安三年三月一〇日条〕、平治の乱で信西に最期まで付き従った四人の筆頭だったからだ。〝事実経過編〟第二章で紹介した通り、西光は、信西に海外逃亡を提言して同行を申し出た。それを却下されても、木に登って周囲を警戒し、信西の自害が無事に済むよう意を尽くした。「西光」という法名もこの時に信西からもらったもので、信西の腹心中の腹心だ。その西光に対する後白河の過度の寵愛は、信西に忠誠を尽くした西光の経歴と無関係とは思われない。西光への寵愛は間接的に、信西に対する後白河の信任の強さを物語る可能性が高い。

義朝は二条天皇に命じられて三条殿襲撃事件を起こした

かくして、後白河が信西への親愛感情を貫き通し、逆に信頼を敵として憎悪するに至っていた、という事実を証明できた。これによって、〈皇位継承問題で最大の敵となる信西を殺すために、後白河が信頼を操って三条殿襲撃を行わせた〉という河内説は、完全に否定される。後白河は、信頼を操って三条殿襲撃事件を起こした主謀者ではあり得ず、被害者だったと考えるしかない。

三条殿襲撃を義朝に命じた「王命」が後白河の命令でないなら、結論は一つだ。その「王命」は二条天皇の命令だった。義朝は、二条天皇に命じられて三条殿を襲撃したのである。

義朝が死んだのは、京都合戦に敗れたからだ。その京都合戦は、二条天皇の宣旨によって信頼・義朝が追討された事件だった。したがって、頼朝の発言には、言外に、次の意味が籠められていたと見ざるを得ない。「父義朝は、二条天皇への忠誠心を全うするために無茶な命令（三条殿襲撃事件）を引き受けた。それなのに、二条天皇は途中で裏切った（二条天皇脱出作戦と京都合戦）。その結果、義朝が忠誠の代償として得たのは名誉と繁栄ではなく、反逆者の汚名と一家の没落だった」と。

頼朝、伊勢神宮に「平治の乱で過ちなくして断罪された」と告白

さらに、私はもう一つの証拠を発見した。源平合戦のさなかの養和二年（一一八二）に、頼朝が伊勢神宮に奉納した願文《がんもん》である。「四海泰平《しかいたいへい》・万民豊楽《ばんみんほうらく》（全国的内乱の終息と、すべての民の繁栄）」を祈願したその願文で、頼朝が次のように述べた一節がある。

保元年中より洛陽《らくよう》に兵乱起《おこ》る。時の人　湯王《とうおう》の化《か》を訪《とぶら》はず、鎮護の誓《ちかい》を存ぜず、犯否《ぼんぴ》を押し混ぜて賞罰を申し行《おこな》ふ間《あいだ》、平治年中に、頼朝　咎過無《きゅうかな》くして罪科《ざいか》に罩《およ》ぶ。

保元の乱以降、京都は兵乱の場となり、時の人は、古代中国における殷《いん》の湯王《とうおう》のように徳をもって臣民を導いたお手本を顧みず、神々が仏法を悪から守ろうと決意した誓いを知りもせず、罪なき人を罰して罪人に賞を与えてきたため、平治の乱で、私頼朝は過ち

を犯していないのに断罪されてしまいました。

これは頼朝自身の文章であり、なおかつ神前で、それも最高神の天照大神に語りかけた言葉であるから、頼朝の真意に違いない。その願文で「私は平治の乱で過ちを犯していないのに断罪された」と述べたのだ。反逆者の子が連坐で罰されるのは当然であるし、頼朝自身が京都合戦に従軍して官軍と敵対したので、無罪といい張るのは不可能である。したがって、「父に連坐したのは理不尽だ」という意味ではない。「義朝親子は仕方なく反逆を犯した」とか、「反逆は犯したが、罰が重すぎる」というのでもない。文字通り、「義朝親子は、罪でないはずのことをしただけなのに、犯罪者扱いされた」という意味に解釈するしかない。

官軍と敵対した京都合戦は明白な犯罪なので、「罪でないはずのこと」に京都合戦は該当しない。そして、平治の乱で義朝親子が行った行為は、京都合戦のほかには三条殿襲撃しかない。つまり、義朝親子の認識では、三条殿襲撃は「罪でないはずのこと」だったのだ。

上皇御所を襲撃・放火しても「罪とならない」と信じられる理由は、〈天皇の命令だから〉という以外に考えがたい。「王命」の証言が示す真相を、この願文も強く裏づけている。

二条は保元の乱を模して後白河御所の襲撃を正当化

別の角度からも、結論を証明しよう。私は先に、〈三条殿襲撃は天皇・上皇クラスの意思である〉という命題2を、不確かな推定ではなく〝証明〟に昇格させられる証拠はないか、と問うた。そして、その証拠は見つかった。〈三条殿襲撃は「王命」によるものである〉という頼朝の証言だ。これで命題2は証明された。これと、すでに証明済みの〈三条殿襲撃は二条天皇一派の意思である〉という命題1をかけ合わせると、やはり結論が一つだけ出る。三条殿襲撃を命じたのは二条天皇以外にない、と。

それにしても、天皇が上皇御所の襲撃・放火を命じるなど、本当にあり得るのか。

ここで思い出して頂きたい。前例があったではないか。しかも、わずか三年前に。

そう、保元の乱である。〈天皇が武士に命じて、上皇の御所を襲撃・放火させ、上皇の身柄を押さえ、上皇が最も頼った廷臣を死に追いやり、その息子たちを流罪に追い込む〉という三条殿襲撃の構図は、保元の乱と同じだ。保元の乱で、後白河天皇は武士の源義朝らに命じて、崇徳上皇の御所白河北殿を襲撃・放火させ、崇徳上皇の身柄を押さえ、上皇が最も頼った藤原頼長を死に追いやり、頼長の息子たちを流罪に追い込んだ。その結果、どうなったか。誰一人、天皇やその一派の所行を不正だと糾弾せず、罪を問わなかったではないか。

二条は、保元の乱の時に一四歳、平治の乱の時に一七歳で、すでに一人前の政治的判断力を持ち始めていた。彼は保元の乱を見て、学習したのだろう。天皇による上皇御所の襲撃命令は、勝ってしまえば非難されない、やった者勝ちだ、と。二条は単純に、〈天皇だった後白河が崇徳にしたことを、自分も後白河にしてしまおう〉と模倣した。そう考えるのが自然だ。

三条殿襲撃の日に二条はどこにいたか

これを踏まえると、実は、三条殿襲撃前後の二条の居場所も、彼が黒幕だった傍証になる。『愚管抄』の「サテ信頼ハ、カクシチラシテ、大内ニ行幸ナシテ、二条院当今《とうぎん》ニテヲハシマスヲトリマイラセテ、世ヲオコナイテ」という記述だ。通説はこれを根拠として、信頼らが三条殿を襲撃した後、二条の身柄も拘束して大内に移住させた、と理解してきた。

この通説に、河内説は異を唱えた。二条は、皇位を継いで以来ずっと大内に住んでいたはずだが、二条の大内脱出があまりに重大で劇的だったため、一時的に二条が大内に監禁されていたように慈円が錯覚した、と〔河内02―一二六頁、一二八頁〕。二条が皇位を継ぐ前に、信西が大内裏を再建していた。ならば、皇位を継いだ二条が大内に住むのは自明で、三条殿襲撃の日も大内にいて、その後も一二月二五日の脱出まで引き続き住んでいただけ、という解釈だ。

しかし、天皇はしばしば方々に行幸し、時には一〇日も二〇日も滞在する。三条殿襲撃の前日までに、そうした行幸で二条が大内を離れていた可能性はいくらでもある。その行幸先から二条が無理やり大内に帰還させられた可能性を、証拠もなく否定することはできない。

幸いにも、『新皇居行幸年表』〔詫間22〕という便利な本があって、何と神武《じんむ》天皇以降、明治天皇以前の天皇が、いつ、どこにいたかが、たちどころにわかる。私は念のため、その本で平治の乱前後の皇居を調べてみた。結果は、先入観の恐さを再確認させるに十分だった。〈大内が再建された以上、短い外出はあっても、天皇は大内を本拠とし続けたはずだ〉という先入観は、史実と一致しなかったのだ。後白河は大内の再建後も、保元三年（一一五八）の四月初旬から二ヶ月半以上、大内の再建前から愛用していた高松殿を本拠地として暮らした。大内を相続した二条も、同年の一〇月半ばから一ヶ月以上、摂関家の東三条殿を本拠地として暮らした。

天皇たちは治世の大部分を大内で過ごしながら、里内裏も併用し、あたかも現代の富裕層が夏の数ヶ月を避暑地の別荘で過ごすように、里内裏を本拠地に使う期間があった。三条殿襲撃の当日まで、二条が大内に暮らしていなかった可能性は、大いにあり得る。

乱の二ヶ月近く前にあたる平治元年（一一五九）一〇月二一日まで、二条は確実に大内に暮らしていた。しかし、その後、一〇月三〇日と一一月一二日に藤原季行《すえゆき》という廷臣の勘解由小《かでのこう》路殿《じどの》に行幸した時と、一一月二三日に大嘗会に参加するため大内裏の朝堂院《ちょうどういん》（八省院《はっしょういん》）に行幸した時には、いつ、どこへ二条が帰宅したかが、記録上不明だ［詫間22―二七〇頁］。先代の後白河は、久寿二年（一一五五）の一一月二三日に大嘗会参加のため朝堂院に行幸し、三日後に本拠地の高松殿に戻った。平治元年の同じ日に同じ目的で同じ朝堂院に行幸した二条も、三日後の二六日には本拠地に戻った可能性が高い。しかし、その本拠地が大内だった保証はない。

以上を踏まえると、三条殿襲撃直後に信頼が二条を「大内ニ行幸ナシテ」と明記した『愚管抄』を、慈円の錯覚として切り捨てる根拠は乏しい。河内氏自身が述べたように『愚管抄』の叙述そのものをありのままに解釈しなければならない」〔河内02−一二七頁〕のである。

二条は三条殿襲撃を事前に知って安全確保のため行幸

もう一つ証拠を挙げよう。一二月二五日未明、二条が大内を脱出した時、三種の神器のうち神鏡が大内に残された。天皇の外出には必ず神鏡を持ち運ぶ決まりで、それには必ず、複数の内侍（天皇の女官）や蔵人（天皇の側近）・近衛次将《こんえのしじょう》（中将か少将）が付き添って持ち出す儀礼が必要だった。その人数で動けば脱出が発覚してしまうので、持ち出せなかったのだろう。

京都合戦を前にして神鏡の損傷・紛失を恐れた源師仲は、保管用の唐櫃《からびつ》を破壊し、神鏡を懐に入れて持ち去り、その二五日の夜を京都西郊の桂《かつら》で過ごした。『古事談《こじだん》』〔一−王道后宮〕によれば、翌二六日（京都合戦の日）に、姉小路《あねがこうじ》の北、東洞院《ひんがしのとういん》大路の西の角の自宅（一四頁図3参照）に立ち寄り、車寄《くるまよせ》（駐車場）から自宅内に入る妻戸《つまど》（両開きの扉）の中に、足が長く背が高い台を据え、その上に薦《こも》を敷き、表面を下にして神鏡を置いてから、六波羅亭に向かい事情を説明した。

六波羅亭から即座に、神鏡の扱いに詳しい博士と、神鏡を携帯・護衛するための内侍・五位蔵人・近衛次将らが派遣された。彼らは神鏡を翻して表面を上に向け、持ち帰った（どうも神鏡は、天皇の側にない時には表面を隠し、周囲を映り込ませないようにすべきらしい）。ただ、来《きた》るべき戦争の本陣となる六波羅亭に置いては危険と判断されたらしく、神鏡はすぐに仮の櫃に入れられ、再び師仲に託され、彼の邸宅で保管された（『百練抄』永暦元年四月二九日条）。

二ヶ月近く後、年が明けて永暦元年（一一六〇）二月一一日に、新しい唐櫃が完成して神鏡を収め直した。その儀式で読まれた二条天皇の宣命《せんみょう》（命令書）に、「去年十二月十日 事出《ことい》で図《はか》らずして兵革《ひょうがく》俄《にわか》に起こるの間、凶悪の輩《ともがら》の為に内侍所《ないしどころ》をも掠《かす》め取《と》らると雖《いえど》も（去年の一二月一〇日に悪人＝信頼らが神鏡を不正に奪ったが）……」と書かれていた（『神宮雑例集』所引『神宮記』所収宣命）。一二月一〇日といえば、三条殿襲撃の翌日だ。

当時、三種の神器を奪ったからといって、皇位を自由自在に操れるという考え方はない。仮にそうした考え方があったとしても、それならば三種の神器すべてを奪うべきであり、神鏡だけ奪うのは筋が通らない。ならば、なぜ「信頼らが神鏡を奪った」といわれたのか。

三種の神器のうち神鏡だけが持ち運ばれる理由は、天皇の行幸しかない。すなわち、神鏡が動くことは、天皇の行幸と同義だ。つまり、「一二月一〇日に信頼らが神鏡を奪った」とは、一二月一〇日に信頼が付き添って天皇が行幸した事実を意味する。

その行幸の行き先は、一二月二五日未明に脱出するまで二条が住んでいた大内以外に考えられない。「(信頼が) 大内ニ行幸ナシテ」と『愚管抄』に書かれた、二条が三条殿襲撃の翌日に大内に行幸した事実は、二条自身の言葉(宣命)によって一〇〇％確実と証明されるのである。河内氏を含め、従来の専門家たちは、この史料に気づいていない。

では、三条殿襲撃の直前の二条は、なぜ、どこにいたのか。場所は皆目不明だが、理由なら推測できる。三条殿襲撃は、保元の乱の白河北殿攻撃と同じ構図だった。保元の乱では、高松殿を本拠地とする後白河が、官軍(源義朝・源義康・平清盛)の出発と同時に北隣の東三条殿に移動し、戦闘の間だけ滞在して、官軍が凱旋すると同時に高松殿に戻った。恐らく、崇徳陣営が攻めてきた場合に備えるためだ(東三条殿の構造は高松殿より安全だったのだろう)。

二条が意識的に保元の乱を踏襲したのなら、二条が三条殿襲撃の時に大内にいなかった理由も、同じと類推できる。襲撃の間、万一、後白河に味方する武士が二条に逆襲してきた場合に備えて、どこか堅固な邸宅に籠もって身の安全を図った可能性が高い、と。

それが意味するのは、三条殿襲撃計画を事前に二条が知っていた可能性が高い、ということだ。これは、二条天皇黒幕説を強く傍証している。三条殿襲撃の完了後に大内に帰る行幸は、二条自身の意思で行われたはずだが、後ですべての罪を信頼らに着せた結果、大内に帰る時の行幸は「信頼らが神鏡を奪った」と表現されてしまったのである。

第一〇章　「信西謀反」の真相と守覚擁立計画

二条天皇の動機——後白河院政否定＝信西一家失脚＝二条親政実現

以上、複数の証拠により、二条が乱の主謀者だったことは、もはや疑いない。これを足がかりにして、乱の全貌を読み解いてゆける。次に解明すべき最大の問題は、二条の動機だ。

三条殿襲撃の主目的は、後白河院の御所を物理的に壊滅させ、後白河の身柄を押さえることだった。さらに、三条殿襲撃の直後に、信西の邸宅が攻撃され、炎上した。したがって、二条が信西を攻撃した目的も、三条殿襲撃と同じだったことは間違いない。つまり二条は、〈三条殿を物理的に破壊し、後白河院の身柄を押さえ、信西を政界から退場させる〉という三つの行動を、何らかの大目的を達成する手段とした。では、その大目的とは何だったか。

乱の最終局面で、後白河は経宗・惟方を失脚させ、同時に信西一家を赦免《しやめん》した。経宗・惟方を失脚させた理由は、後白河の院政を全否定する動きの阻止だった。逆にいえば、信西一家の政治生命は、後白河院政の続行とセットだった。裏返せば、信西一家の失脚と、後白河院政の否定もセットということになる。そして、後白河院政を否定するなら、朝廷の政務は二条天皇の親政が担うしかない。つまり、信西一家の失脚は、二条親政の実現とセットなのである。

信西一家の復権を阻んだ一派、つまり信西一家を失脚させた一派の経宗・惟方が、二条天皇の腹心だった事実から見ても、信西一家を失脚させた動機は、後白河院政の否定と二条親政の実現にあった、と判断せざるを得ない。信西一家の失脚は三条殿襲撃事件と同時であり、事件の直接の成果なのだから、二条・経宗・惟方らが三条殿襲撃事件を起こした動機もまた、後白河院政の否定と二条親政の実現にあった、ということになる。

問題は、その動機だ。

二条親政派と後白河院政派の対立については、〈平治の乱以前から存在して、平治の乱の一因になった〉とする通説と〔古澤13―一七二頁〕、〈平治の乱後にしか存在しない対立を、安易に乱前に遡及させた通説は誤り〉とする河内説に分かれる〔河内02―一一一頁〕。この論争には、次のように結論を出せる。平治の乱が三条殿襲撃で始まり、三条殿襲撃の目的が後白河院政停止＝二条親政開始にあった以上、二条親政の開始は平治の乱が勃発した平治元年（一一五九）一二月九日であり、ならば平治の乱以前から親政の開始が計画されていたことは明らかだ、と。

二条親政で二条は傀儡ではなかった——多子入内という暴走

二条はこの頃、強い自我によって強引な政治を始めていた。その証拠が藤原多子《まさるこ》の入内《じゆだい》である（『今鏡』六―ふぢなみの下―宮木野）。多子は徳大寺公能《きんよし》の娘で、教養高く筆跡・絵・音楽に優れ、下々の者にまで気配りを尽くす「なさけ多くおはします」性格に二条が惚れたらしい。多子はかつて近衛天皇の皇后となり、その後は統子《むねこ》内親王・姝子《よしこ》内親王・徳大寺忻子《よしこ》（多子の義理の姉妹）の相次ぐ入内によって玉突きで昇進し、平治の乱の日には皇太后となっていた。

別の天皇の配偶者だった過去を持ち、すでに皇太后の地位にある女性を、二条が改めて配偶者にするのはおかしい。しかし、『今鏡』に「二条御門《みかど》の御時あながちに御消息《みしようそこ》ありければ」とあるように、二条は強引な御消息《ラブレター》で彼女を口説いた。この非常識な行動を朝廷の世論は懸念し、入内の栄誉を喜ぶべき実父の公能さえ、何度も二条に翻意を迫った。しかし、二条は聞かず、「しのびたるさま（人目を忍ぶ形）」で多子を内裏に呼び入れ、配偶者にしてしまった。二度目の入内の時、多子はまだ二一歳の若さだったが、一人の女性が二人の天皇に嫁ぐのは前代未聞で、『平家物語』は「二代の后《きさき》」と呼んで珍しがった。

この多子の入内は、永暦元年（一一六〇）正月二六日に果たされた。それは京都合戦の一ヶ月ほど後、つまり、平治の乱における戦闘の直後であり、戦後処理が完了する前である。平治の乱の段階で、すでに二条は、世論の反発を顧みずに我意を強引に押し通す君主となっていたのだ。その二条の親政で、彼が傀儡《かいらい》だった可能性はない。経宗・惟方は、二条の意思決定や、決定事項の執行を近臣筆頭として全面的に支えることで「世をなびかせ」る権勢を誇ったが、二条親政は文字通り、主導権を握る二条の親政だったと推断してよい。

二条は君臨の危機を暴力で解決するため三条殿を襲撃させた

その二条親政は、二条が三条殿を襲撃させ、後白河院政を全否定する形で実現した。ではなぜ、二条はその暴挙に訴え、それと信西一家の失脚はどう関わるのか。

それは、後白河院政の構造から解き明かせる。乱までの後白河院政は、源平合戦前後の後白河院政と違って政務の方針を後白河が自ら決めず、信西に一任していた。この後白河院政は、信西一家なくして回らない。つまり、〈後白河院政の停止〉は〈信西一家の政界退場〉と同義で、一まとめに起こるべき出来事であり、実際に三条殿襲撃でそうなった。

では、どちらが三条殿襲撃の目的で、どちらが手段だったのか。

二条親政には当初、執権がいなかった。三条殿襲撃の直後、信頼や師仲は候補者だったが、三条公教らに不安視されて候補者からすぐに消えた。二条親政の執権は、見切り発車してから後づけで、しかも二条の近臣でない三条公教らによって心配され始め、経宗・惟方の名が挙げられ、二条にあてがわれた。二条親政は、何も構想しないまま始動したのだ。二条は政務を執るためではなく、後白河院政の否定そのものを目的として事件を起こした可能性が高い。

では、そのためになぜ、後白河の三条殿を襲撃・放火する必要があるのか。

ヒントは、この事件が保元の乱の二番煎じだったことにある。保元の乱は、後白河天皇が崇徳院・藤原頼長に対して、非常手段に訴えるべき危機感と、断固たる姿勢を示した事件だ。崇徳・頼長が今すぐにでも反逆を起こして後白河天皇の君臨を否定しに来る、という危機感に耐えきれなくなった天皇側が、手遅れになる前に暴力に訴えたのだ。そこから類推すると、三条殿襲撃は、後白河院・信西が今すぐにも二条天皇の君臨を否定しに来る、という危機感に耐えきれなくなった二条が、ことの重大さと緊急性から、非常手段をもって断固たる姿勢を示す決意を固め、手遅れになる前に暴力に訴えた事件だった可能性が高い。

信西の梟首は二条に対する謀反容疑の証拠

では、それほど緊急の、重大な危機とは何か。鍵は、信西一家の処罰理由にある。

一二月一七日、信西の首は鴨川の川原で検非違使に引き渡され、検非違使は大路を渡し、つまり群衆の収容能力が高い大路をわざと通り、沿道の群衆に首を誇示しながら進んでから、西の獄の門前にあった木に首を吊して晒した〔『百練抄』平治元年一二月一七日条〕。

これは朝廷の伝統的な梟首《きょうしゅ》（晒《さら》し首）の作法である。朝廷の梟首の歴史については、前著

『「京都」の誕生』を参照されたい。都での梟首は、承平・天慶の乱で討たれた平将門に始まり、前九年合戦で源頼義に討たれた安倍貞任《さだとう》ら、また平正盛に討たれた源義親などが、同じ作法で梟首されてきた。京都で梟首されるのは、謀反人と断定された者だけだ。それは、天皇や国家を害そうとした者の末路を明示して、模倣犯を抑止する見せしめであり、また謀反の首魁《しゅかい》が確かに死んで危機が去ったと、誰もが納得するために必要な手続きだったと考えられる。

平治の乱以前の最後の梟首は、天仁元年（一一〇八）に晒された源義親だ［河内02―一二三〜一二四頁］。保元の乱で処刑された源平の武士らは、謀反人だが梟首されていない。人数が多すぎて物理的に梟首が困難なこと（通常、一度に晒された首は一つ〜三つ程度）、源為義一家の斬首には検非違使が立ち会い、彼らの死が即座に公的に確認されたこと、などが理由と考えられる。

このように、謀反人でも梟首されない事例はあるが、梟首された人が謀反人でなかった事例は、平安時代にはない。したがって、すでに河内氏が指摘した通り、信西が梟首された事実は、朝廷が信西を謀反人と断定したことを意味する［河内02―一二五頁］。信西の首を探し出した源光保は検非違使でないが、首を受け取って晒したのは検非違使だ。京都近辺の治安維持を職責とする警察機構である検非違使が関与した以上、朝廷がこれを刑事事件と公認したこと、つまり二条が謀反事件と認識したことは疑いない。

信西に連坐した息子たちは、信頼が滅んでも赦免されなかった。それは、彼らの処罰理由となった容疑が、信頼たちによるいい加減で不正なレッテルではなかった、ということだ。ならば、彼らを連坐させた信西の容疑も同断である。信西の謀反人扱いは、（真実か否かは別として）具体的な内実を持つ、朝廷が公的に認定した〝きちんとした容疑〟だったはずだ。

その謀反容疑は、漠然とした〈国家への反逆〉ではない。二条と後白河の抗争が激発した事件で、二条が命じた三条殿襲撃で謀反人と認定されたのだから、これは二条天皇だけを狙った謀反である。その証拠に、信西の息子たちは、二条一派（経宗・惟方）を後白河が失脚させると同時に赦免された。信西の謀反の対象に後白河が含まれていたら、そうなるはずがない。

では、二条が公的に認定した〈信西の二条に対する謀反〉の中身は、何だったのか。

信西には、いかなる意味でも反逆を企てた形跡がない。しかし、二条は信西一家を謀反人と断定し、後白河が救い出すまでやめなかった。その敵意の強さから見て、少なくとも二条自身は、こうした対応を取るべき信西一家の謀反容疑を、具体的に思い描いていたはずだ。

守覚・上西門院の出家は信西一家の赦免と一つの事件

その内実を探れる材料は、現状では一つしかない。河内氏が指摘した、守覚の出家である。後白河は、二条の弟にあたる守覚の皇位継承を望んだが、それを不可能にして守覚を仁和寺の御室《おむろ》（長）に押し込む出家の予定日が、タイムリミットとして迫っていた、と河内氏は主張した。

ただ、その主張が成り立つには、守覚以前の仁和寺御室の後継者が出家した年齢に、守覚が到達する寸前だったことが大前提となる。そこで実際に調べると、この前提は成り立たないことがわかる。先代の覚性法親王《かくしょうほっしんのう》は一二歳、その前の覚法《かくほう》法親王は一四歳、その前の覚行《かくぎょう》法親王は一一歳で出家していた〔『仁和寺御伝』紫金台寺御室、高野御室、中御室〕。皆、一〇代前半であるものの、ばらばらだ。一方、守覚は一一歳で出家した。三代前の覚行と同じだが、一代前の覚性を踏襲するならあと一年、二代前の覚法を踏襲するならあと三年も時間的余裕があった。

先述の通り、河内説の全体は成立しない。しかし、〈平治の乱の主因が皇位継承問題にあり、焦点に守覚がいた〉という氏の着眼は、別の出来事と組み合わせると、真実に迫る鍵になる。

その出来事とは、後白河の姉である上西門院《じょうさいもんいん》の出家だ。守覚は、永暦元年（一一六〇）二月一七日に出家した〔『仁和寺御室系譜』、『仁和寺御伝』喜多院御室〕。その全く同じ日に、上西門院も出家していた〔『女院記』『女院小伝』〕。河内説に従った場合、そうなった理由を説明できない（そのためか、氏は上西門院の出家に言及しない）。守覚の母は、藤原季成《すえなり》の娘の成子《なりこ》（高《たか》倉三位局《くらのさんみのつぼね》）であり〔『仁和寺御伝』喜多院御室、『本朝皇胤紹運録』〕、上西門院・後白河を産んだ待賢門院は季成の姉だ。入り組んでいるが、上西門院の母方の祖父藤原公実は、守覚の父方の曾祖父（父の母の父）であり、守覚の母方の曾祖父（母の父の父）でもある（一四三頁図15参照）。いい換えると、守覚は、父後白河を通せば上西門院の甥であり、母成子を通せば上西門院の従姉妹の子である。その意味では濃密な一族関係にあるが、同じ日に出家するには、養子関係でもよいから上西門院が直系の尊属であるくらいの近さがないと、自然でない。上西門院には、守覚と一緒に出家する理由がないのである。

上西門院の父の鳥羽院も、母の待賢門院も、とうの昔に故人だ。出家した二月一七日は、父母の命日でもない。つまり彼女は、父母の死を悼《いた》んで出家したのではない。しかも、彼女は生涯未婚で子がいない。家族の死が、彼女に出家を決意させた可能性はないのである。

彼女が病気だった形跡もない。すると、彼女自身には、この日に出家する個人的理由がなくなる。そして当時、彼女の最も重要な社会的属性は、〈同母弟の後白河が最も大切にした家族〉という点にあった。その後白河の家族（次男）で、なおかつ彼女と直接つながりがない守覚が、同じ日に出家した。その事実は、次の構図を浮かび上がらせる。後白河の家族全体に、俗世での繁栄を諦めさせる圧力がかかり、上西門院と守覚が出家に追い込まれたのだろう、と。

では、それはどこからの圧力か。ヒントは経宗・惟方の逮捕だ。後白河は二人を逮捕させるために、清盛に躊躇なく内裏を襲撃させ、二人を内裏の門前に引き据え、自らそこに出向き、眼前で拷問させた。その凄まじい怒りを後白河が爆発させた逮捕劇の日は、実は後白河の大切な家族である上西門院と守覚が出家した永暦元年（一一六〇）二月一七日の、わずか三日後だった。さらに興味深いことに、その経宗・惟方の逮捕のわずか二日後に、信西一家が赦免され復権した。その六日間の三つの事件は、一つの大事件と考えるべきだ。

信西の「謀反」の内実は守覚擁立による二条皇統の否定

その大事件とは、次のようなものと考えざるを得まい。二条一派は、上西門院と守覚を出家に追い込み、上皇御所の桟敷を封鎖して院政を否定する大攻勢を、後白河一家に仕掛けた。しかし、忍耐の限界を超えた後白河は逆襲に転じ、経宗・惟方を失脚させて二条の羽翼《うよく》を奪い、彼らが弾圧した自分の羽翼の信西一家をすぐに復権させた、と。

なぜ、桟敷封鎖事件のような子供じみた嫌がらせ事件が起きたのか、私は長らく疑問に思ってきたが、ここまで多くの考察を重ねた結果、シンプルで最良の答えにたどり着いたようだ。一八歳の二条という、精神的に幼い人の仕業だったのだ、と。

二月一七日〜二二日の六日間は、二条一派が容赦なく後白河一派を弾圧して優勢だった段階から、後白河一派が一発逆転を果たし、優勢に立った正念場だった。そして逆転の結果、経宗・惟方は解官・流罪となって失脚し、それで勝敗が確定した。この六日間は、後白河が劇的に劣勢を覆し、そのまま二条一派との抗争の勝利を確定させた最終決戦だったのだ。

この一連の事件に、守覚の出家と信西一家の復権が含まれていた。つまり、守覚の出家と信西一家の没落は直結し、どちらも二条一派の画策だった。ならば、こう考えられる。二条一派の望みに反して、信西は守覚の出家を阻止しようとしていた、と。その動きを「謀反」と断定するのは飛躍だ。その飛躍を埋める筋書きは、こうなるだろう。信西は、二条の次の天皇に守覚を立てようとした。それは、現天皇の二条が持つ皇位の処分権を踏みにじり、正統な次代天皇である二条の息子から皇位を奪い、そして二条が天皇の父として治天の君となって院政を敷ける可能性を奪う。すべて君主権の侵害であるから「謀反」である、と。

それが後白河と二条の抗争の一部なのだから、後白河は信西と結託し、守覚の擁立を策したことになる。少なくとも、二条はそう信じた。守覚擁立を阻止するためには、後白河とその謀臣（信西）・手足（信西の子ら）をまとめて政界から消すしかない。しかも、謀反に類する緊急事態なので、暴力の行使はやむを得ない。二条はそう性急に結論し、三条殿を襲わせて信西一家を失脚させた。〝二条親政の実現〟の内実は、行政の主導権争いではなく、後白河院政を潰して生き残るか、さもなくば皇位を失って政治生命自体を失うか、という話だった。

この常軌を逸した強い憎悪を、二条が後白河周辺に対して初めて示したのはいつか。それは、「旬政《しゅんせい》」という行事を無断欠席したという理由で、後白河の近臣の公卿を三人も解官した、平治元年（一一五九）四月二日である（『公卿補任』）。この日かそれまでに、二条親政の推進、つまり後白河の統治権を剝奪して守覚擁立を潰す計画は、始まっていた可能性が高いだろう。

守覚擁立の動機――美福門院との訣別

守覚擁立の動きは、必ずしも悪意ある行動ではない。二条が皇位を託せる男子の順仁《のぶひと》親王を儲けたのは長寛二年（一一六四）、つまり平治の乱の勃発から五年も先になる。一八歳（三条殿襲撃事件の時は一七歳。乱の終結時は年が明けて一八歳）の天皇に男子がないことは、彼の弟を皇太子に立てる動きが起こる理由として十分だ。

とはいえ、一一歳の守覚も子はなく、後白河の孫世代に皇位継承の候補者がいない問題は、守覚を立てても改善されない。一八歳の二条なら明日にでも配偶者を懐妊させる可能性があるが、守覚にそれは期待できないので、孫世代の後継者問題ならばむしろ解決から遠のいている。したがって、二条に子がないことは、守覚擁立を画策する本質的な動機ではあるまい。

守覚の擁立には、それよりも大きなメリットがある。美福門院《びふくもんいん》との訣別《けつべつ》だ。二条は美福門院の養子だが、守覚は違う。二条は美福門院一家の跡取りとして皇位を継いだので、二条に皇位を継がせれば、天皇はいつまでも美福門院一家のものであり続ける。美福門院は、二条に嫁がせた実娘の姝子内親王を上西門院の養女として、後白河一家と美福門院一家の融合を策したが、そうしてできあがった融和的な王家は、所詮は美福門院の親権に支配される王家だ。

美福門院は、何度も策略を弄して王家の紛争を発生・助長させてきた。その果てに、彼女は実子の近衛天皇への溺愛のあまり、近衛の死を頼長の陰謀と信じ、頼長に対する鳥羽院の猜疑心を極大化させ、保元の乱を招いた。後白河と信西は、そうして王家と朝廷に多大な被害を与えてきた美福門院を忌み嫌い、彼女の影響力を二条の一代限りで一掃しようと決意したのではないか。彼らが守覚の擁立に踏み切ったとすれば、それが最もありそうな動機だ。

この見立ては裏づけられる。保元元年（一一五六）一一月二七日、守覚は将来の出家を前提として仁和寺に入った。その盛大な行事が、「今日の事、一向女院《にょういん》の御沙汰《ごさた》と云々《うんぬん》」と記録されている〔『仁和寺御伝』喜多院御室〕。守覚の仁和寺入りは、全面的に美福門院の差配で行われた。守覚が仁和寺に向かう時の牛車も、美福門院の牛車だった。美福門院の熱心さの理由は明らかだろう。守覚を出家させる手筈《てはず》を速やかに完了させ、自分の養子でない守覚が皇位を継承する可能性を封じて、美福門院一家の繁栄が二条の一代限りで失われるのを防ぎたかったのだ。

二条は一年後に同じ構図で異母弟の立太子を拒む

二条の意に反する弟の擁立運動が平治の乱の主因だった、という本書の見立ては、わずか一年後の応保元年（一一六一）に、全く同じ構図の抗争があった事実によっても、傍証される。

その年の九月三日、平滋子《しげこ》が後白河の皇子の憲仁《のりひと》親王を産んだ。そのわずか一二日後の九月一五日に、滋子の兄で右少弁《うしょうべん》・右衛門佐だった平時忠《ときただ》と、平清盛（滋子の姉時子《ときこ》の夫）の異母弟で左馬権頭・常陸介《ひたちのすけ》だった教盛が解官された（『山槐記』『弁官補任』）。さらに、後白河院の近臣の右馬頭《うまのかみ》藤原信隆《のぶたか》・右中将藤原成親らも解官された（『山槐記』一一月二九日条）。理由は、二条の誕生間もない憲仁の立太子を画策した容疑だった。二条は、後白河が近臣団とともに、二条の皇位を二条の子から奪って弟に与えようとする陰謀を企んだと信じ、院近臣団の粛清に走ったのである。

この時、二条の長男順仁は生まれていない。天皇の外戚になれる可能性が見えた時忠らがことを急ぎすぎたとはいえ、一九歳にもなる二条が皇太子を定めるべきなのは明らかで、選択肢は弟しかない。それにもかかわらず時忠らを解官した二条の反応は、明らかに過剰だ。男子が生まれないのに、未来の男子にしか皇位を譲ろうとしない二条の行動は、妄執の域にあった。

恩人の美福門院も疎んじて皇位に執着する二条

その妄執は、もともとは美福門院のものだ。二条は、京都合戦の論功行賞・懲罰を行って乱に決着をつけた（と信じた）翌日の平治元年一二月二九日に、六波羅亭を出て美福門院の八条殿に入った（『百練抄』）。その事実は、二条が黒幕の美福門院と合流したような印象を与える。

しかし、この直後、二条の中宮の姝子内親王が実母の美福門院のもとへ帰った時、帰った先は白河押小路殿《おしのこうじどの》だった。美福門院は八条殿ではなく、遠く離れた白河押小路殿にいた（一四頁図3参照）。二条は、京都合戦の最中に六波羅亭で三日ほど美福門院と同居していた間に、八条殿を借りる話はつけたが、合戦が終わって六波羅亭を出ると、元通り彼女と別居したのだ。

それはよい。天皇が母と内裏で同居しないのは普通だ。しかし、二人の間には明らかな亀裂が見られる。たとえば、まともな親子関係なら天皇が親を尊んで行うべき朝覲《ちようきん》行幸（天皇が父母のご機嫌伺いに出向く行幸）を、二条は一度も美福門院に対して行っていない。

また、中宮の姝子は美福門院のもとへ戻ると、引きこもり、病み、出家を望み、物怪《もののけ》が憑《つ》いたといわれるほど苦しんだ。彼女の苦痛の叫びを、その耳で聞いた廷臣がいる（『山槐記』永暦元年八月一九日条）。後白河は姝子を大切にし、彼女の出家を止めようとした。しかし、夫の二条は何もしなかった。そもそも、中宮が内裏を出て実家に帰ること自体が異常だ。姝子は明らかに、二条からの冷遇に苦しんでいた（この冷遇は明らかに、当時二条が惚れ抜いて執心していた藤原多子の入内の裏返しである）。彼女の実母の美福門院と二条の間柄が円満なら、こうなるはずがない。誰も指摘してこなかったが、通説の印象とは裏腹に、二条は美福門院を疎《うと》んじていたと見てよい。

先に私は、美福門院の広大な宮殿街（八条院町）の八条殿に二条が内裏を設けたことを、

〈美福門院のもとにある二条が正統な皇位保持者である〉というアピールだと述べた。しかしそれは、美福門院の一方的な構想にすぎず、二条はただ、手頃な御所を求めたにすぎなかったようだ。

それにしても、自分に皇位をもたらしてくれた養母・恩人に、なぜ二条は悪感情を抱いたのか。本書では掘り下げる余裕がない。ただ、推測はできる。美福門院は二条を皇位に就けるために、全力を尽くした。しかし、いかなる記録にも、彼女が二条に愛情を抱いたり、示したりした形跡がない。養子の二条は、夭亡《ようぼう》した実子の近衛の代わりだったが、愛情の対象ではなく、あくまでも手駒だったようだ。二条はそれを悟り、養母への敬愛の情を失ったのではないか。

その美福門院は、平治の乱が終わってすぐ、政界から退場した。永暦元年（一一六〇）一一月二三日、つまり守覚を出家に追い込んだわずか九ヶ月後に、四四歳で没したのだ。後白河の生母の待賢門院を失脚させ、愛子近衛の代わりとして養子二条に皇位を継承させたい執念で、後白河が皇位を自由に決める権利を制約し、二条との対立の根本要因を作った女性、いわば保元・平治の乱の元凶の、最後の一人が世を去ったのである。その意味で、彼女の死は平治の乱を本当の意味で終結に向かわせたといえるだろう。

そして二条が、異母弟憲仁の立太子を拒んで後白河の近臣団を失脚させたのは、その翌年だ。弟の立太子を拒む二条の妄執が、美福門院の思惑を超えて、彼女の生存や彼女一家の繁栄とは無関係になっていた証拠である。

王家で孤立して子供じみた独善に走る二条

二条は、実父一家とも養母一家とも苦痛の応酬を繰り返し、王家の中で孤立していった。その中で、自分の子に皇位を継がせることだけに関心事が収斂《しゅうれん》してゆくのは、大いにありそうなことだ。しかし、そこに理念は見えない。父上皇の御所を襲わせ、三条公教の画策に乗って実行犯の信頼・義朝らに事件の責任を負わせて滅ぼし、経宗・惟方を使って父上皇の桟敷を封鎖した。これらの行動すべてに、二条の独善的で子供じみた軽率さが一貫している。

四年後の長寛二年（一一六四）、後白河が新たな御所「法住寺殿」に築いた蓮華王院の千体《せんたい》観音堂《かんのんどう》（千体の千手観音像を安置した仏堂）、つまり今も残る三十三間堂の完成式典に、後白河は二条の臨席を望んだ。また、これを造営した平清盛に報いる昇進人事を望んだ。しかし、二条はどちらも拒否した。後白河は涙を浮かべて、「ヤ、、ナンノニクサニ（ああ、なぜそこまで私を憎むのか）」と悲しみ、二人の間で使者に立った平親範《ちかのり》に「お前の伝え方が悪かったからではないか」と八つ当たりする素振りさえ見せたと、親範が後に証言している（『愚管抄』）。

二条は、生まれてもおらず、生まれる見込みもまだない自分の子にしか皇位を継がせない、と決めた。しかも、その見込みを増やしてくれる、まだ二〇歳の中宮の姝子を、自ら遠ざけた。

後継ぎは、まだ二一歳の寵姫の多子が産めばよい、と確信していたのだろう。しかし、肝心の多子自身は、二条のもとへ入内した直後、次の歌を詠んだ（『今鏡』六―ふぢなみの下―宮木野）。

思ひきや　憂き身ながらに　めぐりきて　同じ雲井の　月を見んとは

生きづらい人生が、廻り廻って、また内裏から月明かりを見上げることになろうとは思いもしなかった。

天皇の配偶者に二度もなる栄誉に恵まれた彼女が述懐したのは、「憂き身（生きづらい人生）」を強《し》いる運命への嘆きだった。「二代の后」に対する世論の懸念を彼女も共有し、二度目の後宮生活を鬱々として楽しまなかったのだ。多子はついに、二条の子を産まなかった。

このように、二条の皇位継承構想には、構想と呼べるほどの計画性がない。彼はただ、自分の唯一の拠り所である皇位を、自分の意思に反して父や養母の自由にさせたくなく、異母弟や、養母の血を引く子には絶対に渡さない、と考えただけと見られる。要するに、拒否感から拒否しただけだ。平治の乱は、二条の父に対する拒否感の暴発、いわば父（と養母）に対する大規模なあてつけだった、といえるだろう。

二条は、皇位の処分権と、院政を敷く権利を自分から奪う後白河を憎み、平治の乱と憲仁立太子の陰謀事件で二度、弟の立太子を拒んだ。その拒否反応の常軌を逸した過剰さは、閉ざした心を苛《さいな》む孤立感、それに根差す憎悪と独善、それが招く軽率さの産物だったのだろう。

皇位継承抗争の結末と清盛の台頭

乱の四年後、憲仁立太子の陰謀事件からは三年後の長寛二年（一一六四）に、二条はついに待望の男子順仁を儲けた（母は多子ではなかった）。しかし翌永万元年（一一六五）、二条は病に伏し、死期を悟って順仁に皇位を譲った。六条天皇《ろくじょう》である。生後わずか六ヶ月半の嬰児《みどりご》だった。二条は、それで畢生《ひっせい》の仕事を成し遂げたといわんばかりに、二ヶ月も経たずに死去した。まだ二三歳、満年齢なら今の大学四年生と同じ年で、孤独と強情を貫いた人生を終えたのである。

六条の母は、表向きは前関白忠通の娘育子《むねこ》とされたが、実は養母だ。生母は、伊岐善盛《いきのよしもり》（一説に伊岐致遠《むねとお》）という下級官人の娘だった。生家があまりに弱小なので摂関家が後ろ盾になったのだが、二条の死で後白河が最終勝利した時、六条の在位を望む者はいなかった。仁安三年（一一六八）、五歳の六条は在位二年半あまりで皇位を退かされ、一三歳で病死した。もちろん、後白河が憲仁を皇位に就けたのだ。高倉《たかくら》天皇であり、彼もまだ八歳だった。

高倉の皇位継承は、清盛の全盛期と連動していた。すでに清盛は太政大臣に上りつめていた。後に高倉は清盛の娘徳子《のりこ》を娶《めと》り、言仁《ときひと》親王を儲けた。治承三年（一一七九）に後白河と仲違いしてクーデターで全権を掌握した清盛は、翌年に言仁を皇位に就け、安徳天皇とした。憲仁

（高倉）の天皇就任は後白河の最終勝利を意味したが、憲仁は平家全盛期の申し子となったのであり、もはや二条の死によっても、朝廷は元通りにならなかったのだ。

その平家が滅んだ時、すでに源氏が鎌倉幕府を作り終えていた。日本ではそれから明治維新までの七世紀ほどの間に、幕府やそれに類する武家政権が政治の実権を手放した時はない。してみると、二条の死によって後白河が平治の乱の後始末をつけたと信じた時、後白河は国政の全権を取り戻したのではない。後白河が平治の乱の最終勝者となるために清盛に頼った時、国政の全権は武士のものになる流れが始まっており、二度と朝廷の手には戻らなかったのである。

その意味でも、清盛は平治の乱の最も重要なキーパーソンだ。本書はここまで、あえて彼の動向を深く分析しなかった。今、二条天皇黒幕説が証明された以上、それに沿って、平治の乱で起きたすべての出来事を解釈し直し、全体像を再構築する準備が整った。従来、謎とされてきた問題も、二条天皇黒幕説で解明できる。その中で、清盛の動向が決定的な意味を持つことになる。

第一一章　残された謎——信西・清盛・後白河の動向

残された謎①——信西はなぜ自殺したか？

　平治の乱における大きな謎の一つは、信西の自殺だ。

　信西は三条殿襲撃を察知して、逃亡に成功した。それまでの社会通念では、彼はたとえ謀反の罪で逮捕されても、死刑に処された可能性はまずない。保元の乱でも、武士しか処刑されなかった。ならばなぜ、信西は逃亡し、容疑を裏づける印象を与えたのか。そしてなぜ、逃亡に成功したのに、早々に生存を諦めたのか。

『愚管抄』によれば、腹心の西光が国外逃亡を勧めたが、信西は拒否した。理由はこうだ。「自宅を出た時、天体の配置が本星命位《ほんせいめいい》にあった。命がここで尽きるという天命を意味する。逃れる術はない」と。この会話は、その場にいて生き残った西光たちでなければ知り得ない。『愚管抄』の記述態度から考えて、彼らのうち誰か、恐らく後白河院の近臣として後に羽振りがよかった西光が、自ら周囲に語った内容を収録したものと思われ、信憑性は高い。

「信西をこの世から抹殺した点では源光保が最大の功労者である」という見解があるが［須藤94-四九〇頁］、それは史実と違う。西光の証言らしき『愚管抄』の記述による限り、信西の死は間違いなく自殺で、光保は信西の遺骸を墓穴から暴いて首を持ち去ったにすぎない。

平治元年の異常天体現象

右の信西・西光の会話を、裏付けそうな証拠がある。実はこの年、本当に天変〈天体の変則的な動き〉が起こり、天文道《てんもんどう》（当時の天文学）の識者が平治の乱の前兆と考えていたのだ。

天文道は、天体の動向を観察し、不規則な動きを見抜き、世界の流れの吉凶を判断する。それは、天地世界の構造を理解して、世界の流れに沿って人が振る舞い、それ以外の行動をしないよう導く仕事であるから、陰陽五行説《いんようごぎょうせつ》という世界の仕組みに基づいて同じことを行う陰陽道《おんみょうどう》と根が同じで、切り離せない。そのため、陰陽道の棟梁として名高い安倍晴明《せいめい》《はるあきら》の子孫たちは、陰陽道だけでなく天文道の専門家でもあった。彼らは天体を観測し、兵乱や災害の前兆を発見すると、天皇に直接それを密かに奏上する「天文密奏《みっそう》」を、重要な職務としていた。

安倍泰親《やすちか》は晴明の子孫で、この時代における大家だった。泰親は、一八年後の安元三年（一一七七）、熒惑《けいこく》（火星）が太微《たいび》を犯す天変に気づいた。太微とは、北極星を中心とする区画「紫微垣《しびえん》」の南に位置する「太《たい》（大）微垣《びえん》」という区画のことだ。〈熒惑が太微を犯す〉とは、通常なら入ってこないはずの火星が、この太微垣に進入する天変を意味する。

泰親は驚き、右大臣だった九条兼実に語った。「熒惑 大微に逆入《ぎやくにゅう》す。平治の外、此《こ》の変無《へんな》し。天下の大事出来《しゅったい》するかと云々《うんぬん》。恐るべしと云々（この天変は平治年間にしか起きたことがない。ならば天下が大混乱する前兆ではないか。恐るべきことだ）」と〔『玉葉』安元三年二月一〇日条〕。

またその前年、泰親が天文密奏を行った時も、兼実は日記にこう書いている。「熒惑 太微に入《い》るの変、希代にして、彗星の外、第一の変なり。……恐るべし恐るべし。其《そ》の変、彼《か》の信頼等の時の変異等に似ると云々（熒惑が太微に入る天変は滅多に起こらず、彗星以外では最も重大だ。……とにかく恐るべきことだ。その天変は、あの信頼たちの時に起こった天変と似ているらしい）」と〔安元二年一〇月七日条〕。右の二つの証言に見える、「平治」年間に起こった「信頼」たちの「天下の大事」といえば、平治の乱しかない。

信西は天文道の第一人者――輸入書の最新学説で死期を悟る

平治の乱の年に、天文道の専門家を戦慄させる珍しい天変が起きた。そして信西は、天文道の達人だった。彼は、天文道を専門に修めて天文博士を世襲する一族ではないが、世襲の天文博士たちさえ知らない、信じがたいほどの学識を持っていた、という証言がある〔『玉葉』建久二年一一月一九日条〕。

建久二年（一一九一）、天文博士を筆頭とする天文道の役人たちは、暦の上の太陽と月の周期のずれを解消するため、一二月の後に閏《うるう》一二月を置くべきと報告した（当時の太陰《たいいん》太陽暦では、月の公転一周を一月《ひとつき》として、その一二ヶ月を一年としたので、太陽の公転周期による一年とはずれる）。それに対して、藤原基業《もとなり》という儒学者が、翌年に閏二月を置くべきと進言した。前《さきの》太政大臣《だいじょうだいじん》として朝廷の重鎮だった九条兼実（この直後に関白に就任）は、主張の食い違いを怪しみ、基業を呼んで事情を説明させた。

基業によると、彼の説は『百注経《ひゃくちゅうきょう》』という天文書に基づき、六〇年に一度、ある法則によって閏月を置く時期を調整する中国の学説に依拠していた。しかし、日本の天文道の学者はその説を知らないため、誤った説を主張している。中国の当時最新の学説では、造暦《ぞうれき》（暦づくり）に必要な学説は一二あったが、一二番目の説は「秘説」といわれ、天文学を究めた人のみが知る奥義だった。日本の天文博士らはそれを知らないから誤りを犯すのだ、と基業はいう。

天文道のプロが知らないその説を、なぜ儒学者の基業が知っていたか。その謎の鍵こそ、信西だった。日本では、信西だけが一二番目の「秘説」を知っていたと、基業はいう。

ではなぜ、そのことを基業は知っており、なおかつ一二番目の「秘説」を自分の知識として活用できたのか。答えは簡単だ。基業は、藤原顕業《あきなり》の子である。その顕業は、信西の長男俊憲の養父だ。つまり、基業は俊憲の義兄弟であり、信西とは親子に近い関係にあり、信西から直接、あるいは義兄弟の俊憲から、一二番目の説の存在とその内容を伝授されたと見てよい。

ではなぜ信西は、世襲の天文博士たちが知らない最新の説、それも「秘説」を知っていたのか。基業が活用した『百注経』は、詳細不明だが、中国からの輸入書に違いない。そこに最新の学説が書かれ、信西だけが知っていたとなれば、答えは一つだ。信西は鳥羽院から、宋の貿易船が有明海で出入りする肥前国神崎荘《かんざきのしょう》の管理責任者の地位を預かっていた。信西は日宋貿易を通じて最新の学術書を入手し、理解し、儒者たちに伝授していたのである。

その信西が、平治の乱の年に、〈熒惑が太微に入る〉という「希代」の天変を見た。信西は、それが「希代」の大混乱の前兆だとすぐに結論したに違いない。そして同時に、自分の宿命を示す「本星」が、命の終わりを示す「命位」にあったのを見た。希代の天文家だからこそ、天文学が示す自分の宿命を逃れられるとは露ほども思わなかった、ということなのだろう。

信西は易の第一人者——三善清行以来の学説を相承

信西はもう一つ、予知能力を持っていた。「易《えき》」である。「易」は卜筮《ぼくぜい》の一種で、最も重要な儒教経典「五経」の一つ『易経《えききょう》』を学ぶことによって、世界の運行を把握し、未来を予測する技術だ。それは儒学の一部だが、易に通じる者は、日本にはほとんどいない。

九世紀末～一〇世紀前半の醍醐《だいご》天皇の時、『意見十二箇条』という政策提言で有名な三善清行《みよしのきよゆき》という儒学者がいた。彼は易に長じ、易の学識を二人に伝えた。弟の日蔵僧都《にちぞうそうず》と、息子の浄蔵《じょうぞう》である。日蔵・浄蔵のそれぞれから弟子・孫弟子らへと易が伝授され、易の教えは二つの系統へ分流したが、その両方の伝承者を信西は訪ねて師事し、清行を祖とする易の教えを、考え得る限り最も完全な形で習得した（『百練抄』承元四年一一月二三日条所引『長兼記』）。信西は易の第一人者となり、それを知った藤原頼長は、儒学の学習熱の一部として、信西に弟子入りして易を学びたいと熱望し、許されて伝授された（『台記』天養元年二月一日条、一一日条）。

これらの事実を踏まえれば、信西が襲撃を逃れられたのも説明がつく。信西は、天変を見て、恐らく易も併用して、近日中に自分を巻き込む大混乱が起こると予測した（先に述べた通り、平治の乱勃発の二四日前の一一月一五日までに、信西は動乱の前兆を察知していた）。そして、混乱の前兆をできるだけ素早く察知できるようアンテナを張り、世間を観察し、いつでも逃亡できる準備をしていた。だからいち早く事変に気づき、素早く逃亡できた。そういうことだろう。

執政の責任を取り梟首の恥を避ける自殺

では、事前に事変を知り得た信西は、なぜ自分だけ逃亡したのか。逃亡先で速やかに自殺したのだから、自分だけ助かる利己的な行動ではない。すると、次のように考えられるだろう。

信西は、逃亡を始めた時から自殺する予定だった。『愚管抄』によれば、理由は二つあった。

一つは、天体観察によって死を逃れられないと観念していたこと。もう一つは、捕縛や拷問、あるいは梟首のような恥辱を公衆の前で晒したくないというプライドである。

儒者は、学識によって政治を任されるのを栄誉とするが、政治に失敗すれば責任を取るべきで、それが君主を危険に晒すほどの大失敗なら、責任の取り方は自殺であるべきだ。それが、儒教経典や史書に数多く伝えられた、儒者の正しい責任の取り方だった。すでに信西は、平治の乱の前月の段階で、後白河の信頼に対する無軌道な寵愛が、破滅的な混乱を招くと予想して『長恨歌絵』を著していた。信西が担う後白河院政は、あたかも安禄山の乱で唐の玄宗が蒙ったような、帝王が恥辱に塗《まみ》れる形で破綻すると予見していたのだ。信西はそれを避けるべく全力で努力すべきだったが、果たせなかった。それで責任を感じ、自殺を選んだ、というのが、希代の儒学者として信西が取りそうな選択だ。

自殺の邪魔と息子たちの落命を避けるための単独逃避行

その、最初から自殺する予定の逃避行に息子たちを同行させれば、どうなるか。彼ら、特に藤原朝子を母としない俊憲・貞憲・是憲らを、信西は一流の儒学者に育てた。儒学者は〝孝〟を最も重んずる。息子たちは全力で自殺を止めるだろう。すると自殺に手間取り、生け捕りや遺骸を発見される恥辱を避けられまい。同じ儒学者としての責任感や父への孝心から、一緒に自殺しようとする息子も出る可能性が高い。信西はそれを嫌ったのだろう。それまでの社会通念、特に保元の乱の先例からして、息子たちは逮捕されても解官《げかん》・流罪で済む。さらに、自分の寿命を予知した天文学の知識で、息子たちの死期がまだ先であると知っていた可能性も高い。信西は、死ぬのは自分だけで十分と考え、一人で自殺を完遂するため、息子たちを置いて逃亡したのだろう。

信西も、生け捕りにされれば殺されなかっただろう。しかし、儒学・易・天文道の最も優れた学識を総動員した結果、〈自分は死ぬしかない〉という結論に至ってしまった。長男の俊憲が、自分を赦免しない二条の真意を知り、絶望して出家したのも、彼の儒学者ゆえの計算の速さに基づくものであり、それに伴う諦めの早さの結果である。信西親子は、不世出の優れた学識が裏目に出て、強い責任感を抱きすぎ、先を読む能力が高いゆえに絶望が早すぎ、自殺や出家で早々に政界を去ってしまった。その結果、信西一家の最大の強みである儒学の担い手は軒並み断絶した。最後まで悪あがきをした信頼や義朝とは対照的に、インテリ特有の弱点が出たというべきだろう。

残された謎②——二条一派はなぜ信頼を抹殺したか?

こうして、二条一派の期待以上に簡単に信西一家は没落し、後白河院政は主導者・手足を失って頓挫した。代わりに始動した二条親政では、信頼・義朝らでは能力不足として、経宗・惟方が執権に立てられた。その二条親政の体制を作るのに、実は信頼や義朝が死ぬ必要はない。ところが、二条たちは二人を謀反人に仕立て上げ、殺害した。なぜ、その仲間割れが必要だったのか。

実はこの段階で、信頼は不満を抱いていた可能性がある。信頼は、上皇御所の襲撃という正念場で勝負を託され、引き受けた。成功させれば、その功績は二条から高く評価され、権中納言を最後に止まっていた昇進を進められると期待できたはずだ。しかし、三条殿襲撃の直後の除目では、信頼に恩賞がなかった。これは、信頼の反感を誘発した可能性がある。

三条公教、信西政権に代位できる体制構築を二条親政に要求

経宗・惟方の執権就任が、三条公教らの画策だったことも大きい。二条が後白河に平然と逆らうのは、〈後白河は二条を皇位に就けるための中継ぎにすぎない〉という世論を承知の上だから、つまり皇位継承問題で世論の絶対的支持を得られると確信していたから、と考えられる。その世論は鳥羽院の遺志であり、その遺志を継承すると自任していたのは鳥羽院の近臣筆頭集団であり、それが後白河院政を担う近臣団になった。そのグループこそ、三条公教たちだ。

二条は、自分の在位も、子孫の皇位継承も、正当化するには鳥羽院の遺志を旗印として掲げ

る以外に術がない。したがって、同じ旗印を掲げる公教グループとは、提携するしかない。

それでなくとも、公教は後白河の「親戚」として絶大な信任を受け、朝廷の世論形成に影響力を持った。三条殿襲撃は、世論の支持を得られなければ単なる父への不孝であり、先帝への不敬であり、無闇な殺戮だ。世論からそう認定されれば、次の皇位継承で世論と対立し、競《せ》り負ける可能性がある。二条は軽率にも、三条殿襲撃という、世論の反発が致命傷になる事件をもう起こしてしまった。彼には、世論の支持を得るしか選択肢がなく、それには公教らと提携する以外にないのである。

その公教らは、二条対後白河という派閥闘争に参加したのではない。朝廷政治の正常化という大局的な視点で動いたにすぎない。だから公教らは、二条親政を無条件には支持しなかった。信西亡き今、後白河院政の再開は見込めず、二条親政で行くしかない。しかし、信西が主導した院政に代わる最低限の政治体制を再構築しないと、朝廷運営自体が頓挫する。その担い手は、信西と同様に、帝王と特別な信用関係にあり、朝廷の運営実務に秀でた者がふさわしい。その該当者が、二条の叔父で、黙々と実務に精励して「よき上達部《かんだちめ》（素晴らしい公卿）」と定評がある経宗と、二条の乳父《めのと》で、実務官僚の実績・訓練を曾祖父為房から四世代も蓄積してきた惟方である。

公教らに重要なのは、朝廷再建だった。そのために必要な経宗・惟方の執権起用は、二条親政を支持する大前提であり、絶対の交換条件であり、二条が呑まないなら親政を支持できない。経宗・惟方には断る理由がなく、二条にも二人の起用を渋る理由はない。

朝廷政治再起動のため二条の悪行を信頼らに責任転嫁

問題は、信頼らの扱いだ。経宗・惟方の起用による二条親政の始動が決まるとすぐ、その第一段階として二条の大内脱出、つまり信頼・義朝の切り捨てが行われた。二条親政の始動は、信頼・義朝の切り捨てを必須として計画されたのである。では、なぜ必須なのか。

最大の理由は、責任問題の処理だろう。鳥羽院の遺志は、〈二条の息子が永続的に皇位を継承する〉ことを含意した可能性が高いが、そうと明言してはいない。鳥羽院が固めたのは、あくまでも二条の皇位継承までだ。二条の次の皇位を二条の子から奪わせないために、後白河院政を武力攻撃で潰すクーデターは、〝鳥羽院の遺志〟では正当化できない。

そもそも、〈次の皇位を息子に与えたい〉のは二条の我意にすぎない。それが、父への不孝や、先帝への不敬や、帝王が率先して内乱を起こし、臣民を苦しめ、殺戮に手を染めることを正当化できる可能性は、当時の社会通念上、ゼロだ。二条親政を軌道に乗せるには、この三条殿襲撃の正当性問題をクリアせねばならないが、どんな論理も二条の行為を正当化できない。

そこで、二条一派や公教らは気づいたのだろう。この問題をクリアできる手は、一つしかない。これは二条の行為ではなかった、という筋書きに書き換えてしまうことだ、と。

三条殿襲撃は、二条の関知しない反乱であり、二条はむしろ被害者だ。そういう偽装物語《カバーストーリー》が必要になった。その筋書きでは、二条は三条殿襲撃の後、身柄を拘束されて、勝手に自分の名で政治が行われている、と主張せねばならない。その主張を真実らしく見せるために、二条は、信頼らを出し抜いて大内から脱出し、やっと自由を取り戻せたとアピールする必要がある。

信頼や義朝は、二条の縁者でも股肱《ここう》でもなく、朝廷に不可欠の人材でもない。しかも、この筋書きを通せば、真の主謀者一味だった経宗・惟方の責任も〝なかったこと〟にできる。スケープゴートとして死ぬ信頼ら以外に、この筋書きで損をする人はいない。

かくして、朝廷の早期正常化のために、信頼・義朝らは二条の身勝手な暴発の責任を押しつけられた。朝廷全体が、朝廷全体の保身のために、彼らに人柱となるよう強いたのだった。

このプランを〝天皇責任転嫁計画〟と呼ぼう。二条がこれに乗って信頼・義朝らを裏切ったのは、責任を逃れて世論の支持を確保するためだが、重要なのは、その〝世論〟が、もはや廷臣だけでは作られないことだ。ここで、平清盛の存在が大きな意味を持ち始める。

すでに保元の乱で、〈強力な武士を味方につけた側が政争に勝利する〉というやり口が承認されていた。その結果、武士の発言権は世論形成に大きく影響する。平治の乱の段階では、世論を味方にするには清盛クラスの武士の賛同を不可欠とし、逆に、清盛が賛同したと確信できれば、世論の支持を得たも同然だ。その点で、天皇責任転嫁計画には清盛の参加が必須だ。

　さらにこの計画では、裏切られた義朝が、武士の行動様式に従って捨て身の反攻に出る可能性が高い（現にそうなった）。それに対抗できるのは清盛だけだ。その点でも、清盛の参加は必須だった。

『愚管抄』によれば、公教らが二条天皇の大内脱出を発案し、経宗・惟方に伝えて実行に移せたのは、公教らがそれ以前に清盛と結託できたからにほかならない。大内を脱出する二条を、公教らは清盛の六波羅亭で待ち受け、脱出作戦自体も公教らと清盛が策定し、清盛自身が放火による陽動を担った。二条が公教らの天皇責任転嫁計画に乗ったのは、自分に好都合なだけでなく、清盛の支持があり、最も高い成功率が保証されていたからだったに違いない。

図18　平清盛（『天子摂関御影』）

残された謎③——清盛の動向と清盛黒幕説

　三条殿襲撃は、熊野詣に出かけた清盛の留守中を狙って起こされ、清盛の不在が成功の鍵だった。二条天皇脱出作戦は、清盛の帰京と参加があればこそ計画可能で、実行できた。京都合戦は、清盛軍が唯一の官軍を担ったからこそ勝てた。そして二条派失脚事件では、後白河が清盛に二人を逮捕させた。このように、平治の乱のすべての段階で、清盛が不可欠の役割を果たしている。乱の主謀者としては二条が主役だが、実は清盛こそ、平治の乱で起きたすべての事件の焦点にいた。したがって、このもう一人の主役清盛の動向を理解せねば、乱の真相は理解できない。

なぜ三条殿襲撃事件は清盛の留守中を狙ったのか、という疑問は、その観点から掘り下げ直す価値がある。通説は〈清盛に対抗されないため〉と答えた。中には、清盛がわざと京都を留守にして信頼一派の挙兵を誘発させたという、多賀宗隼《たがむねはや》氏の清盛黒幕説さえある［多賀77］。

この説の根拠は、〈熊野詣に随行した人数が少ない〉という一点だけだ。あとは、切迫した情勢から見て戦争の近さに清盛が気づかないはずがない、とか、政治家や武将として経験豊富な清盛が信頼らに虚を突かれるなどあり得ない、といった決めつけが、この説を支えていた。最近きちんと論破されたように、清盛黒幕説は根拠薄弱にすぎる［古澤13―一六一～一六二頁］。

しかしなぜか、この説に賛同する説はいくつもあった。多賀氏が挙げた論拠を繰り返すものもあり［飯田79―一六二頁］、補強材料を付け加えたものもあった［松島87］。補強材料とは、三条殿襲撃で信頼に味方した経宗・惟方が二条天皇脱出作戦で裏切ったのはあまりに劇的すぎる、とか、清盛は乱を誘発させるにあたって十分に準備を整えていた、とか、二条親政派（経宗・惟方ら）と清盛が綿密に計画を練り上げていた、などという見立てだ。しかしこれらもすべて、印象に基づく憶測か、『愚管抄』などの確かな記録に反すると論破されている〔古澤13―一六九頁〕。

次のように清盛黒幕説を補強する説もあった。京都の南へ逃れた信西が、同じ南方にいた清盛との合流を考えず自害した事実や、清盛一行が信頼一派に妨害されず京都に帰還できた事実、京都に戻ってすぐ信頼に名簿《みょうぶ》を捧げて臣従した事実から、乱の前に信頼と清盛は連携しており、「実は清盛こそが平治の乱の張本であったと言えるかもしれない」と〔五味87―一一七頁〕。

しかし、これらの事実からそう結論する必要はない。信西が清盛と合流しようとしなかったのは、天体観察で寿命を知り、最初から自害を決意していたからだ。清盛一行が妨害されずに京都に戻れたのは、妨害に対して反撃するであろう六波羅の平家軍本体と戦える数の軍勢を、義朝が東国から集められていなかったからだ。そして、平治の乱で連携できるほどの関係が信頼と清盛の間にあったなら、信頼に臣従を誓う名簿は乱の前に捧げられ、最初から信頼を安心させるのが当然だ。それが乱の勃発後に捧げられた事実は、そうせねば信頼が安心できないほど、二人の関係が不透明だった証拠である。清盛黒幕説は、どうにも成立する余地がない。

義朝は天皇が動員すれば嬉々として戦うが、清盛は違う

挙兵が清盛の留守中に行われたのは、清盛が邪魔する可能性を警戒したから、と考えてよい。

問題はその先にある。なぜ、清盛が邪魔すると判断されたのか。こういい換えてもよい。なぜ、義朝は三条殿襲撃に従軍したのに、清盛は参加せず、逆に仮想敵として警戒されたのか。

　義朝が従軍した理由について、従来の説がすべて成立しないことは先に述べた通りだ。そして、二条が主謀者だったと判明した以上、問いは次の形で立てられなければならない。なぜ、義朝は天皇（二条）の動員に従って、上皇（後白河）への反逆に加担したのか、と。

　この形で問えば、答えは簡単だ。三年前の保元の乱で、義朝が天皇（後白河）に加担し、上皇（崇徳）への反逆に手を染めた理由は何か。答えは、天皇に動員されたから。ただそれだけだ。

　それが、内裏を警備させるために亡き鳥羽院が武士たちを召集したことの延長上ではない、という点に注意されたい。鳥羽院は源為義も召集し、裏切らないよう誓約までさせた。それでも、為義は崇徳陣営に参加した。『愚管抄』によれば、理由はただ一つ。崇徳院に召集されたからだ。義朝もまた、乱の直前に、「これまで合戦のたび、天皇のお咎《とが》めを心配していたが、天皇の命令で出陣できる今日ほど清々《すがすが》しいことはない」と述べたと、『愚管抄』が証言している。

　為義は、〈崇徳院に召集された〉というただ一つの理由で上皇に加担した。名目上、天皇は絶対の正義であり、誰であれ、理由が何であれ、天皇と戦えば謀反人としてすべてを失うリスクがあるのに、である。まして義朝は、そのリスクを伴わない天皇のため、天皇から誘われて戦うのだ。義朝に、召集を断る理由があるわけがない。義朝が保元の乱で戦うにあたって重要なのは、動員された理由でも戦う相手でもない。〈天皇に召集された〉というただ一点が、彼にとって天皇のために戦う理由だった。

保元の乱と同様に天皇が声をかければ、義朝は上皇御所の攻撃に二つ返事で従い、嬉々として先陣を切るだろう。二条一派はそう見抜き、義朝を実働部隊に使おうと結論したのだろう。

しかし、二条一派は清盛に声をかけなかった。清盛は、〈天皇が誘えば嬉々として上皇御所を攻撃する人物〉と見なされなかったのだ。顧みれば、保元の乱でも、率先して戦った形跡があるのは義朝だけだった。戦場でも、大手を先陣で攻めたのは義朝軍であって、清盛軍は後詰めだった。義朝が自ら先陣を買って出たからに違いなく、清盛が義朝と先陣を争うほど積極的でなかったからに違いない。義朝と清盛には、明らかに温度差があった。

その温度差は、二条一派の懸念材料になっただろう。もし懸念が正しければ、清盛を誘った段階で襲撃計画は後白河・信西に漏れ、下手をすれば後白河方に清盛が合流してしまい、そうなれば成功率はよくて半々となり、とてもではないが実行に踏み切れないリスクになる。

二条一派は清盛を味方と確信できず

しかし、二条一派の主軸の信頼は、息子の信親を清盛の婿にしていた。しかも、かなり前に清盛の姉妹が、信頼の兄隆教《たかのり》に嫁ぎ、息子の隆親《たかちか》を儲けていた。両家の姻戚関係は、二世代にわたって濃密だった。そうした関係は、いざという時に味方とするためにこそ築かれる。ところが信頼は〝いざという時〟に清盛を信用せず、その留守中を狙って挙兵した。一体なぜか。

もう一つ疑問がある。もし、たとえば大宰大弐《だざいのだいに》として現地に赴任するような長期的な不在なら、すぐに清盛が反応しても京都への帰還には時間を要する。現に清盛は大宰大弐なのだから、私が主謀者なら、九州の反乱の本格的な収拾を口実に、清盛に九州赴任を命じる。しかし、紀伊の熊野社に参詣するだけなら不在は一ヶ月程度のはずで、実際には清盛が参詣途上で踵《きびす》を返して全速力で帰って来た。そうなることは、事前に予見できたはずだ。つまり、二条一派は三条殿襲撃さえ果たせば、清盛が京都に戻っても何とかなる、と判断した。それはなぜか。

二条天皇脱出作戦で清盛が陽動作戦を行ったのは、大内を警備する武士を大内裏の外におびき出すためだ。つまり、大内は軍勢で警備されていた。しかも、二条が脱出した直後、京都合戦のために、義朝は大内の紫宸殿で鎧を着た。義朝軍は大内の内部にも常駐していた可能性が高い。こうした大内の厳重な警備体制を、通説は、信頼が二条の身柄を無理に拘束するためと信じてきたが、二条こそが主謀者なのだから、話が逆だ。軍勢は二条を守るための、外敵の襲来への備えと見るべきである。その外敵として襲来する可能性があるのは、清盛しかいない。二条一派は、三条殿襲撃を成功させた後も、清盛軍と衝突する懸念を払拭《ふっしょく》できなかったのだ。

ところが、三条殿襲撃から八日後の一二月一七日に清盛が入京してから、二六日の京都合戦までの九日間、両軍とも攻撃を始めず、かといって武装解除もせず、ただ腹を探り合うように睨《にら》み合っていた。その様子について、『愚管抄』はこう推測する。「当然、義朝は清盛を討つべきだったが、東国の軍勢がまだ京都に着いていなかったからか、何一つ手を打たずにいた」と。急な挙兵のため、義朝は主力の坂東の郎等たちを召集するのに手間取っていたのだ。

三条殿襲撃は奇襲でなければ成功しないが、奇襲前に大々的に東国から軍勢を集めれば、計画が露顕する。そのため、義朝の手もとの郎等だけで挙兵し、大々的に召集したのは奇襲後だった可能性が高い。東国は遠く広いので、清盛の入京までの八日間では、召集はほとんど進捗《しんちょく》していまい。二条一派のクーデターが、最初の行動に奇襲を選んだ段階で、義朝軍は脆弱《ぜいじゃく》なまま見切り発車することが宿命づけられていた、といえるだろう。

清盛が入京後も動かなかったのは九州の平家貞の上洛を待つため

清盛の入京から、二条が大内を脱出する二五日未明までに、正味で七日間あった。脱出作戦の策定や準備に二〜三日を要したとしても、動きのない時間がかなり長い。なぜだろうか。脱出作戦に最も不可欠なのは清盛の参加なので、答えは清盛の置かれた状況にあるだろう。

二五日、日の出以前に脱出作戦が果たされた後、清盛は名簿を信頼に捧げて油断させた。その名簿を持参し、口上を述べたのは、清盛の「一ノ郎等（最高の腹心）」の平家貞《いえさだ》だった。

誰も指摘しなかったが、これは驚くべきことだ。家貞は保元の乱の前から、九州全域を無政府状態にした大反乱の鎮圧に取り組んでいた。その間に紆余曲折《うよきょくせつ》があったが、二年近く前の保元三年三月、大規模な討伐軍が改めて編成され、家貞は総大将として下向した［五味99、山口00］。反乱鎮圧は平治の乱より後であり、したがってこの段階では、家貞はまだ総大将として九州に張りついているはずだ。ところが現実には、家貞は京都で二条の脱出作戦に関与した。ということは、三条殿襲撃事件に遭遇した平家は、即座に九州の家貞に上洛を命じたのである。

理由は二つ考えられる。一つは、上皇御所が襲われた京都の事態が切迫し、九州平定より優先されたこと。もう一つは、この緊急事態に平家が対応を誤らないため、老練な家貞の協力が不可欠と考えられたことだ。家貞は、清盛の父忠盛に降りかかる災難を防いだ有能な従者として、『平家物語』冒頭の「殿上の闇討《てんじょうのやみうち》」の逸話で、知略と胆力を賞賛された人物である。

一二月一七日に入京した清盛が、入京後や上洛途上で紀伊方面から九州に使者を送っても、七日後の二四日に家貞が京都にいるのは不可能だ。一二月九日の三条殿襲撃の直後に、六波羅で留守を預かっていた重盛が、九州の家貞に急報したと見て、まず間違いない。

九州征伐の総大将を呼び戻すのは、大きな決断だ。それほど平家は家貞を必要としたのであり、ならばその家貞が京都に着くまで、平家は動けまい。入京から信頼への名簿の奉呈まで、清盛が七日間も動かなかった理由は、その名簿の奉呈を家貞が任された事実から考えても、家貞の到着を待っていたからだろう。家貞は、翌日の京都合戦にも参加したはずだ。

彼は数年来、九州で反乱軍に総大将として対峙し、京都合戦の数ヶ月後に九州平定を成し遂げた歴戦の指揮官である。平家の政治的決断も、来《きた》るべき義朝との戦争も、家貞の有無が結果を左右する。平家は家貞の上洛まで動けず、それまで脱出計画以下の公教らの画策は実行できない。その意味で、三条殿襲撃以後の平治の乱の日程を決めたのは、家貞の上洛といっても過言ではない。

家貞は保元の乱でも、九州討伐の総大将でありながら京都に駆けつけた。ところが、乱が一日で決着した上、大軍を引率したため、家貞は間に合わなかった、と『保元物語』は伝える。恐らく史実だろう。そして、その教訓を踏まえてか、平治の乱では家貞が大軍を引き連れてきた形跡がない。移動時間を最短にするため、ほぼ単身で上洛したのだろう。その甲斐あって、二条天皇脱出作戦に間に合い、続く京都合戦と合わせて、不可欠の役割を担ったのである。

清盛が警戒された理由――清盛は後白河院政派

信西一家が流罪に処されたのは、清盛の京都帰還から五日後の一二月二二日だった。二条一派はその五日の間に様子を見て、清盛がクーデターに反対しないと確信した上で、信西一家の処断に踏み切ったものと見られる。いかに二条一派が、清盛の動向を警戒していたかが窺《うかが》われる。

ところが、その後すぐ、二条らの裏切りで一派は分裂した。その結果、義朝を朝敵として討たねばならなくなり、そのために清盛が戦わねばならなくなった。その意味で、義朝だけでなく、清盛もまた二条の私利私欲のために流血を強いられた被害者だった。

顧みれば、二条一派は三条殿襲撃で清盛の留守を狙い、それから清盛を仮想敵として大内の防備を固め、清盛が味方だと確信できるまで信西一家を追放しなかった。二条一派の清盛に対する警戒心は際立っている。あっさりと味方に加え、あっさりと切り捨てた義朝への警戒心のなさと、著しく対照的だ。清盛はなぜ、そこまで警戒されたのか。

シンプルで有望な解答が、一つだけある。〈清盛は後白河院政派だった〉という解答だ。

これには証拠がある。応保二年（一一六二）、二条は弟の憲仁を次の皇位に就ける陰謀があったとして平時忠らを流刑に処し、それから息子の六条に皇位を譲るまでの三年間、後白河を完全に排除した親政を行った。その時期の様子を、『愚管抄』はこう証言する。

イカニモ、、、、（イカニモ）清盛モ誰モ下ノ心ニハ、「コノ後白川（河）院ノ御世《みよ》ニテ世ヲシロシメスコトヲバイカヾ（如何）」トノミ思ヘリケルニ……

清盛も誰もがどうしても、「後白河院が健在なのに、天皇が親政を強行するのはいかがなものか」と非難めいた心情を抱かざるを得なかった、とある。清盛は間違いなく院政の支持者だ。

平治の乱の最中に、清盛が後白河院政を支持していた証拠もある。京都合戦の後、後白河の御所の桟敷を経宗・惟方が封鎖した事件で、『愚管抄』は後白河の反応をこう描く。

院ハ清盛ヲメシテ「ワガ世ニアリナシハ、コノ惟方・経宗ニアリ。是《これ》ラ思フ程イマシメテマイラセヨ」トナク、、（ナク）仰有《おおせあり》ケレバ、ソノ御前ニハ法性寺殿《ほっしょうじどの》モヲハシマシケルトカヤ。清盛又思フヤウドモ、有ケン。忠景《ただかげ》・為長《ためなが》ト云《いう》二人ノ郎等シテ、コノ二人ヲカラ（搦）メト（取）リテ……

経宗・惟方を痛打せよ、という後白河の命令に清盛は従った。その理由がここに、「清盛又思フヤウドモ、有ケン」と明記されている。これを、清盛が「心に院政を否定しながらも、それを表面に出さず」に後白河に従った、と解釈する説があるが［竹内62-六九頁］、著しい誤読だ。この一文は「清盛にもまた、いくつも思うところがあったのだろう」という意味で、後白河と清盛が同じ気持ちを抱いたと解釈するしかない。すなわち院政を否定する経宗・惟方への否定であり、院政への賛同である。しかも、「いくつも思うところがあった」のだから、清盛は経宗・惟方を執権として二条親政が強行される現状に、何度も不審・不信を覚えていたのだ。清盛の姿勢は、平治の乱の最中から二条の死去までぶれていない。彼は内心で常に、後白河院政を否定する強引な二条親政を正しいとは思わなかったのである。

その理由は単純だ。そもそも白河院政以来、八〇年近く、天皇の直系尊属たる元天皇（父・祖父・曾祖父）が院政を敷くのが朝廷政務の基本形、という社会的合意が形成されていた。その合意は、〈子が父に従うのは当然〉という儒教の〝孝〟の理念が、数百年来の道徳律だった上に形成されたものだ。〝孝〟を蔑《ないがし》ろにする天皇親政の強行には、倫理的に賛同できる余地がない。

何より、祖父正盛に始まる平家の繁栄は、白河院の恩寵に依存してきた。院政あっての平家なのであり、平家は院政という政治形態を必須とし、その政治形態そのものに恩義があった。

このように、社会的合意からも、帝王の倫理からも、平家の利益からも、恩義からも、清盛には院政を潰してまで行われる二条親政を支持できない理由がある。清盛は、祖父正盛から三代にわたる筋金入りの院政支持者なのであり、表向きは後白河と二条の双方にいい顔をするが、そうした清盛の本当の政治的立場は周知・自明だっただろう。それこそが、後白河の御所を襲う作戦に清盛が誘われず、襲撃後も清盛に備えて防備が固められるなど、二条一派から一貫して強く警戒され続けた理由にほかなるまい。そして、それこそが、京都合戦の後に孤立無援に陥った後白河が、二条の意向に反する経宗・惟方の逮捕を、清盛に託せた理由に相違ない。

以上を踏まえて、清盛を焦点にすると、平治の乱は次のようにまとめ直せる。

二条一派は、院政派の清盛の不在を好機として後白河院政を潰すべく、三条殿を襲撃した。そして、帰京した清盛が院政復活を目指して挙兵する危険性に備えて、大内の防備を固めた。ところが、三条公教らが二条親政で朝廷を立て直そうという世論を形成したため、それに合わせて、清盛は親政に協力し、そのために信頼らをスケープゴートとして始末する役割を、不本意ながら担う決意をした。清盛はその決意を、九州から腹心の家貞が上洛するのを待ってから、二条天皇脱出作戦と京都合戦で果たした。しかしその後、二条と経宗・惟方が、逼塞《ひっそく》中の後白河の尊厳を不必要に蹂躙《じゅうりん》したことに、清盛は反発を覚えた。そして、救いを求める後白河の悲憤に共感し、決起して経宗・惟方を武力で屈服させ、二条親政の驕《おご》りに鉄槌《てっつい》を下した、と。

残された謎④——後白河の動向と一本御書所

この清盛との強い絆《きずな》を背景に、後白河は乱を生き延びた。乱が二条のクーデターなら、後白河の動向も、通説とは違う意味を持つはずだ。特に後白河の立ち位置は、受け身の被害者から傍観者、そして逆転勝利の最終勝者へと、変転を重ねた。平治の乱を解明するには、それらを時系列的に整理して、後白河のそれぞれの動向が何を意味したかを、考え直さねばなるまい。

一二月九日、三条殿を襲撃した二条一派は、後白河を牛車に乗せ、大内裏の「一本御書所《いっぽんごしょどころ》」に移した。後白河は、二五日の二条天皇脱出作戦の日まで、一六日間にわたって一本御書所に滞在した。河内説以前のすべての説は、この事件を幽閉・監禁だと認識してきた。

しかし河内氏は、その間の後白河の出入りが自由で、幽閉・監禁ではないと気づいた［河内02―一二七～一二八頁］。確かに『愚管抄』によると、二五日、二条が大内を脱出する前後に、一本御書所を密かに惟方が訪ねた後、後白河は牛車に乗って一本御書所を出た。牛車は「ソノ御料ニ」、つまり「後白河院が外出に使うために」すでに用意されていた。

河内氏の後白河黒幕説に従えば、後白河が行動の自由を持っていたのは当然だ。しかし、本書で証明した二条黒幕説に立つと、この事実はいくつも疑問を生む。出入り自由で、なおかつ一本御書所への身柄移送が二条の悪意によるものなら、なぜ身柄を移送したのか。逆に、なぜ後白河は、一六日間も自分の意思で一本御書所に滞在したのか。なぜ、二条天皇脱出作戦と同時に後白河はその意思を翻して脱出したのか。その時、惟方は後白河に何を伝えたのか。

一本御書所に滞在することは何を意味するか

これらに答えるには、従来無視されてきた問題を解く必要がある。〈上皇が一本御書所に滞在する〉ことは何を意味するのか、要するに〈一本御書所とは何なのか〉という問題だ。

一本御書所は〝天皇専用の文庫（図書館）〟で、大内《おおうち》（大内裏《だいだいり》の中にある本来の内裏）の東隣にあり、典籍を一本（一部）ずつ書写・収蔵する（書籍全般とする説［菊池68］と、稀覯書《きこう》に限るという『平安時代史事典』の説がある）。一〇世紀半ばまでに設けられ、公卿の一人が「別当《べっとう》（運営担当）」となり、管理の実務担当者らしき「預《あずかり》」や、筆写担当の「書手《かきて》」などが所属した。

図書館に住まわせたのなら幽閉だろう、と人は思う。『平安時代史事典』も、『平治物語』の「一品（本）御書所におしこめたてまつる」という記述を信じて、「藤原信頼が後白河法皇を当所に押し込めたという」と説明している。しかし、「院ヲ御書所ト云《う》所ニスヱマイラセテ（院を御書所という場所にいさせて差し上げて）」とだけ述べる『愚管抄』をはじめ、信憑性が高い記録には、一言も「幽閉した」のようなネガティブな表現がない。『平治物語』を鵜呑みにするのは危ない。

鳥羽院政期の一本御書所は天皇が皇位継承儀礼に出席する拠点

実は、保安四年（一一二三）に二度、崇徳天皇が一本御書所に滞在している。当時の彼はわずか五歳なので、目的は勉強ではない。目的は記録にはないが、前後の状況から明らかだ。最初は、四日後の鴨川での大嘗会御禊《だいじょうえごけい》（みそぎ）の準備、次は、三日後の大嘗会に赴く準備に違いない［『皇年代略記』崇徳院–保安四年一〇月一五日条、『玉蘂』建暦二年一〇月二〇日条、『十三代要略』崇徳院‒保安四年一一月一五日条〉。御禊は二条大路の東の末にある鴨川の川原で行われ、大嘗会は大内裏の朝堂院で行われた。朝堂院での本番に向けて大内裏内部で準備が進む大嘗会に赴きやすいよう、ほぼ隣接する〈北東に約二〇〇m〉一本御書所に滞在したのは明らかだ。

次の近衛天皇も、御禊と大嘗会出席の拠点として一ヶ月ほど滞在した〈『台記』康治元年一〇月一九日条〉。次の後白河天皇も、即位式と御禊・大嘗会のために一ヶ月あまり滞在し、「六日後に朝堂院で始まる即位式の「便宜」のため」と『兵範記』に明記された〈久寿二年一〇月二〇日条〉。崇徳～後白河の三代を通じて、一本御書所は、天皇が皇位継承儀礼に出席する拠点として便利なので使われる、という慣習が定着していた。なおかつ崇徳・近衛の時には、ほかの用途では滞在していない。

以上から、一本御書所は疑いなく、天皇の滞在が可能な施設を十分に備え、別宅として快適に利用可能な環境だ。後白河は決して、狭い図書館に押し込められて虐待されたのではない。

歴代天皇の所在地を網羅した研究〔詫間22〕によれば、崇徳以前に一本御書所に滞在した天皇はいない。近衛がここに入った時、「保安《ほうあん》の例」＝崇徳の先例以外にこれを正当化する先例が見つからなかったことも、これを裏づける。『平安時代史事典』は鳥羽天皇も一本御書所を用いたというが、確認できない。ただ、崇徳・近衛・後白河天皇の治世はすべて鳥羽院政下なので、一本御書所を皇位継承儀礼で滞在所に使う慣行は、鳥羽院の独創的方針と見てよい。

一本御書所は天皇の便利な定宿

後白河は一本御書所の便利さに気づき、保元三年（一一五八）の二条への譲位の一ヶ月前、広瀬《ひろせ》・竜田《たつた》祭に参加する前日に一本御書所に入った〔『山槐記』保元三年七月三日条〕。奇妙にも、後白河は祭の前日まで大内におり、祭の間だけ一本御書所に入って二日過ごし、また大内に戻った〔詑間22—二六八頁〕。この移動の理由は、翌日に大内に行くのが楽だからではない。むしろ、大内に住む天皇が、大内で行われる行事の日だけ大内を離れ、隣の宿泊施設へと遠ざかったのである。

その理由を、複数の記録が「明日、神事があるが、大内で御修法《みしほ》（密教の呪術）が行われるので」と説明している〔『山槐記』『兵範記』保元三年七月三日条〕。神は、神事の場に僧がいることを嫌う。後白河が一本御書所に滞在した時、大内では、信西が復興させた相撲節会《すまいのせちえ》（諸国から集めた武士・郡司クラスの力士に相撲を取らせる練武《れんぶ》行事）の無事を願う御修法が行われていた。後白河はそれを優先させ、僧を大内から退去させず、逆に自分が隣の宿泊施設に移って、そこで祭に使者を送る儀礼を行ったのだ。この時、朝廷では「広瀬祭・竜田祭のために天皇が一本御書所に行幸した先例が見つからない」とされたが、長元年中（一〇二八〜三七）に「職《しきの》御曹司《おんそうじ》（ある役所の一部屋）」に行幸して行われた先例が辛うじて見つかった。一世紀以上も昔の、しかも似て非なる先例なので、こうした一本御書所の活用は後白河の独創だろう。

二条も、平治の乱の一年近く前に一本御書所に滞在した。行幸から大内に帰る日が、帰宅を忌む陰陽道の「帰忌日《きこにち》」なので、大内に隣接する一本御書所まで来て、帰忌日が過ぎるまで時間を潰すためだった（『山槐記』平治元年正月九日条、一一日条）。すでに目的が神事にとどまっておらず、一本御書所を便宜的な天皇の滞在施設として使う手法が拡大し、一般化している。

後白河・二条が朝廷行事を円滑化する（天皇が楽をする）ために一本御書所を滞在施設として活用したのは、信西の発案かもしれない。いずれにせよ、平治の乱までに、一本御書所は〝天皇の定宿《じょうやど》〟になっていた。天皇の宿として快適なら、上皇御所としても快適に違いない。二条が後白河をそこに滞在させたのも、幽閉どころか、快適な滞在所の提供と見た方がよい。

後白河が外へ退避するまで、三条殿には放火できない。後白河が退避を拒否すれば放火できず、目的を達せられない。ならば、襲撃者側が牛車を用意して、後白河を連れ出す以外にない。すると、後白河には退避先が必要になる。そこで、一ヶ月程度は生活可能で、なおかつ大内のすぐ隣にあって動向の把握が容易な一本御書所を用意し、後白河にあてがったのだろう。

院政の拠点を壊し、院政を担える近臣を排除し、院政派の清盛さえ二条親政の支持者に取り込んだ結果、後白河院政は再起動不能になった。もはや後白河は無力で、巻き返せない。だから、二条の一派は後白河に行動の自由を残したのだろう。後白河が一六日間も自分の意思で一本御書所に滞在したのも、再起できないならどこでも同じ、と考えたからだろう。

傍観を強いられた後白河が巻き返して当事者に

では、なぜ二条が大内を脱出すると同時に、後白河は一本御書所を出て仁和寺に向かったのか。そして、出る直前に一本御書所を訪れた惟方は、何を後白河に囁いたのか。

二条の大内脱出は綿密に計画され、清盛や藤原尹明《まさあきら》らが動いて大がかりに実行された。それに対して、後白河は誰にも付き添われず、単身で一本御書所を離脱した。廷臣たちは、後白河を六波羅亭に迎えようとさえしていない。後白河は完全に蚊帳の外に置かれていたのだった。

惟方は、二条の脱出を後白河に伝え（情報漏洩の懸念から、脱出前に伝えることはあるまい）、しかも二条の行き先をぼかしたのではないか。惟方たちが後白河を放置したのは、後白河の御所を焼き払った実行犯の信頼らと組んで脅威となる可能性が、ゼロだからに違いない。後に信頼の息子を罰しようとしたように、信頼らに対する後白河の憎悪は明らかだっただろう。

ただ、信頼・義朝らが、二条という旗印を失ったと気づいた時、どう動くか。後白河がいくら拒もうとも、〈拘束して脅せば旗印に使える〉と判断して、後白河の拘束に動く可能性が高い。二条に見捨てられた信頼・義朝軍の旗印に祭り上げられたら、後白河は賊軍の長になってしまう。それは保元の乱の崇徳院と同じで、政治生命を奪われて当然、遠い田舎に流されて顧みられなくなって当然の、極めて損な役回りだ。後白河はその事態を避けるべく、一本御書所からの脱出を決意したのだろう。

後白河がすぐ六波羅亭に入ったように伝える『愚管抄』と違い、『百練抄』には、まず仁和寺へ向かったとある。仁和寺を支配する御室の覚性法親王は二歳年下の同母弟で、最も心を許せる一人だ。その仁和寺は、一本御書所から西北西に三km弱の場所にある。六波羅亭は南東へ四km弱だから、後白河は、二条たちが結集する六波羅から正反対へ遠ざかったことになる。そこにいる限り、後白河はそれから展開する平治の乱の傍観者であることを強いられる。

ところが、翌二六日の京都合戦までに、後白河は踵を返して六波羅亭に入った。政局の当事者になる意欲があった証拠であり、したがって仁和寺に入ったのは、政局の中心がどこかを知らなかったからだろう。恐らく、後白河が仁和寺に向かったとは知らない二条一派が覚性に事態を伝え、同居していた後白河がそれを知って、六波羅へ急いだのではないか。

この後の後白河の動向は、二条との熾烈《しれつ》な主導権争いとなる。そこでここからは、二条天皇黒幕説に沿って、乱がどう幕を下ろしてゆくのかを、再び時系列で追跡することにしよう。

最終決着編

永暦2年／応保元年（1161）

9. 3　後白河院の皇子憲仁が誕生。

9.13　平清盛が権中納言に。

9.15　二条天皇が平時忠・平教盛らを解官。

9.　後白河を排除した二条親政が始まる。

11.29　二条が坊門信隆・藤原成親ら六人を解官。

応保2年（1162）

3. 7　大炊御門経宗を赦免し京都に召還。

3.10　保元の乱関係者ら流人15人を赦免。

5. 8　虚言の罪で後白河の近臣藤原重家が解官・除籍。

6. 2　二条呪詛の疑いで源資賢を解官。

6. 8　前関白藤原忠通が出家。

6.18　元関白藤原忠実が死去。

6.23　源資賢・源通家・平時忠らに流刑宣告。

長寛元年（1163）

8.22　殿上定メンバーの四条親隆が出家。

長寛2年（1164）

1.21　葉室光頼が権大納言を辞任。同日、経宗が権大納言に。

2.19　前関白藤原忠通が死去。

4.10　関白近衛基実が清盛の娘盛子と婚姻。

7.22　二条の皇子尊恵が誕生。

閏10. 7　大炊御門経宗が右大臣に。

閏10.13　殿上定メンバーの中御門宗能が辞任。

11.14　二条の皇子順仁が誕生。

長寛3年／永万元年（1165）

1. 2　二条が後白河に朝覲行幸。

6.25　二条が退位し、順仁が六条天皇に。

7.28　二条が死去。これにより後白河が出家を決意。

仁安元年（1166）10.10　憲仁が皇太子に。

仁安3年（1168）2.19　六条が退位し、憲仁が高倉天皇に。

第一二章　二条の勝利と後白河の逆転勝利

後白河の六波羅入りは二条親政を乗っ取る画策

後白河は、直前まで二条と対立していたにもかかわらず、二条のいる六波羅亭に入って、信頼・義朝らの討伐を命じる宣旨を二条に出させる意思表示（院宣《いんぜん》）をした。まるで、かつて白河院政の時に、白河院が源義親の討伐を命じる宣旨《せんじ》を堀河天皇に出させたように。それが意味することは、一つだろう。後白河は二条親政を乗っ取り、院政の再開を策したのだ。

後白河に忠実な院政派である清盛の六波羅亭に押しかければ、清盛は後白河を受け入れる可能性が高い。そうなれば、廷臣たちの前で二条は後白河を蔑《ないがし》ろにできない。後白河院政を潰そうとした三条殿襲撃は二条の意向ではない、という筋書きにしてあるからだ。後白河が「逆境にめげず院政を再開する」と表明すれば、二条一派には拒否できる正当性がない。後白河には、その勝算が見えたのだろう。二条一派が、後白河院政派の清盛と対決して彼を葬らず、ごまかしを重ねて清盛と組んだことが、後白河につけ込まれる致命的な隙を作ったのだった。

手足を失った今、後白河に可能なのは、追討宣旨などの二条の命令が後白河の「院宣」に基づいていることにする、という虚勢だけだ。しかし形ばかりでも、後白河院政が再起動の第一歩を踏み出したのは、二条にとって脅威だった。このままでは、本当に院政が再開したかのような既成事実が積み上がってしまう。後白河が二条親政の場に同居し、政務に立ち会い、発言できる環境がそれを可能にしていた。だから二条は、速やかに後白河と別居すべきだった。

本来、天皇と上皇は同居しないのが大原則であるのに、同居しているのは、反乱に対応するための緊急の戦時体制として、官軍の主力清盛の邸宅を本陣としているからだ。ならば、同居を解消するために、二条は一刻も早く戦時体制を解除し、平時体制に戻さねばならない。

信頼の処刑——復讐心と口封じで両派の利害が一致

信頼の逮捕は、その好機だった。信頼は、二条の大内脱出を知ると戦意を喪失し、仁和寺に逃れた。信頼は、後白河の姿が消えたことも摑んだだろうが、行き先が仁和寺だとは知りようがない。しかも、後白河の御所を焼き討ちした信頼が、この期に及んで後白河に助けてもらえるとは、信頼自身も信じまい。信頼は単純に、仁和寺御室の覚性の保護を頼って逃れたのだろう。その時すでに、後白河は六波羅亭を目指して、すれ違いに仁和寺を出ていた。

覚性は六波羅に通報し、京都合戦翌日の一二月二七日、平経盛に信頼を引き渡した。なぜか。

信頼は、自分が庇護されるべき理由として、「三条殿襲撃は二条の命令だ」と覚性に語っただろう。ならば、二条の動機も語っただろう。その動機は、仁和寺で覚性を師として出家する予定の守覚の擁立を阻止することだ。覚性は今や、皇位継承問題の渦中に巻き込まれていた。

守覚の出家を予定通り行えば二条の利益になり、引き延ばせば後白河の利益になる。いずれ、両方から守覚の出家をめぐる圧力がかかる。どちらに従ってももう一方を怒らせ、悪ければ覚性の地位を危うくする。そもそも仁和寺御室は政争に深く関わらない地位で、覚性自身も政治に色気を見せたことはない。その覚性にとって、後白河・二条の抗争への巻き添えは、ましてやこの板挟み状態は迷惑極まりない。信頼を庇護すれば、抗争に深入りすることになる。

決定的なのは、信頼がすでに後白河に叛《そむ》き、二条にも見捨てられていたことだ。信頼を匿《かくま》えば、後白河も二条も敵に回す。覚性に、そのリスクを負ってまで信頼を匿う義理はなかった。

信頼は清水寺付近の東山山麓に連行され、尋問された。『愚管抄』によれば、信頼は「アヤマタヌ（私は過ちを犯していない）」と主張した。罪状の三条殿襲撃は天皇の命令なのだから、当然である。しかし慈円は「ヨニワロク聞《きこ》ヘケリ。カウ程ノ事ニ「サ云《いわ》バヤ」ハ叶《かなう》ベキ（世にも聞くに堪えない弁明だった。これほどの大事件を起こして、「そういう弁明を通そう」など、叶うわけがなかろうに）」と述べる。二条の犯罪を隠し、信頼の最期の弁明を、見苦しい悪あがきとして描いたのだ。

清盛は「ナンデウ」と一言だけ返答した。「どうして」という意味だが、それに続くはずの疑問文が省略されている。ここに、嘘をつかずに印象を誤誘導する慈円の巧みさがある。従来の説は、「どうして（そんな屁理屈が通用するものか）」と補ってきた［元木04―二〇九頁］。しかし、慈円の誤誘導を振り払えば、続く疑問文は変わる。二条天皇黒幕説に立てば、次の疑問文が続くはずだったのではないか。「どうして（二条の軽率な暴挙を諫《いさ》めず、逆に片棒を担いで暴挙を実行し、天皇の生涯と朝廷の歴史に取り返しのつかない汚点を残したのか）」と。

清盛が首を振って無言の処刑実行命令を出すと、郎等は信頼を六条河原に連行し、斬首した。信頼ほどの高位高官なら、保元の乱のように、死刑ではなく遠流で済むのが相場だ。しかし、前日の追討宣旨によって、裁判抜きの死刑執行が法的に確定していた。なぜ、信頼は問答無用で追討されたのか。二条が黒幕なら、理由は明らかだ。後白河黒幕説に立つ点で本書と立場が違うものの、河内氏がまとめた通り、「信頼は口封じをされ、「謀反人」として事件の全責任を負わされ」「信頼を即時に抹殺することが必要であった」のだろう［河内02―一五五頁］。

しかも、信頼の追討が「院宣」で命じられた、という宗盛の証言が重要だ。二条親政を乗っ取った後白河は、幼い息子を後年に罰しようとしたほどの強い処罰感情を抱き、信頼への復讐を即座に果たした。後白河の利害は、信頼の口を封じたい二条一派の利害と一致したのである。

二条の八条殿入りと「永暦」改元は戦争終結・勝利宣言

とはいえ、後白河院政に乗っ取られている状況自体は、二条親政一派には容認できない。二条は、後白河との同居解消を可能にする戦争終結宣言を急いだ。まだ敵の主力の義朝が逃亡中だが目を瞑《つむ》り、一二月二七日の信頼の斬首で〈戦時が終わった〉ことにした。その証拠に、平家一門の昇進はその二七日のうちに、源師仲・源頼朝らの解官《げかん》は翌二八日に済まされ、翌二九日に早くも二条は六波羅亭を出て、美福門院の所有する八条室町亭に入った。官軍と賊軍の処遇問題があらかた済んだことにし、戦時の本陣を出て、〈戦争は終わり平時に戻った〉とアピールしたのだ。

二条一派にとって幸運なことに、年が明けて平治二年（一一六〇）正月九日に、首だけになった義朝の身柄が届いたので、即座に梟首《きょうしゅ》した。これで、頼朝兄弟の処遇という付随的な問題だけ残して、最も重要な戦後処理は、確かに終わった。そこで翌日に早速、二条は本格的な戦争終結宣言をすることにした。平治二年正月一〇日をもって「永暦《えいりゃく》」と改元したのである。

一つ前の「平治」改元の時には、諸卿の議論を経て「淳仁」「平治」の二つに絞られた候補を示された後白河が、「関白基実に命じて、諸卿に結論を出させよ」と命じた（『伏見宮記録』所収『改元部類』所引『人車記』保元四年四月二〇日条）。すなわち、後白河が関与した形跡が明白だ。院政を敷く治天の君なので当然である。しかし、「永暦」改元には後白河が関与した形跡が一切ない。院政が停止していた何よりの証拠である。

「永暦」改元の理由は、「兵革《ひょうがく》」により「人庶《じんしょ》静かならず」、つまり〈戦乱で臣民の安泰な生活が損なわれたため〉だと、改元の議論に参与した葉室顕時《あきとき》の日記にある（『顕時卿改元定記』、同所引改元詔書）。もちろん、三条殿襲撃と京都合戦を指している。この改元は、「兵乱は終わったから安心して日常生活に戻れ」という戦乱終結宣言であり、「反乱を克服して二条親政が本格的に歩み始める」という新体制の発足宣言であり、要するに二条の勝利宣言なのだった。

後白河を操る最大の〝君側《くんそく》の奸《かん》〟信西は世を去り、その一家も追放され、後白河院政は頓挫した。これによって、彼らが企てた守覚の擁立計画も自然消滅した。そのために三条殿襲撃という危ない橋を渡ったが、責任はすべて、死んだ信頼・義朝らに押しつけ、廷臣全体から支持される二条親政の始動という成果を手に入れた。ここまでは、二条の完全勝利といっていい。

後白河御所の桟敷封鎖事件と「下ス」——院政の再起動

あとは残敵掃討だ。二条は手始めに、改元から七日後の正月一七日に、五位蔵人《ごいのくろうど》の葉室長方《ながかた》を罷免した。長方は惟方の従兄弟なので二条親政派に見えるが、二条にこのタイミングで罷免されたのなら、二条の敵である。事実、彼は一ヶ月後の二月二二日に赦免されて復職するが、その日は、信西の息子らが赦免された日だ（『職事補任』）。信西一家の赦免は二条の攻撃に対する後白河の巻き返しなので、同日に赦免された長方も後白河一派の重要スタッフ、つまり二条の敵である。

二条が長方を敵視し始めたのは、父の顕長《あきなが》が後白河一派だと気づいたからだろう。その顕長こそ、六波羅亭を出た後白河が新たに御所とした、八条堀河亭の持ち主にほかならない。

後白河はその八条堀河亭の桟敷《さじき》で、大路を往来する「下ス《げ》（下衆）」を観察した。すると経宗・惟方が「後白河には院政をさせない」と息巻き、桟敷の視界を封鎖する事件を起こした。

国文学者の日下力《くさかつとむ》氏は、この「下ス」を大道芸人の類と推測した［栃木ほか92–二六〇頁脚注二一（日下力執筆）］。根拠は、今様に熱中した後白河が、遊女など民間の芸人と交流した事実があるから、という。しかし、事件を伝える『愚管抄』に、この「下ス」が芸人だとは書かれておらず、芸人だという証拠はどこにもない。恐らく日下氏は、〈桟敷は芸能などの観覧席→後白河は今様好き→今様などの芸人を招いて観覧した〉と連想したのだろう。この「下ス」を芸人と考えては前後の『愚管抄』の文脈と全くつながらず、流れが意味不明になってしまう。

中には、この解釈を踏襲して事件を理解しようとした説もある。後白河が芸能活動を再開し始めたので、後白河の院政を潰すために二条親政派が強硬手段に出た、と古澤説が主張したのである。古澤氏はこうも主張した。「後白河上皇の「芸能」三昧を阻止することで親政派は院政派の信西一家追放の正当性を主張した」と［古澤13–二〇〇～二〇一頁、二〇四頁］。

どちらも、前半と後半を順接でつなげるのは論理的に苦しい。「下ス」を芸人と見なす憶測から出発したので、無理が生じたのだ。『愚管抄』で確かなのは、〈院政を潰すために桟敷を封鎖した〉という親政派の行為と動機である。そして、そもそも「下ス」は広く〝庶民〟を意味する言葉だ。その意味で文脈はきちんと通じ、親政派の行為と動機も説明できる。

論理的に考えよう。桟敷封鎖事件は、不穏当な（前後に例がない）強硬手段だ。不穏当な強硬手段が危機感と焦りの産物であることに、異論はなかろう。そして事件の動機を、経宗・惟方は「後白河には院政をさせない」と述べた。ならば、彼らを焦らせた危機感の正体は、〈後白河が院政を本格的に再開する兆《きざ》し〉以外になく、その兆しはよほど明瞭だったに違いない。

その前兆が、大道芸人と今様に熱中することであるはずがない。後白河は単に、街路を往来する民衆を観察し、交流した。そう素直に解釈して、全く困らない。なぜか。

単純で筋道の通った答えが、一つだけある。市井の民衆の生活を観察し、言葉を交わすことは、民衆の生活実態を知ろうとする営みにほかならない。為政者（の候補者）が民衆の生活実態に強く関心を抱くとは、つまり政務への強い意欲の表れに決まっているではないか。

後白河は、民情把握のための観察・聞き取りに自ら着手した。院政を再開したいが信西のような執権を確保できず、自ら政務を執るしかないからだ。それは当然、終戦を機にいよいよ親政の本格化を狙う二条親政派の危機感を煽《あお》り、焦った彼らが強硬手段に走った。これが『愚管抄』に忠実で、『愚管抄』の文脈と、前後の政治的事情の文脈に綺麗に合致する答えだ。

二条、再起動する後白河院政のスパイ疑惑で葉室長方を粛清

これは、それまで信西という執権に政務を丸投げしてきた後白河が、自ら政務に関心を抱いた初めての痕跡である。「下ス」との交流が民情把握、つまり政務の問題であることは見逃され、後白河院政の研究者には、この出来事は院政の画期として扱われなかった。しかしこれこそ、以後の三〇年以上も後白河が自ら政務を主導した、本格的な院政の出発点なのである。

二条親政が敵対的である以上、後白河は二条親政を潰さねばならず、ならば院政を再開せねばならない。その拠点（八条堀河亭）は入手したが、執権以下のスタッフの採用が済むまでは、自分で政務を執るしかない。後白河が自ら主導する院政は、平治の乱で執権である信西を失った後白河が、二条に売られた喧嘩に勝ち残るための、唯一の選択肢として生まれたのである。

顕長の八条堀河亭で後白河が民情把握に着手したのを知った二条は、顕長が後白河と結託して、後白河院政の再起動に協力していると判断し、自分の敵になったと信じた。その顕長の息子である長方が五位蔵人、つまり天皇親政の枢要を担う天皇の高級秘書官として、二条に奉仕している。後白河の息がかかった（と二条が信じた）長方は、後白河の利益を優先し、二条の利益を躊躇なく妨害し、二条の耳に入る最も重要な情報を職権で自在に入手して、父顕長を通

じて後白河に漏らすスパイだ。そう二条が疑うのはやむを得まい。二条は近臣の中に紛れ込んだスパイを掃除するため、疑わしい者から粛清し始め、まず長方を罷免《ひめん》したのである。

二条、乱の勝利の総仕上げに守覚・上西門院を出家に追い込む

その二日後の正月一九日（または二一日）に、二条は逮捕された源義平を処刑し、七日後の正月二六日には憧れの藤原多子《まさるこ》を、世論の反対も聞かず入内《じゅだい》させた。二条は勝者として独走していた。一三日後の二月九日には源頼朝が逮捕され、さらに事態は二条の思い通りに進んだ。

ただ、まだ最後の総仕上げが残っていた。三条殿襲撃によって後白河院政を潰したのは、守覚擁立計画を潰すためだ。しかし、後白河が院政を本格的に再開する兆しを見せ始めた。それは、守覚擁立計画が息を吹き返すことを意味する。これを放置しては、あの暴挙に踏み切った意味がなくなる。特に、葉室顕長・長方親子が後白河と結託してスパイ活動を始めたと信じた二条は、後白河院政の復活を、即刻阻止すべき、待ったなしの危機だと認識したのだろう。

そこで二条は、桟敷封鎖事件で院政再開の芽を摘むと同時に、この問題を解決した。頼朝の逮捕から八日後、そして葉室長方の罷免から一ヶ月後の二月一七日、守覚が仁和寺で出家した。状況から見て、二条の圧力によるものと見てよい。そして、本来は一緒に出家する理由がない上西門院まで同時に出家させ、後白河一家に、俗世での今後の栄耀を諦めるよう念押しした。

経宗・惟方逮捕劇の詳細

この二つの事件で、後白河の忍耐が限界に達した。後白河は清盛を呼び、経宗・惟方の逮捕と懲罰を命じ、清盛はこれに応じた。ここから、後白河の怒濤の逆転劇が始まる。

経宗・惟方の逮捕について、『愚管抄』は「忠景・為長ト云《いう》二人ノ郎等シテ、コノ二人ヲカラ（搦）メト（取）リテ」とだけ述べ、清盛が郎等二人を派遣して逮捕した事実しか述べない。しかし、『百練抄』〔永暦元年二月二〇日条〕には「院 清盛朝臣に仰《おお》せ、権大納言経宗・別当惟方卿を禁裏中に搦《から》め召す」とあり、『今鏡』〔三―すべらぎの下―ひなのわかれ〕にも「ふたりながら内に侍《はべら》はれける夜、あさましく聞《きこ》えしに」とある。追手は、何と内裏に踏み込んだのだ。

逮捕の様子について、『今鏡』は「あさましく聞えし（呆れるようなことがあったらしい）」と、尋常でなかったことを匂わせているが、同時代の史料はすべて口を噤《つぐ》むことを選んだ。口にするのも憚られる不祥事だったのだ。しかし、一四世紀後半（南北朝時代の前期）に書かれた『帝王編年記』によれば、二人が抵抗して「闘乱」になったという。清盛軍は内裏で戦った可能性が高い。武士の軍勢が内裏に踏み込んで天皇の近臣を捕縛するなど、前代未聞の不祥事だった。

この逮捕時の様子をさらに具体的に描写した史料が、佐《さ》々《さ》木《き》紀《き》一《いち》氏によって最近紹介された

［佐々木19］。一四世紀に洞院公定《とういんきんさだ》という廷臣が著した系図集『尊卑分脈《そんぴぶんみゃく》』の、大炊御門経宗の項目に付記された、次の記述である。

帝戚《ていせき》の重寄《じゅうき》を以《もつ》て、禁裏《きんり》・仙洞御親子《せんとうおんおやこ》の間に於《おい》て異議を申沙汰《もうしざた》し、頻《しき》りに仙洞の御世務《ごせいむ》を申し傾《かたぶ》け、詔宣《しょうせん》と称して院中の時誼《じぎ》・勅《みことのり》に違背《いはい》し、動《やや》もすれば狼藉《ろうぜき》に及ぶ。仍《よつ》て仙洞より大弐清盛朝臣に仰《おお》せられ、之《これ》を召し誡《いまし》めらる。清盛の軍士 彼《か》の宿所《しゅくしょ》に馳《は》せ向かふの処《ところ》、本《ほん》所《じょ》の家人等《けにんら》妨（防）戦し、官軍多く疵《きず》を被り、家人 命を殞《おと》す。然《しか》して民部大輔《みんぶのたいふ》為永《ためなが》が為に遂《つい》に召し捕《とら》へられ訖《おわん》ぬ。仙洞に将《い》て参り、已《すで》に死刑に行はるべきの処、法性寺摂政《ほっしょうじのせっしょう》中沙汰し、死罪一等を止《とど》め、阿波国に流さる。

経宗は天皇の外戚という重い立場に胡座《あぐら》を掻き、二条天皇と後白河院の間で意見が食い違うように動き、しばしば院政に異議を差し挟み、「天皇の命令」と称して院の意向に逆らい、秩序を蹂躙《じゅうりん》することも辞さなかった。そのため院が清盛に命じて、経宗の身柄を拘束させた。清盛の郎等が経宗の「宿所《しゅくしょ》」に向かうと、経宗の家人らが武力で抵抗したため、官軍（清盛勢）に多くの死傷者が出た。しかし経宗は、民部大輔為永という清盛の家人に捕らえられ、後白河の御所に連行された。すぐに死刑に処されるところだったが、前関白忠通の意見で刑を一等級下げて、阿波国への流刑となった。

これが紹介されたのは河内説・元木説・古澤説が出た後で、紹介した佐々木氏以外に活用を試みた人を聞かない。その佐々木氏は、右に対応する記述が現存の『平治物語』にないことに注意を促したが、右の事件の暴力性が三条殿襲撃事件と類似するとして、三条殿襲撃事件に関与した経宗・惟方への後白河の個人的報復にすぎず、後白河に二条親政派と政治闘争を繰り広げる意図はなかっただろう、という以上の評価を与えなかった。

本書では、すでに平治の乱そのものが二条と後白河の激烈な政治闘争だったことを明らかにしてあり、『愚管抄』に従っても、桟敷封鎖事件に始まる二条派失脚事件が院政の再開をめぐる政治闘争だったことに疑いはないので、氏の評価には従えない。

それでも、右の史料は重要だ。内容の大部分は周知の情報だが、わずかな独自情報に貴重な価値がある。経宗の家人が全力で抵抗し、そのため清盛軍に多数の死傷者が出た、という傍線部だ。また、闘争があった「宿所」は、中世では〝自宅〟を意味し、経宗の逮捕場所が内裏だったというほかの古い記録と矛盾する。

『尊卑分脈』の独自情報――「民部大輔為永」が経宗を逮捕

右に引用したエピソード的な記述は、冒頭に「経宗公伝」と題されて、系図本体とは別の、付録である「伝」の中にある。『尊卑分脈』では、公卿に昇った人のうち、政治や文化で重要な地位にあった人たちについて、こうした「伝」が付記されている。それらの「伝」の内容は、いずれも年月日と昇進履歴が機械的に列挙された官歴データであり、『公卿補任』のような人事記録からの抜き書きに違いない。

「経宗公伝」もそうした機械的な官歴の列挙で構成されているが、その中で、時系列の該当する部分に、右のエピソードが突然挿入されている。記述の性質・書きぶりが違い、官歴の記述も分断されており、官歴の記述より一字下げで書かれており、経宗以外の「伝」には類例が見あたらない。とすると、このエピソードは別の情報源から切り貼りするように引用されたものと見てよく、本来は「伝」の一部でなく、「伝」も含めた系図の完成した後、何者かが挿入した疑いもある。

このエピソードの文体は、古くない。「御世務《ごせいむ》」「時誼《じぎ》に違背《いはい》」など、鎌倉時代後半から室町期にかけて廷臣の日記で日常的に使われた表現で、なおかつ平安時代には使われなかった表現を含んでいる。この文章自体は、編者の公定が生きた南北朝期の前後に書かれたに違いない。

経宗の逮捕場所が彼の宿所（自宅）だったこと、家人の抵抗によって闘乱になり、清盛勢に死傷者が出たことは、『平治物語』にも記述がある。また、忠通の助命嘆願によって経宗・惟方が死罪を免れ流刑で済んだことは、『今鏡』に記述がある。そして、清盛の郎等の「為長（為永）」という人物が逮捕の実行部隊として派遣されたことは、『愚管抄』に記述がある。系図のエピソードの大部分は、それらを継ぎ接《は》ぎすれば書ける。

しかし、一つだけ、どの史料にも見えない独自情報がある。経宗を逮捕した人の「民部大輔為永」という名乗りだ。『愚管抄』の同じ場面では、同一人物らしき「為長」が逮捕に赴いたと書かれているが、彼の手で経宗が捕縛された事実は書かれていない。『平治物語』には、彼が逮捕した事実も、彼の存在そのものも言及されていない。また、『愚管抄』には、この「為長（為永）」の「民部大輔」という肩書きが書かれていない。彼が自ら捕らえた事実も、彼の肩書きを「民部大輔」と伝えるのも、この系図（伝）の完全な独自情報だ。

逮捕したのは民部大夫源為永と伊藤忠景（忠清）

もっとも、民部大輔は諸大夫クラス、武士なら清盛自身やその子弟レベルが就任する官職で、清盛の郎等では就任できない。ではこの肩書きは、ひいてはこの記事は後世の捏造《ねつぞう》か。

実は、そうではない。『兵範記』に該当者が見つかるのだ。保元元年（一一五六）九月一七日の除目《じもく》で任官した「民部丞《みんぶのじょう》源為永」である。民部丞は民部省の第三等官であり、第二等官の民部大輔よりランクが低いが、問題ない。民部丞は、勤め上げて民部丞を去る時、従五位下に叙されることがある。五位の通称を「大夫」というので、民部丞を去って従五位下に昇った人を、「民部大夫《みんぶのたいふ》」と呼ぶ。民部丞だった源為永がその後に五位に昇れば、「民部大夫為永」と呼ばれる。その「民部大夫」は、「民部大輔」と発音が同じだ。したがって、系図の「民部大輔為永」は、発音に釣られて「民部大夫為永」を書き誤ったものと見て、まず間違いない。

為永が民部丞に任官した日の除目は、保元の乱の二ヶ月後だ。その除目では、乱の論功行賞が初めて大規模に行われて、信西の息子たちをはじめとして、乱の功労者たちが一斉に昇進した。源為永も、保元の乱で清盛軍の一員として戦い、顕著な戦功を挙げたと見てよい。

この源為永が民部大夫（民部丞の経歴者）だったという情報は、平治の乱関係のいかなる史料にも現れない独自情報で、しかも間違いなく史実だ。その情報を伴う「民部大輔（夫）為永が経宗を捕らえた」というエピソードも、確実性が高い情報源に基づいて書かれたと考えてよい。

すると、経宗逮捕の場を内裏とする『百練抄』『今鏡』と、経宗の自宅とする系図との間の矛盾が気になるが、次のように解ける。内裏には規則上、清盛の郎等を死傷させられるほど多数の屈強な従者を、誰も連れ込めない。清盛の郎等を死傷させた逮捕の場は内裏ではあり得ず、逆に、それが可能なほど多数の従者がいた場所は自宅が最もふさわしい。ならば系図が伝える通り、逮捕の場は経宗の自宅に違いない。一方、内裏が逮捕の場となったという記録にも信憑性があるので、惟方だけが内裏で逮捕された。そういうことだろう。

二人の逮捕には源為永と「忠景《ただかげ》」が向かった。彼を阿多《あた》忠景とする説があるが［古澤13―二〇一頁］、誤りだ。阿多忠景は薩摩の有力な平氏で、源為朝を婿に迎え、この時期に朝廷を数年間悩ませ、清盛が討伐を担当した九州全域の反乱の主謀者で、反乱の最後に貴海島《きかいがしま》（今の硫《い》黄島《おうじま》）へ逃亡して姿を消した。その彼がこの時期の京都に、しかも清盛の部下として現れるはずがない。この忠景は、平家の郎等の伊藤（藤原）忠景である。後の源平合戦の富士川の戦いで、水鳥の羽音を敵襲と早合点して逃亡した平家軍の侍大将藤原忠清《ただきよ》と、同一人物だ（反逆者阿多忠景と同じ名を嫌って改名したのだろう）。従来の平治の乱の研究は、保元・平治の乱の地方版というべき九州の反乱を完全に無視してきた。二人の忠景の混同は、その弊害だ。

後白河、経宗・惟方を憎み死刑を望む――信西の死への報復感情

清盛は郎等を踏み込ませて、惟方を内裏で、経宗を自宅で捕縛した。屈強な郎等を内裏に連れ込めない惟方は簡単に逮捕されたが、経宗の逮捕には彼の家人が大いに抵抗し、清盛勢が死傷者（『平治物語』は、雅楽助通信《うたのすけみちのぶ》・前武者所信泰《さきのむしゃどころのぶやす》という名を挙げる）を出す被害を蒙った末に、源為永が経宗を捕らえた。経宗・惟方の逮捕の様子に、これまで佐々木氏以外の専門家は注意を払わなかったが、激しい戦闘行為であり、三条殿襲撃・京都合戦に次ぐ第三の戦闘だったのだ。

『愚管抄』によると、逮捕された二人を、清盛は内裏の門前に引き据えた。後白河はわざわざ自ら牛車に乗ってその場に臨み、自分の面前で清盛に二人を「オメ（喚）カセ」、つまり絶叫する仕打ちをさせた。「その様子はあまりに禍々《まがまが》しいので、詳しく書くのは避けたいが、何があったか人々は皆知っている」と慈円は口を濁す。強めの尋問、つまり拷問の類が行われたと

図19　藤原忠通（『天子摂関御影』）

見てよい。そうして痛めつけられてから、二人は拘禁された。

内裏に武士を踏み込ませるのも、廷臣を拷問するのも、それをわざわざ自分の面前で行わせるのも、通常ならあり得ない非常手段だ。しかも『愚管抄』によれば、後白河は二人を死刑に処すつもりだった。それらはすべて、経宗・惟方とその背後にある二条への、後白河の尋常でない怒りを示している。一方、清盛勢を二人も殺す闘争を辞さなかった経宗側の反抗心も凄まじい。経宗・惟方逮捕事件は、あまりに激しい憎悪のぶつけ合いだった。

経宗・惟方は遠流とされたが、当初、後白河は死罪を考えていた。『愚管抄』が描く桟敷封鎖事件だけで、そこまで罪が重くなるはずがない。守覚ばかりか上西門院まで出家に追い込んだとしても、まだ死罪は重すぎる。先に私は、経宗・惟方の流刑が、それらの小さな事件ではなく、三条殿襲撃の罪の報いと考えねば辻褄が合わない、と指摘した。そして、その報いだとしても、遠流が相当だった。ならば後白河はなぜ、死罪を望んだのか。それは、三条殿襲撃で信西を死に追いやったことへの報復ではないか。それ以外に可能な説明を、私は思い描けない。

前関白忠通、弾圧される境遇で後白河と利害が一致し手を組む

経宗・惟方が死刑を免れたのは、前関白の藤原忠通が制止したお蔭だ。『愚管抄』によれば、後白河が清盛を呼んで二人の逮捕を泣く泣く頼んだ場にも、忠通がいた。これまで平治の乱で全く存在感も役割もなかった忠通が、ここにきて突然、後白河の側近として姿を現したのである。それが後白河院政の再始動にとってどれほど重要かを、掘り下げた専門家はいない。

四年前の保元元年（一一五六）、保元の乱が終わるや否や、信西は政務の実務を掌握し摂関家を完全に疎外する形で朝廷の運営者になった。また同じ頃、信西の画策で後白河が、かつて摂関家から王家に寄進された荘園の預所《あずかりしょ》（卑しい中間管理職）を忠通にさせようとし、激怒した忠通が「今後一切、摂関家は朝廷の政務に協力しない」と後白河に絶交を宣言する事件があった〔『玉葉』文治元年九月二五日条〕。さらに二年後の保元三年、賀茂祭の信頼の行列が、見物していた忠通の前で下車の礼を取らなかったため、忠通の従者が信頼の車を破壊し、信頼が後白河に訴えた。寵臣を辱《はずかし》められた後白河は激怒し、忠通の家司《けいし》（家政を司る政所《まんどころ》別当。家政職員の筆頭）二人を解官して、忠通自身を閉門（謹慎）に追い込んだ末、信頼の妹を忠通の長男基実に娶《めと》らせて手打ちにする屈辱を与えた。

これらの事件を経て、摂関家は存在感を低め、衰微の極みに陥った。そうしたのは信西率い

る後白河院政であるから、後白河院政は摂関家にとって、ほとんど不倶戴天の敵だった。

ところが、今やその後白河院政が潰され、後白河自身が逼塞《ひっそく》を強いられていた。ここに、両者が利害の一致を模索する道が開ける。後白河院政は、信西という無二の執権を失った。その穴を、摂関家なら埋められる。摂関家こそ、本来なら執権を輩出する最大勢力なのだから。後白河は、院政を再起動できる即戦力の執権として、摂関家を必要とした。摂関家は、復権のために後白河の推挽《すいばん》を必要とした。ここに利害が一致し、院政の再起動に忠通が協力する代わりに、後白河が摂関家に執権の地位を保証する、という取り引きが成立したのだろう。

三条殿襲撃から京都合戦まで、何一つめぼしい役割を果たすことがなかった摂関家は、二匹の窮鼠が団結して猫を噛むために、後白河の盟友として政界に復活したのだった。

忠通は六四歳の高齢で、関白の座も長男基実に譲って引退しており、四年後の長寛二年（一一六四）に六八歳で世を去る。しかし、ちょうどこの永暦元年（一一六〇）に、基実に嫁いだ信頼の妹が、嫡男の基通を生んだ。この基通は後に清盛の娘を娶り、源平合戦で平家が都落ちすると、平家との縁の深さから摂政の地位を叔父の九条兼実に取られた。しかし、源平合戦の最中の寿永二年（一一八三）までに、後白河は基通に「艶《ラブコール》」し、「愛念」を抱いた（『玉葉』寿永二年八月二日条）。そして基通を庇護し続け、叔父の慈円から『愚管抄』で何度も「無能なのに院の愛人だから幅を利かせている」と非難された。この基通への後白河の愛着は、個人的な嗜好《しこう》にも大きく依存しただろうが、さかのぼれば基通が生まれた年に、祖父忠通と後白河の間で、二条親政を共通の敵とする強い同盟関係が結ばれたことに由来する可能性を、考慮してよい。

忠通は、死罪を主張する後白河を宥《なだ》めて、遠流に減刑させた。なぜか。摂関家を疎外して二条親政を主導する経宗・惟方に、忠通が好感情を抱いていたはずはないが、殺意を抱くほどではない。また、〈身分が高いものは万事優遇されるべきだ〉という原則で動く身分制社会の通念に照らして、経宗・惟方がどれほどの罪を犯しても、公卿である以上、殺すのは適当でなく、遠流が限界だ。これから再起動する後白河院政は、二条親政と違って血に飢えた殺戮者の政権ではない。そう主張することが、世論の支持を得るのに必須だと、忠通は考えたのだろう。

後白河の最終勝利——三条公教が手を引き、清盛も院政支持

こうして経宗・惟方は逮捕され、最初の二条親政は幕を閉じた。その親政を構想した三条公教も、経宗・惟方が失脚した以上、構想全体を捨てるしかなくなった。そして、別の人事案を画策してまで、二条親政を推進しようとはしなかった。その理由は、経宗との関係だろう。

公教は、経宗と義兄弟（相婿《あいむこ》）だった。また、公教の子実房《さねふさ》は、経宗の娘と夫婦だった。公教と経宗は、二重の婚姻関係で結ばれていた。経宗が執権であればこそ、この強い縁によって

公教は二条親政で幅を利かせられる。その経宗がいない二条親政で、公教の権勢は望みにくい。しかも、今や二条親政も執権の人材を失い、続行不可能になった。ならば、後白河が父権に基づいて院政を敷くのが自然だ。そもそも公教は、後白河院政に敵意を抱くどころか院政の一員だったのだから、後白河が院政を再開するなら、するに任せればよい。経宗・惟方を失い、提唱者の公教も手を引けば、二条親政を本気で推進する有力廷臣は、もはやいない。

最も致命的だったのは、平清盛の動向だ。源義朝一家が消え、超有力な武士の権門として平家だけが残った段階で、経宗・惟方逮捕事件が起こった。それは、〈清盛の武力を味方にできた方が宮廷の政争に勝利する〉という不動の真理を証明した。双方に配慮して党派性を行動に示さなかった清盛は、この事件ではっきりと後白河院政の支持を表明した。

そればかりか清盛は、天皇の許可なく内裏に武士を突入させ、天皇の腹心（惟方）を天皇の眼前で捕縛し、死傷者を厭《いと》わず天皇の腹心（経宗）の捕縛をやり遂げるほど、思い切った手段を辞さない人物だと発覚した。武力ばかりか、これほどの胆力と行動力を持つ清盛を、二条は味方にできず、後白河が味方につけた。これが二条の最大の敗因だろう。二条は反撃の術を失い、以後の政治はしばらく、後白河の望むがままに動いた。後白河の完全勝利であり、最終勝利だった。

第一三章　乱の記念碑——新日吉・新熊野・法住寺殿

後白河の勝利宣言①——頼朝兄弟・師仲と経宗・惟方を一斉に流刑に

勝者となった後白河の行動は、矢継ぎ早だった。永暦元年（一一六〇）二月二〇日に経宗・惟方を逮捕させて二条親政の羽翼《うよく》を奪うと、二日後の二二日に自派を復権させた。まず信西の子らの流罪を赦免し、京都に召還した〔『公卿補任』〕。同じ日、前月に後白河のスパイと二条に疑われて罷免された葉室長方を、五位蔵人に復帰させた〔『職事補任』〕。今度こそ本当に長方に二条天皇の政務を牛耳らせて、天皇の動向を監視し、天皇政務を乗っ取るためなのは明白だ。

その四日後の二月二六日、後白河院は公卿を召集して、日吉社御幸《ひえしゃごこう》と熊野詣を行う意向を表明した。特に「熊野詣は二ヶ月後の四月に行う」と日程まで表明して、詳細を詰めさせた〔『百練抄』〕。六日前からの流れを考えれば、これも後白河の二条に対する一連の逆転劇の一部であることが明らかだ。この日吉社御幸と熊野詣の意味は、後で少し掘り下げたい。

二日後の二月二八日、経宗が権大納言を解官《げかん》され、惟方が参議・左兵衛督・検非違使別当を解官された。朝廷人事は、形式的には天皇の名で行う。二人の逮捕から解官までに要した八日間は、二条が抵抗し、後白河や世論の圧力に屈して諦めるまでに費やされた時間ではないか。

臨時の任官や解官は、天皇の宣旨《せんじ》で行う。その宣旨を天皇に代わって太政官の上卿《しょうけい》（当該案件の責任者となる公卿）に発令するのは、五位蔵人やその筆頭の蔵人頭《くろうどのとう》である。ならば、後白河が自派の葉室長方を五位蔵人として復帰させていたことは、大いに役立っただろう。

二人の流罪宣告は三月一一日で、解官からさらに一三日を要した。理由は、二人の流罪宣告が、源頼朝・希義兄弟や源師仲の流罪宣告と同時だったことから推察すべきだろう。

このうち源師仲は三条殿襲撃で現場におり、後白河を強制的に脱出させる罪を犯した。しかし、二条天皇脱出作戦の直後、神器の神鏡を保護する功績を挙げた。両方を天秤にかけた時、罪と功績のどちらがどれほど残るか。後白河一派はこれに悩み、それが師仲の処分決定を遅らせ、師仲を含む全員の処分の発表が三月一一日まで遅れる理由の一つとなった可能性が高い。

頼朝・希義兄弟の処遇も悩ましい。二月九日の頼朝の逮捕以来、池禅尼《いけのぜんに》や平重盛による助命運動があったが、わずか一一日後に後白河の逆襲で経宗・惟方が失脚し、二条親政は終わった。その結果、二条親政に投げかけられたこの難しい問題を、後白河院政が引き継がされた。

平治の乱の関係者処分は、いつ行われたか、つまり二条親政と後白河院政のどちらで行われたかで、内容も理由も変わる。後白河院政は、〈頼朝兄弟が後白河の朝廷に対してどれほどの罪を犯したか〉という尺度から、彼らの処遇問題を考え直さねばならなくなった。

頼朝兄弟は、三条殿襲撃事件で後白河の御所を襲った義朝の子であり、事件で従軍していたと思われ、後白河に対する罪は明らかだ。ただ、少年の彼らは父の命令に従っただけで、彼ら自身に犯意や悪意があったとは考えにくい。なおかつ、師仲と違い、彼らには罪と相殺できる功績がない。

一方、経宗・惟方の処分については、解官だけでも八日間も二条が抵抗したと考えられるのだから、さらに流刑に処するとなれば、二条の抵抗の激しさは容易に想像できる。

このように、異なる事情と情状酌量の余地がある三グループの罪人（師仲と、頼朝兄弟と、経宗・惟方）の量刑を、適切な重さと公平性を両立させて決めるのは、複雑なパズルだ。しかも、二条が経宗・惟方の減刑にこだわれば決定は遠のくし、二人の死罪を望む後白河の声があり、なおかつ前関白忠通が流罪への減刑を主張していて、落とし所を探るのは困難だった。彼らの量刑が決まらなければ、それとバランスを取るべき全体の量刑も決まらない。

そうした様々な主張・事情が交錯する量刑判断を一つの結論にまとめ上げる難解なパズルを解き終えるのは、一朝一夕には無理だ。後白河が実権を取り戻した二月二〇日から数えて、全員の処罰が発令されるまでに二一日間を要したのは、当然といえるだろう。

とはいえ、とりあえず結論を出しやすいものから出し、残りは後から考える、という選択肢もあったはずだ。しかし、後白河は全員まとめて刑を宣告することを選んだ。なぜか。

私が考えた限り、答えは一つしか思いあたらない。まとめて大々的に宣告すれば、〈平治の乱の関係者処分が完結した〉という印象を強められる。つまり〈後白河の勝利によって乱が終結した〉という強いメッセージをこめられる。すでに同じようなメッセージを二条が「永暦」改元で発していたが、改元は同じ年に二度できない。後白河は改元という技を使えないので、こうすることでしか、勝利宣言・平和到来宣言を出せなかったのではないか。

蓋を開けてみれば、〈全員遠流《おんる》〉という結論で決着した。惟方は即座に出家し、政界から完全に引退した。彼の刑期（六年以上）が経宗（二年以上）より格段に長く、後白河の怒りが特に強かったことを思えば、後白河が出家するよう圧力をかけた可能性が高い。つまり、出家して永久に政界復帰の望みを絶つことが、惟方を流刑で済ませる条件だった可能性が高い。

後白河の勝利宣言②――最終勝利をもたらした守護神日吉社への参詣

こうして、ようやく平治の乱は終わった。

その一四日後の三月二五日、後白河は比叡山延暦寺の麓にある日吉社に参詣した。ちょうど一ヶ月前にその意向を発表し、詳細を公卿たちに詰めさせていた計画だ。『百練抄』によれば、これは後白河が上皇となって初めての神社参詣だった。当時は原則として、大切なものほど先に来る。したがってこの参詣は、〈神々の中で日吉社（山王《さんのう》権現）を最も重視する〉というメッセージにほかならない。しかも後白河は、「（朝廷の守護神）石清《いわし》水《みず》八幡や（京都の守護神）賀茂社よりも、日吉社を優先する」と明言した（『百練抄』永暦元年二月二六日条）。

この特別扱いの理由も、『百練抄』に明記されている。「平治の逆乱の時、別《べつ》して御願《ごがん》有るの故なり（平治の乱の間、特別に祈願して加護を願ったから）」と。その日吉社に真っ先に参詣したのは、〈祈願に応えて自分への加護が果たされた〉と信じた後白河による報賽《ほうさい》（御礼参り）だ。それは、〈平治の乱で自分を護《まも》るという日吉社の仕事は終わった〉ことを意味する。ならば、この日吉社参詣もまた、〈平治の乱は終わった〉という戦争終結宣言であり、後白河の勝利宣言にほかならない。また、経宗・惟方らを含む罪人の処断が決まった直後にスケジュールに上った点でも、この日吉社参詣は戦後処理の一部に間違いない。

この事実は、後白河にとって、二条派失脚事件までが平治の乱だったことを意味する。それは、京都合戦の戦後処理の直後に「永暦」改元で勝利宣言を行い、京都合戦までを平治の乱と捉えていた二条と、全く異なる認識だ。二条が試合終了の笛（改元）を吹いても、後白河は〈まだ試合は終わっていない〉と抵抗を続け、ついに自分の勝利で終わらせたのである。

その日吉社参詣は、翌四月の熊野詣と同時に企画された。しかし、実際に後白河が熊野詣を行ったのは一〇月二三日で（『百練抄』）、熊野詣の方は延期されたらしい。それらが企画された日、後白河が公卿に「四月に熊野詣を行うのは避けるべきか」と諮問《しもん》しているので（『百練抄』）、最終的に「避けるべきだ」と結論されたのだろう。四月には、平野《ひらの》祭・松尾《まつのお》祭・梅宮《うめのみや》祭・賀茂祭などの恒例の祭礼があるが、いずれも行われた記録がない。何か上皇・天皇の身辺に、祭祀を忌ませる不慮の出来事があった可能性があるが、真相はわからない。

乱の戦勝記念碑①――新日吉社・新熊野社

平治の乱で後白河を護り、最終勝利に導いた日吉社への参詣と同時に、熊野詣もセットで企画された。それは、〈熊野社にも同じ功績がある〉と後白河が認識していた証拠である。

そう認識した理由は明白だ。三条殿襲撃で片づくかに見えた平治の乱の風向きを変えたのは、平清盛の帰京だった。その清盛は三条殿襲撃の時、熊野詣の途上だった。清盛が無事に帰京できたのは、紀伊の有力武士の湯浅氏が軍勢を提供すると同時に、清盛一行が丸腰で帰京せずに済むよう、熊野別当湛快が武具一式を即座に提供したからだ。熊野別当は熊野社の元締めなので、清盛は熊野社の加護で帰京を果たしたに等しい。それが二条天皇の大内脱出の成功と京都合戦の勝利へとつながり、ついには院政も再開させる後白河の最終勝利をもたらしたのだ。しかも、清盛の隊は京都へ帰ったが、別行動の使者に熊野まで到達させ、熊野社に代参させた。

明らかに戦勝祈願であり、実際の戦勝によって熊野社の加護は証明された。

このように、信仰ある者から見れば疑いなく、清盛に対する熊野社の加護こそが、平治の乱での最大の勝因の一つだ。後白河は、個人的理由で信仰していた日吉社と、この熊野社の功績を、平治の乱で後白河自身と朝廷を守り抜いた最大の功労者（功労神）と認めたのである。

その二社への特別な信仰心・謝意は、一度の日吉社参詣で終わらなかった。というよりも、何らかの事情で熊野詣を延期されたことが、大いに後白河を悔やませたに違いない。後白河は、京都近傍でいつでもこの二社に参詣し、絶え間なく謝意を伝えられるよう、この二社の分社を鴨川の東岸に建立しようと決意した。新日吉《いまひえ》社と新熊野《いまぐまの》社である。

新日吉社の着工は、永暦元年（一一六〇）七月二二日だった（『延暦寺文書』）。新熊野社の着工時期は記録にないが、ほぼ同時と見てよい。日吉社に参詣して勝利宣言した三月下旬から、わずか四ヶ月後だ。そして、三ヶ月に満たない短い工期で、一〇月一六日に新日吉社・新熊野社は完成し、神体を納める遷宮《せんぐう》の儀が執り行われた（『百練抄』『師光年中行事』『延暦寺文書』）。

新日吉社を建立したのは、後白河の叔父の最雲《さいうん》法親王である。彼は天台座主《てんだいざす》、つまり日吉社を管理する延暦寺の元締めで、なおかつ王家を代表して建立を果たした。一方、新熊野社を建立したのは熊野別当ではなく、平清盛だった（『延暦寺文書』）。清盛は、平治の乱で熊野社が与えた絶大な加護への感謝を、新熊野社の建立という形で表したのである。今、南北に走る東《ひがし》大路《おおじ》が、東西に走るＪＲ線と交差する地点より南、泉涌寺《せんにゅうじ》より北にある「今熊野《いまぐまの》」のバス停と、その付近の新熊野神社、そのすぐ北東にある今熊野日吉町《いまぐまのひよしちょう》という町名、そのすぐ北にある新日吉《いまひえ》神宮は、その故地だ（一四頁図3参照）。

この新日吉社・新熊野社は、平治の乱の勝利をもたらした神々に対する報謝として建立された。ならば、それらは平治の乱の勝利を物理的に誇示する記念碑《モニユメント》に等しい。

乱の戦勝記念碑②――上皇御所「法住寺殿」

後白河は、もう一つ記念碑を建てた。新日吉社・新熊野社が完成した半年後の応保元年（一一六一）四月、新日吉社の西、新熊野社の北に隣接する区域に、新たな御所「法住寺殿《ほうじゅうじどの》」を築いたのだ（一四頁図3参照）。「法住寺」は昔あった寺の名で、当時すでに廃寺だったが、一帯の地名と化していた。

その御所の地には、後白河が最も信愛した乳母《めのと》藤原朝子（紀伊二位《きのにい》）の仏堂があり、南西に隣接して最も信任した乳父《めのと》信西の仏堂があり、敷地全体が信西の土地だった『兵範記』保元三年一〇月二三日条）。三条殿襲撃の余波で焼き払われて空き地になったのを奇貨として、後白河は、最も愛すべき乳母夫婦の故地を、終《つい》の棲家《すみか》に決めたのである。

後白河はその法住寺殿で、残りの人生の大半を過ごした。平家の台頭や清盛のクーデターをここで体験し、源平合戦中の寿永二年（一一八三）、法住寺合戦で木曾義仲に焼き払われるまでここで院政を敷いて、鎌倉幕府の成立に至る激動の転換期を見届けた。

その法住寺殿の建設が始まった時期は不明だが、完成した応保元年（一一六一）四月の約九ヶ月前に、新日吉社・新熊野社の建設が始まっている。九ヶ月は、当時の院御所など大規模土木工事の平均的な工期と近い。二社との地理的な一体性から見ても、法住寺殿は、新日吉社・新熊野社とほぼ同時に着工されたと推定できる。法住寺殿は新日吉社・新熊野社と三位一体で、平治の乱の勝利を誇示する記念碑の意味を込めて造営されたのだろう。

その法住寺殿の北隣には、平家の広大な六波羅亭がある。南北に支え合うかのように隣り合う法住寺殿と六波羅亭は、後白河と清盛が支え合う体制を物理的に可視化している。それは、平治の乱の最終勝者となったペアであり、治承三年（一一七九）の清盛のクーデターで二人が決裂するまで、二人三脚で朝廷を主導したペアにほかならない。その意味で法住寺殿は、平治の乱の最終勝利を清盛とともに勝ち取ったことを誇示する記念碑であるといえるだろう。

源光保の誅殺——後白河の復讐と平家勢力圏「川尻」

平治の乱には、実はまだ後始末が残っていた。後白河の日吉社参詣から三ヶ月近く後の六月一四日、源光保が「謀反《むほん》の聞《きこえ》（謀反計画の発覚）」で逮捕され、薩摩に遠流されたのだ（『百練抄』）。『今鏡』（三―すべらぎの下―ひなのわかれ）によれば、子の光宗も共犯として流された。また、赦免された時の記録により、光保に縁坐《えんざ》して源光長・源光綱も流されたことがわかる（国立歴史民俗博物館田中穣氏旧蔵本『山槐記』応保二年三月一〇日条）。二人とも光保の甥（光長は兄光信の子、光綱は兄光成の子）である。

奇妙にも、その前後に反逆の形跡や前兆は見あたらず、どの記録にも「謀反」計画の詳細や動機が書かれていない。では、彼らはなぜ、どのような「謀反」の疑いで処罰されたのか。

これについては、この頃の源光保一家の動向を詳しく調べた須藤聡《すどうさとし》氏が、いくつも重要な指摘をしている〔須藤94〕。光保一家が、二条天皇と個人的に密着した強力な軍事力であったこと。経宗・惟方の失脚によって柱石を失った二条親政派にとって、最後の頼みの綱であったこと。義朝が滅亡した当時、二条の推挽によって清盛に伍《ご》する対抗勢力となり得る最後の武士団だったこと。追い詰められた彼らが（二条の意思かは別として）暴発して軍事クーデターに訴える可能性があったこと、などである。

光保は、三条殿襲撃の直後、率先して信西を追跡し、信西の遺骸から首を切り取って「イミジガホ（得意満面）」で持ち帰った。その行動は、乳母の父という近臣筆頭格として、二条への個人的な奉仕として行われたものだ。〈二条と後白河の抗争〉を本質とする平治の乱で、熱心に二条に肩入れした光保は後白河の敵であり、そして光保の流刑宣告は、乱が後白河の完全勝利に終わった永暦元年二月の、四ヶ月後だった。光保親子の流刑は、平治の乱で彼らが二条一派として振る舞ったツケを、最終勝者の後白河が払わせたものと考えるのが、確かに自然だ。

光保親子に対する後白河の憎悪は凄まじい。『今鏡』は「はてはいかになりにけるとかや（最終的に二人はどうなったのだっけ）」と口を濁す。物語の雰囲気を台なしにする凄惨な結末だったからだ。光保は流される道中の「川尻《かわじり》」で誅殺《ちゅうさつ》され、光宗も自害したと、後世の史料が異口同音に伝えている（『尊卑分脈』、『源平盛衰記』二―基盛打殿下御随身附主上上皇除目相違事）。

この光保誅殺で、罪名勘申《ざいめいかんしん》（明法家《みょうぼうか》による、律に基づく罪状と罰の提案）が省かれたという重要な事実も、須藤氏は指摘した（『山槐記』安元元年八月二四日条）。これは、二条親政派や光保一家に対して後白河・清盛側が強い脅威を感じ、排除を急いだ結果であるという。そうした面は、確かにあっただろう。しかし、後白河の強い憎悪は、それだけで説明できるだろうか。

法的手続きでいえば、罪名勘申が省かれたのは、即時の誅殺という結果と総合すると、追討命令（恐らく追討宣旨）が出されたことを意味する。正規の手続きが省かれたのではなく、「謀反」の露顕という緊急事態に対する、正規の非常措置である。したがって問題は、その「謀反」は何であった（と後白河側が主張した）か、にある。『源平盛衰記』には「上皇を危《あや》ぶめ奉《たてまつ》らんと謀由聞《はかるよしきこ》えければ（後白河院に叛《そむ》く意図を持ったという情報が流れたので）」とあるが、実情はどうだったか。その観点から、事件を見直そう。

図20　川尻・大輪田泊と京都の位置関係（国土地理院陰影起伏図を加工）

光保が殺された「川尻（河尻）」は淀川の支流神崎《かんざき》川の河口付近に設けられた泊《とまり》（港）で（図20参照。現兵庫県尼崎市）、山陽道と南海道が分岐する江口（現大阪市東淀川区）に近い要衝である（『平安時代史事典』「江口」「河尻」）。京都から西国に下る者が、本格的に瀬戸内海へ漕ぎ出す場所であり、その意味では京都への出入口といえた。

そこに到達した時、光保親子は命を奪われた。わざわざ西国に連行して生かしておくつもりは、最初からなかったのである。なお、縁坐で流刑に処された光長・光綱は二年後に赦免されており、この時に誅殺されていない。本当に縁坐にすぎず、彼らに罪はなかったということだ。

この川尻から西へ一日進むと大輪田泊《おおわだのとまり》に着く（三善清行『意見十二箇条』）。平清盛が修築したことで有名な港であり（『玉葉』治承四年二月二〇日条）、二〇年後の治承四年（一一八〇）に以仁《もちひと》王の乱で京都が脅かされ、いわゆる〝福原遷都〟を清盛が断行した際には、一時、この地に「和田（輪田）の京」を造ることが候補になったほど（『玉葉』同年六月一五日条）、清盛の勢力が強い地だった。それに隣接する川尻も、清盛の勢力圏だった可能性が高い。送り先の薩摩が、ちょうど一ヶ月前に平家によって平定された土地であることを考慮しても、光保親子の護送は平家が担ったと見て間違いない。後白河が清盛に命じて、護送の道中で殺させる計画だったのであり、殺意を抑えられない後白河が、流刑に見せかけて京都を出してから殺させたのだった。

朝廷は保元の乱で死刑を復活させたが、それは実際に反乱軍として戦った者たちに対する刑だ。平治の乱における信頼も同様である。この頃のそうした法運用とのバランスを考えると、光保も、謀反の企みではなく、すでに起こした謀反を理由として殺されたと考えるべきだ。すると、そこでいう「謀反」の内実が見えてくる。

股肱信西の遺体を辱めた光保を後白河は許さず

光保は後白河にとって、憎むべき罪を犯した者たちのうち、最後の生き残りだ。

三条殿襲撃で後白河の拉致を実際に担った武士は、源重成・源光基・源季実の三人である。このうち季実は京都合戦で官軍に敵視され、自宅を焼かれ（『百練抄』仁安元年二月二六日条）、合戦の四日後の平治元年（一一五九）一二月三〇日に、子の季盛とともに斬首された（『尊卑分脈』〕。重成も官軍に敵視され、義朝と東へ逃れ、本拠地の美濃に帰ったところで落武者狩りに遭い、養子（弟）の時成《ときなり》とともに殺された〔『尊卑分脈』、『続群書類従』系図部所収『和田系図』〕。

光基の動向は伝わらないが、京都合戦の恩賞で平清盛の弟経盛が伊賀守になったことが〔『公卿補任』嘉応二年条〕、ヒントになる。同じ日に異母弟の教盛が任官した越中守は、信頼一派として解官された藤原光隆《みつたか》の後任だった〔『公卿補任』永暦元年条〕。ならば、経盛が任官した伊賀守も、信頼一派の誰かが解官された官だった可能性が高い。そして源光基の官歴は、伊賀守が到達点だった〔『尊卑分脈』〕。すると、京都合戦で光基が賊軍として伊賀守を解官され、官軍の経盛が後任になった、という筋書きが最もありそうだ〔古澤13―一九三頁〕。

なお、叔父の光保も、乱中には出雲守だったが、誅殺された時には「前出雲守《さきの》」だった〔『百練抄』〕。光保も、乱の前半の行動が罪とされて出雲守を解官されていたのだろう。

こうして三条殿襲撃に参加した武士のうち、重成・光基・季実の三人とも義朝の一味と見なされ、光基以外の二人は賊として殺された。彼らは皆、皇太子時代に一家が奉仕した縁で二条と親しく、二条のために、二条を信じて危ない橋を渡った。しかし二条は保身のために、信頼・義朝もろとも彼らを捨てた。二条という天皇の辞書に、〝信義〟の二文字はない。

その中で、光保一家だけが生き残った。二条は、大切な乳母とその一家だけは守りたいと免罪を押し通し、京都合戦の時に、安全な六波羅亭に迎え入れて保護したのではないか。

三条殿を襲った実行犯たちのうち、重成・季実は報いを受けて滅んだが、光保一家はのうのうと生きていた。しかも、光保には最も許しがたい罪があった。後白河の股肱《ここう》だった信西の墓を暴き、遺骸を掘り起こして首を切り、晒しものにする恥辱を与えたのだ。後白河は怒り心頭に発し、復讐を決意し、この六月段階でそれを実行可能と踏んで、清盛に殺させた。光保誅殺の理由となった罪状は、追い詰められた二条親政派の反乱未遂ではなく、三条殿襲撃で上皇に敵対し、上皇の執権たる信西を死に追いやった、という、すでに果たされた「謀反」と考えるのが自然だ。その処刑が乱の最後の戦後処理（三月一一日の経宗・惟方・師仲・頼朝・希義の流刑）から三ヶ月も後であるのは、経宗・惟方の逮捕で二条派全体への後白河の攻撃が始まったと察した光保・光宗親子らが逃亡し、捜索と発見・逮捕までに時間を要したからではないか。

後白河に対して目に余る敵対行為に及んだ二条の近臣筆頭格を、後白河が清盛に逮捕・殺害させようとした、という構図は、二条派失脚事件と全く同じである。ならばこの事件も、平治の乱が後白河の最終勝利に帰するプロセスの、総仕上げの一部だったと見なした方がよい。

清盛の参議昇進——平治の乱の真の主役への報賞

ここで、またしても清盛がキーパーソンになる。前述の通り、平治の乱を顧みれば、三条殿襲撃も、二条天皇脱出作戦も、京都合戦も、二条派失脚事件も、すべて清盛の動向が事態を決定した。それを清盛の視点から見れば、源義朝一家を没落させ、最強の武士権門として不動の地位を確立した。また、本書では詳しく触れないが、地方ではこの頃、九州全域の実効支配を成し遂げ、それを合法化して全武士に号令する制度的肩書きまで手に入れた。

平治の乱が、後白河の勝利に帰した二条との相剋だったことは、日本史全体に対するマクロ的意義としては、実は小さい。最も重要なのは、戦後の残党狩りも含めた乱の全段階で、清盛が決定力を持ったことだ。平治の乱の根本は、鳥羽院・美福門院・後白河院・二条天皇という、我執に取り憑かれた王家の、矮小《わいしょう》な家庭内紛争にすぎない。王家はそれを清盛なくして処理できず、皇位継承問題という最重要問題は清盛の動向で決まり、九州をはじめとする西国の治安は清盛の尽力なくして保てない。日本史上における平治の乱の意義は、〈清盛が日本国という国家を支える柱石であり、今後もそうであり続ける〉と証明したことにある。その意味で、平治の乱の真の主役は、黒幕だった二条ではなく、清盛だ。その証拠に、治承五年（一一八一）に清盛が病没した時、九条兼実は清盛の人生をこう総括している〔『玉葉』治承五年閏二月五日条〕。

准三宮《じゅさんぐう》入道前太政《さきのだいじょう》大臣清盛〈法名静海《ほうみょうじょうかい》〉は、累葉《るいよう》の武士の家に生《うま》れ、勇名 世を被《おお》ひ、平治の乱逆以後、天下の権 偏《ひとえ》に彼《か》の私門《しもん》に在《あ》り。

清盛は代々続く武士の家に生まれ、勇敢さを讃える名声は世間に満ちた。重要なのはそれに続く後半の、「平治の乱以後、天下を動かす権勢は清盛一家に独占された」という記述だ。

清盛はこの後、太政大臣にまで上りつめる大出世を果たすが、それは平治の乱が終わってから七年も後の仁安二年（一一六七）のことだ。清盛はまた、娘の徳子《のりこ》を高倉天皇に嫁がせ、その間に生まれた言仁《ときひと》親王（安徳）を天皇として、武士として初めて天皇の外祖父となったが、徳子の入内《じゅだい》は承安元年（一一七一）、安徳の誕生は治承二年（一一七八）、皇位継承は治承四年で、平治の乱の終結から一〇～二〇年も先である。「天下を動かす権勢は清盛一家に独占された」という表現にふさわしい清盛一家の権勢は、その最盛期を指すと思うのが普通だろう。

しかし、乱の終結時に一二歳で、清盛の全盛期までに青年・壮年期を過ごした兼実は、それを「平治の乱以後」と証言した。平治の乱は、清盛全盛期の遠因ではなく、起点だったのだ。

その証拠は、清盛の経歴にもある。永暦元年（一一六〇）八月一一日、清盛は参議に昇った。武士が初めて公卿になった常識破りの達成であり、古代・中世を通じて、史上最も注目すべき出来事の一つだ。その壮挙がなされたわずか二日前の八月九日に、新日吉社と新熊野社の上棟《じょうとう》が行われていた（『延暦寺文書』）。上棟は、柱を建てて梁《はり》で結び、屋根の最上部の棟木《むなぎ》を載せ、骨格が出現して初めて建物の形を成す祝いごとである。それは基幹部分の完成であり、本質の確立だった。そうして確立された新熊野社は、清盛が平治の乱の勝利を熊野権現に感謝して設けた記念碑である。つまり、平治の乱の戦勝記念碑が確立すると同時に、清盛は参議になった。

武士として未曾有の公卿昇進は、間違いなく、平治の乱での未曾有の働きへの報賞だ。

その参議就任は、院近臣にありがちな、院がお気に入りに花を持たせてやる、という人生のゴールではなかった。それはスタートにすぎず、一年後の応保元年（一一六一）に権中納言、四年後の永万元年（一一六五）に権大納言、その一年後の仁安元年（一一六六）に内大臣となり、さらに一年後の仁安二年に従一位・太政大臣となって位人臣を極めた。その間、わずか七年。前著『「京都」の誕生』で指摘した通り、それは摂関家を超える速さだ。しかも、右大臣・左大臣を飛ばして内大臣から太政大臣に昇ったのは、過去には天皇の皇子だけ、それも皇太子レベルだけだった（天智《てんじ》天皇の皇太子の大友皇子《おおとものみこ》と、天武《てんむ》天皇の皇子で持統朝の皇太子扱いだった高市皇子《たけちのみこ》）。それは〈清盛が白河院の落胤《らくいん》だ〉という噂が真実と信じられたことの動かぬ証拠だが、今、重要なのは、この太政大臣に至る驚異的出世の起点が、平治の乱の恩賞としての参議昇進だったことだ。兼実が「平治の乱を機に天下の権柄《けんぺい》を清盛が握った」という趣旨を述べたのは、そういう意味である。

乱の終幕——三条公教の死、二条の朝覲行幸、美福門院の死

そうして清盛の権柄掌握が始まる参議昇進の前後に、時代は大きく動いていた。まず、一ヶ月前の七月九日に、内大臣の三条公教が五八歳で病没した。三条殿襲撃で後白河院政が致命傷

を負った後、経宗・惟方を主軸とする二条親政への移行によって朝廷の再起動をすぐさま計画し、二条天皇脱出作戦とそれに伴う京都合戦を立案・準備・遂行するという、並外れた指導力と行動力を発揮して平治の乱の中盤を形作ったフィクサーが、世を去ったのである。それは、二条の手先として最後に消された源光保の誅殺の一ヶ月後だった。その事件と合わせて、公教の死は、二条親政の推進という茶番劇を演じた演者の完全消滅といえる出来事だった。

その三ヶ月後の一〇月一〇日、乱が本当に終わる決定的な出来事があった。二条が後白河院に朝覲《ちょうきん》行幸したのだ（『朝覲行幸部類』）。朝覲行幸は、天皇が父母を訪ねてご機嫌伺いをする行事で、息子たる天皇が孝心を発露する、という形で親子円満をアピールする儀礼である。平治の乱で、暴力の応酬という過激な形で対立した後白河と二条が、これで最終的に和睦した。そう天下に公示されたのだ。乱は後白河の勝利に終わったのだから、これは二条の降参に等しい。

そして、そのわずか六日後に、後白河と清盛の戦勝記念碑である新日吉社・新熊野社に神体を納める遷宮《せんぐう》、つまり落成式典が行われた。これらは間違いなく、一つの出来事だ。それは後白河の勝利宣言と二条の敗北宣言による、内戦の終結宣言なのであり、手打ち式なのだった。

これは、美福門院の完全敗北に等しい。二条の次の皇位を、二条の子が継承できる可能性は低くなった。美福門院の血を引く皇子に皇位を継がせるために二条に嫁がせた娘の姝子《よしこ》は、愛する多子《まさるこ》一筋の二条に冷遇されて実家に出戻り、病に伏し、出家してしまい、皇子を儲ける可能性がゼロになった。愛息近衛天皇の死を埋め合わせるべく無理を重ねてきた美福門院の画策は、水泡に帰したのだ。

それを痛感させる二条の敗北宣言（朝覲行幸）の衝撃が、彼女の気力を奪った可能性がある。一ヶ月後の一一月二三日、美福門院は四四歳で病死した。憤死といっていいかもしれない。彼女は、鳥羽院の寵愛に依存し、愛息の近衛天皇の死を頼長の呪詛《じゅそ》のせいにして保元の乱の原因を作るなど、朝廷に大混乱をもたらした。そして、養子の二条を正統な皇位継承者にしたい妄執から、中継ぎの後白河と二条の軋轢《あつれき》を招き、二人が衝突する平治の乱の遠因を作った。その朝廷屈指のトラブルメーカーが世を去ったのは、朝廷にとっては明らかに安心材料だった。

第一四章　孤立する二条の死と平清盛の覇権

応保元年八月まで——後白河・二条・摂関家の共同政務

後白河と二条の関係は、手打ち式（朝覲行幸《ちょうきん》）の後、外見上は極めて円満になった。『愚管抄』には「サテコソ平治元年ヨリ応保二年マデ三四年ガ程ハ、院・内《うち》、中シ合《あわせ》ツ、同ジ御心ニテイミジク有《あり》ケル程ニ……」とある。乱から応保二年（一一六二）までの足かけ三～四年間、後白河と二条は円満に対話し、心を一つにして立派な政務運営を実現させたという。

この体制を詳細に調べ上げた佐伯智広《さえきともひろ》氏によれば、持ち込まれる政務案件は、後白河・二条・前関白忠通・関白基実の審議で処理された。若年の基実は形だけで、あまり会議にも呼ばれないが、老練の忠通が摂関家を代表して舵取りした。そして何かと後白河は「天皇の判断を仰げ」、二条は「院の判断を仰げ」といい、投げられた方は「忠通に計らわせよ」といって譲り合った［佐伯04—一一九～一二三頁］。天皇・摂関が院政と、理想的に融和した政治体制だった。

この体制では、具体的な政策決定の大部分を忠通が担った〔佐伯04―一一九頁、一二三頁〕。信西主導の院政や、経宗・惟方主導の親政など、執権に依存した政務しか経験がない後白河と二条は、有力な執権を失った今、本来それを職務とした摂関家の経験・判断力を活用するしかなかった。ここにきて、信西に奪われた政治的存在感を、摂関家は大いに回復させたのだった。

永暦二年(一一六一)正月二七日、二条は再び後白河に朝覲行幸を行い、蜜月関係をアピールした〔『朝覲行幸部類』〕。それを挟んで、円満な政治体制が永暦元年(一一六〇)から翌応保元年(九月四日に「応保」と改元)八〜九月まで続いた。

応保元年九月――憲仁立太子の陰謀事件で後白河なき二条親政に

ところが、佐伯氏によれば、応保元年九月から全く様相が変わる。あらゆる政務が二条と忠通の対話だけで処理され、後白河の関与が一切消失したのだ〔佐伯04―一二四〜一二七頁〕。この時をもって、朝廷政務から後白河が排除され、完全な二条親政に移行した。

演じてきた親子の蜜月関係を壊し、二条の心を硬直させた原因は明らかだ。その九月の三日に、上西門院の女房だった平滋子《しげこ》が、後白河の男子憲仁《のりひと》、後の高倉天皇を産んだのである。生母の滋子は、平清盛の正室時子《ときこ》の妹だ。憲仁は、清盛の強大な権勢に支援されて、次代天皇の地位を、未だ男子に恵まれない二条の皇統から奪い去る可能性が高かった。憲仁の誕生直後に、滋子の兄時忠《ときただ》が「ユ、シキ過言《かごん》（捨て置きならない暴言）」を吐いたと告発された（『愚管抄』）。「この憲仁が次の天皇で、自分は伯父として天皇外戚となる」という類の発言だろう。

猜疑心に翻弄され、後先考えずに激発する二条の悪癖は、すぐ発揮された。憲仁の誕生からわずか一二日後の九月一五日、「憲仁を皇太子に立てる陰謀を企てた」という理由で、清盛の異母弟教盛の左馬権頭《さまのごんのかみ》・常陸介《ひたちのすけ》を剝奪し、平時忠の右少弁《うしょうべん》・右衛門権佐《うえもんのごんのすけ》を剝奪したのだ（『山槐記』『弁官補任』）。さらに二ヶ月後の一一月二九日、六人の官を剝奪した。坊門《ぼうもん》（藤原）信隆《のぶたか》の右馬頭、藤原成親の右中将、徳大寺（藤原）実家《さねいえ》の右少将《うしょうしょう》・能登守《のとのかみ》、卜部基仲《うらべのもとなか》の美濃守・主水正《もいとりのかみ》、藤原為行《ためゆき》の飛驒守《ひだのかみ》、藤原範忠《のりただ》の内匠頭《たくみのかみ》である（『山槐記』）。彼らは全員、後白河のお気に入りの近臣だった（ちなみに範忠は、源義朝の妻の兄弟で、源頼朝の母方のおじである）。

清盛、憲仁の後ろ盾として摂関家の庶子並みの権中納言に

陰謀が本当に実在したかどうかは不明だ。ただ、猜疑心に取り憑かれた二条が、〈後白河院の周辺で憲仁を次の天皇にする陰謀が早くも進んでいる〉と信じ込んだことは間違いない。

この事件の焦点には、実は清盛がいた。九月一三日、参議だった平清盛が権中納言に昇進していた。その清盛の妻の兄時忠と、清盛の弟教盛が解官《げかん》されたのは、そのわずか二日後だ。しかも、二ヶ月後に解官された人々のうち、坊門信隆は清盛の婿、藤原成親は重盛の妻の兄だっ

た。平家やその所縁の人々が大量に解官された事件と、清盛の権中納言昇進が、無関係とは考えがたい。

武士が参議になったこと自体が驚天動地だったが、わずか一年でその人物が権中納言に昇進したことは、もはや理解不能な異常事態といっていい。この頃の摂関家の家督は参議にならないので比較できないが、摂関家に次ぐ家格（後世に「清華《せいが》」家となる徳大寺家・三条家や花山院《かざんのいん》家など）でさえ、参議から権中納言に昇進するのに平均して三年ほどを要している。一年で参議から権中納言昇進を果たした類例を探すと、かつての関白師実《もろざね》の次男家忠《いえただ》くらいしかいない。清盛は、何と摂関家の庶子並みの待遇を与えられたのである。

この破格の待遇を清盛が得たのは、憲仁誕生の一〇日後だ。その二日後に、時忠と教盛が解官された。すべて憲仁誕生に端を発する一つの事件に違いなく、次の筋書きを想定できる。

憲仁が生まれるや否や、後白河は次の天皇を彼に決めた。ならば憲仁に強力な後ろ盾が要る。伯父（母の姉の夫）で、最大の実力者で、平治の乱から後白河院政派だった清盛が、最もふさわしい。後白河はその役割に相応の待遇として、摂関家の庶子並みに権中納言に昇進させた。これによって、後白河の強い意志と、それが清盛によって果たされることを確信した時忠や教盛は、その見通しと、それがもたらす外戚としての栄華を口走った。二条は、天皇が関知しないところで皇太子を決める動向に激怒し、彼ら一派を解官した。そういうことだろう。

応保二年三月——二条、大量の流人赦免に混ぜて経宗を召還

かくして、平治の乱ですぐ挫折した一度目に続く二度目の二条親政が、後白河を排除した過激な形でこの応保元年（一一六一）九月に始まった。それは、同じ月の憲仁誕生を機に後白河周辺の悪意が一挙に自分に向けられたと信じた二条の、平常心を失った反応といえるだろう。

翌応保二年の三月七日、大炊御門経宗が赦免《しやめん》されて、阿波から呼び戻された〔歴博田中本『山槐記』〕。二条親政派を潰すため平治の乱で阿波に流された経宗は、再び親政に邁進《まいしん》する二条にとって、執権候補として取り替えがきかない腹心だった。

興味深いことに、この時、蔵人が二条の命令を受けて、後白河の御所と清盛の家を訪問している〔歴博田中本『山槐記』三月七日条〕。詳細は不明だが、赦免決定の事後通告なら公式な布告でよく、清盛にわざわざ個別に通告する義理もない。この蔵人は、後白河・清盛から経宗赦免の了解を事前に得るための使者だろう。なぜ、政務処理が完全な二条親政になっても、流人の赦免に二人の同意が必要なのか。それは、後白河の政務からの撤退が、二条の強要ではなく、二条の怒りを宥《なだ》めるための後白河の自発的行為だった、ということを示している可能性が高い。

経宗が赦免されたわずか三日後の三月一〇日、大量の流人が赦免された。保元の乱で崇徳陣営にあって流された藤原教長《のりなが》ら七人、興福寺と争って流された六人、そして永暦元年（一一六

○）に謀反の疑いで誅殺された源光保の縁坐二人で、合計一五人にも及ぶ〔歴博田中本『山槐記』〕。明らかに経宗の赦免と連動しており、先に単独で決定した経宗の赦免の影響に違いない。

追加で赦免された一五人のうち、興福寺の訴えで流された者たちは後白河と無関係で、保元の乱の崇徳陣営と源光保の関係者は後白河の敵なので、彼らの赦免は後白河の利益にならない。そして清盛は、個人的にどの流刑・流人とも直接の利害関係にない。したがって一五人の後づけの赦免は、二条の意向だろう。二条は、経宗の赦免に後白河・清盛をはじめとする世論の共感を得にくいと感じ、次の筋書きを用意したのだろう。〈昨今の謀反の罪で流された者たちのうち、絶対に許せない者以外は全員許そう。経宗もその風潮の中で許したことにしよう〉と。

その強引な恩赦の流れの中でも、源頼朝兄弟と葉室惟方・源師仲らは赦免されなかった（ちなみに崇徳院も赦免から漏れた）。惟方の赦免には、後白河が猛反対した可能性が高い。経宗と違って惟方は、平治の乱前に院近臣として後白河との関係が濃密すぎ、背信に対する後白河の憤りが深かったと考えられる。かつて信頼を溺愛した後白河が、乱後は一転、信頼の息子まで執念深く処罰しようとしたのと同じ構図である。

頼朝兄弟は、後に惟方・師仲が赦免されても赦免されず、治承四年（一一八〇）に清盛から討手《うって》を差し向けられるまで、二〇年も流刑に服した。もし二人に、挙兵と清盛討伐を促す以仁《もちひと》王の令旨《りょうじ》が送られなければ、つまり平家が二人の討伐を決意する理由がなければ、刑期はさらに長引いたはずだ。流刑の刑期としては異常な長さであり、流刑地で死ぬまで飼い殺しにしておく計画だった可能性が高い。後白河には、そこまで彼らを追い込む動機があったとは考えにくいので、これは、池禅尼《いけのぜんに》・重盛らによる助命嘆願によって死刑免除で押し切られてしまった清盛の反撃だろう。清盛は、それほどの抑圧を当然と考えていた以上、この恩赦のばらまきに頼朝兄弟を含めることには強く反対したのだろう。

こうして赦免された経宗は、京都に戻ったが、官職に就かなかった。経宗の存在価値は、公《く》事《じ》（朝廷行事）の運営に練達した〝よき上達部《かんだちめ》（素晴らしい公卿）〟だった点にあり、彼を権大納言に復帰させて執政させなければ、召還した意味がほとんどない。後白河が反対した可能性もあるが、後に葉室光頼《みつより》が同じ立場を忌避して出家した事実（後述）を参考にすると、経宗自身の意思だった可能性の方が高い。二条がまだ完全に勝利していない現状で二条親政に参画すれば、平治の乱のように後白河が逆襲に出た場合、復帰不可能なダメージを受けかねず、リスクが高すぎた。

清盛、二条親政に反対しつつ激発を防ぐため双方に奉仕

経宗の懸念には、十分な理由がある。前述の通り、『愚管抄』によれば、当時、清盛を含む誰もが、「後白河院が健在なのに、天皇が親政を強行するのはいかがなものか」と心の中で非

難していた。しかし、『愚管抄』は続けて、「清盛ハヨク、、（ヨク）ツ、シ（慎）ミテ、イミジクハカラ（計）イテ、アナタコナタシケルニコソ」とも伝える。朝廷の安定を優先した清盛は、その心情を決して口に出さず、院と天皇が争わないよう算段した。清盛が贔屓《ひいき》した方が勝つので、贔屓する素振りを見せれば人はそちら側に阿諛追従《あゆついしょう》し、図に乗って他方を軽《かろ》んじ、挑発し、それが必ずや無益な激発を招く。清盛はそれを防ぐべく、一方に肩入れする振る舞いを慎んだ。そのために「アナタコナタ（あちらとこちら）」、つまり二条と後白河の両方に等しく仕えたのだ。

さらに『愚管抄』によれば、二条は（忠通に補佐させつつ）完全に政務を自専し、信西が国力を総動員して用意した大内を捨て、押小路《おしのこうじ》東洞院《ひんがしのとういん》に内裏を新しく構えた（一四頁図3参照）。これは、信西が主導した後白河院政への嫌悪感の発露だった可能性があるだろう。

猜疑心とネガティブ思考に支配されやすく、感情の爆発をコントロールできない二条の心を平安に保つべく、清盛は熱心に二条に奉仕した。押小路東洞院の内裏の周囲に、一族や家人《けにん》らの「宿直所《とのいどころ》（業務の詰所）」をいくつも設け、昼夜を問わず彼らを二条の身辺に侍《はべ》らせ、〈清盛は二条を全力で大切に守る〉と表明し続けたのだ。これが、政治家清盛の卓越した才能だった。白河院の落胤と信じられただけでなく、この〝気配り力〟があってこそ、清盛は誰にも真似できない出世を成し遂げたと考えるべきである。

応保二年六月――忠通の出家と忠実の死去で摂関家が動揺

　それは逆に、これほどの気配り力を、ほかの大多数の廷臣には期待できない、ということでもある。清盛の配慮にもかかわらず、二条の弱い心を揺さぶり、挑発し、激発を招く者が現れるのに、時間はかからなかった。経宗の赦免から二ヶ月後の応保二年（一一六二）五月八日、藤原重家《しげいえ》が奇妙な疑惑で処罰され、能登守を解官されて除籍（殿上人《てんじょうびと》である資格の剝奪）されたのだ。「後白河院が、源雅頼《まさより》・藤原邦綱《くにつな》らを逮捕するはずだ」と虚言を流した罪だという（『百練抄』）。

　処罰された重家も、噂に名が出た雅頼も、院近臣だった。しかし、噂に名が出たもう一人の邦綱は院近臣でない。彼は摂関家の家司《けいし》（政所《まんどころ》別当。家政職員の筆頭）で、忠通の腹心だった。彼は四年前、藤原信頼と争った忠通の身代わりとして後白河に解官された過去を持つ。すると、この事件で邦綱の名が挙がったのも、忠通に対する後白河の攻撃の前兆だった（と見られた）可能性がある。

　その前関白の忠通は、一ヶ月後の六月八日に出家した。忠通は、この九ヶ月間、後白河を排除した二条親政の舵取りを一身に担った。それが後白河の敵意を招くとの不安を抱えてきた忠通は、家司邦綱の逮捕の噂が自分への攻撃の前兆だと察し、この親子喧嘩の巻き添えでこれ以上の摂関家の没落を招かないため、身を引いてどちらにも与《くみ》しない意思表示をした、と考えられる。

後継ぎの関白基実は二〇歳の若輩で、しかも関白としての意思決定の大部分を父忠通が代行してきたため、国政の舵取りを担う能力がない。奇《く》しくも二条と基実は同年齢だが、今の大学一年生にあたる数え二〇歳の若者二人では、国政は運営できない。必須だった老練な忠通の補佐は彼の出家で失われ、二条が唯一頼れる経宗は権大納言に復帰しなかった。二条親政は、急速に頓挫へと向かい始めたのである。

忠通の引退で、後白河と二条の間の緩衝材として激発を阻止できる、貴重な人材が一人減った。しかも、忠通の出家からわずか一〇日後の六月一八日、忠通の父で、洛北の知足院《ちそくいん》に逼塞《ひっそく》していた忠実《ただざね》が八五歳で没した（『百練抄』、『公卿補任』応保二年条）。忠実は保元の乱で失脚して以来、一切政治に携わらなかったが、これで若年の関白基実に助言できるベテランの政治家が、摂関家から失われた。摂関家はまたしても、政治を主導する力を完全に失ったのだ。

応保二年六月——二条天皇呪詛事件で源資賢・平時忠が配流

この摂関家の動揺には、皇位継承問題と関わる陰謀が絡んだ可能性がある。忠通が出家するわずか六日前の六月二日、ある陰謀が発覚し、何人も解官される事件があったのだ。

「誰かが上賀茂社で二条の肖像を描き、二条を呪詛《じゅそ》した形跡がある」と中納言の三条実長《さねなが》が告発した。調べると不審なシャーマンがいたので、捕らえて拷問すると、後白河院の近臣たちが主謀者だと白状した。二条は激怒し、六月二日に主犯格の修理大夫《しゅりのだいぶ》の源資賢《すけかた》を解官し、二一日後の六月二三日に信濃に流した。右少将の源通家《みちいえ》も解官されて伊豆へ流され、先に解官されていた平時忠も出雲へ、藤原範忠も周防へ流された（『清獬眼抄』所引『後清録記』六月二三日条）。

時忠・範忠を流したことは、彼らの解官理由だった憲仁擁立の策略が、今回の呪詛事件でも根底にある、と二条が認識したことを意味する。しかも、二条を呪詛したシャーマンは「比叡、の巫女《ふじょ》」だった（『清獬眼抄』所引『後清録記』六月二三日条）。巫女は仏でなく神に仕えるので、「比叡」は「日吉《ひえ》」の宛字だろう。日吉社といえば、後白河が最も深く帰依した神社だ。その日吉社の巫女が二条を呪詛したのだから、背後に後白河の意向を感じないほうが難しい。

流罪宣告のその日まで状況は「秘蔵（秘匿《ひとく》）」され、流人を流刑地に護送する四人の検非違使以外には知らされなかった。不審を抱いた検非違使の清原季光《すえみつ》が密かに同僚から聞き出して、ようやく右の事情が判明し、彼の日記『後清録記《ごせいろくき》』に記録されたのである。二条がたった一人でこの一斉粛清を行い、ほかの誰も信用しなかったこと、つまり二条の孤立ぶりが明らかだ。

老齢の公卿頼みの「殿上定（公卿会議）」が支える二条親政

それでも、二条は親政をこなさねばならない。右の事件から五ヶ月後、ある寺を延暦寺が末寺にしたいと請願した時、二条は「諸卿《しょけい》（公卿たち）」を内裏の殿上《てんじょう》の間《ま》（清涼殿の中）に召集して審議させ、彼らが出した結論をもって天皇の結論とした（『百練抄』応保二年一一月二七日条）。執権を失った二条は、公卿の会議を諮問機関に使うことで、代用させ始めたのだ。

　左大臣以下、参議以上の公卿たちは、議政官《ぎせいかん》会議の構成員であり、本来の存在意義が政務案件を審議することなので、これはある意味、正しい姿への回帰とも取れる。ただ、平安時代には、議政官会議の正規の形は、内裏の紫宸殿《ししいでん》（天皇が公式行事で出座する政庁）の「陣座《じんのざ》」という回廊で行う「陣定《じんのさだめ》」だ。その形は、議政官会議が天皇から独立した議決機関だったことの表れである。ところが二条は、天皇の生活空間である殿上の間に公卿を集めて審議させた。これは議政官会議の独立性とは相容れない、天皇との癒着である。院政期以降、天皇親政は〝近臣政治である院政の天皇版〟となったので、天皇と癒着する近臣という形で二条の政務を支えるようになったのだ。この会議体を「殿上定《てんじょうのさだめ》」という（『山槐記』長寛元年二月二三日条）。

　この殿上定は近臣政治にふさわしく、公卿の全員を呼ばなかった。たとえば、長寛元年（一一六三）三月二日の殿上定では、内大臣中御門宗能《なかのみかどむねよし》・大納言花山院忠雅《ただまさ》・権大納言藤原公通《きんみち》・参議四条親隆《しじょうちかたか》・参議大宮（四条とも）隆季《たかすえ》の五名のみ、九日の殿上定ではこれに参議葉室顕長を加えた六名しか参加していない（『師守記』貞治六年五月一〇日条）。宗能は摂関家の庶流（摂政道長の次男頼宗《よりむね》の玄孫）、忠雅も摂関家の庶流（関白師実の次男家忠の孫）、公通は閑院《かんいん》流藤原氏（公実の孫）、親隆は葉室一族（為房の子）、隆季は六条藤家《とうけ》（藤原家成《いえなり》の子）である。

このうち宗能は七九歳、親隆は六五歳の高齢だった。殿上定のメンバーは、二条の腹心というよりも、大臣・納言・参議のそれぞれに、摂関家庶流・閑院流の上級貴族や、従来の院近臣からバランスよく人を配置し、特に高齢のベテランを重視して取り込もうとした構成だった。

これは当時、二条が思いつく限り最適な諮問機関の形と思われ、空中分解しそうな二条親政をぎりぎりのところで維持する唯一の仕組みとなった。しかし、殿上定が発足して二年目の長寛元年八月、六五歳の親隆が出家してしまった（三年後に死去）。老齢のベテランを主力に頼った殿上定は、原理的に、長期間安定して存続するのが困難な体制だったのだ。

葉室光頼、執権就任の打診を固辞し、経宗が執権に復帰

親隆の出家で殿上定に穴が空くと、二条は、惟方の兄である葉室光頼を頼った。『愚管抄』によれば、二条は光頼に「世《よ》ノ事一同《こといちどう》ニサタセヨ（政務を一手に処理せよ）」と命じた。「執権となれ」と命じたに等しい。栄達だったはずだが、光頼は固辞し、出家してしまった。

光頼は、長寛元年（一一六三）に権大納言の辞表を出した。年を越して長寛二年正月二一日に辞表が受理され、七ヶ月後の八月に出家して完全引退した（『公卿補任』長寛元年・二年条）。右の『愚管抄』の逸話は、彼の出家に言及しているので、この頃の出来事である。四一歳の働

き盛りでの引退で、健康問題もなく、しかも辞表の提出から受理までにかなりの時間を要した。光頼が辞表を出したのは、親隆が出家した頃だ。親隆は藤原為房の子で、光頼は為房の曾孫であるから、二人とも葉室一家である。それを念頭に置くと、事情は次のようだっただろう。二条は、老齢で殿上定を引退した親隆の穴を埋めるため、同じ葉室一家から光頼を抜擢した。しかも、参議だった親隆と違い、光頼は権大納言の高官にあったので、二条は執権待遇をオファーした。ところが光頼はそれを蹴り、政界から自ら姿を消したのである。

彼は「末代ニヌケイデ、人ニホメラレシ（世も末というべき昨今に、抜群に評判がよかった）」人だ。二条はその資質に期待し、かつての腹心惟方の兄という縁故も頼って、光頼の抜擢を試みたのだろう。しかし、弟惟方が没落したのは、二条親政の執権となって後白河に敵視されたからにほかならない。その同じ地位を二条は光頼に用意した。光頼が政治家として生き残ってこられたのは、そうした党派的地位を避けてきた努力の賜物なのだから、このオファーは噴飯物である。光頼は、執権のオファーを断った上に官も辞して出家し、自分の余生を台なしにする手段を二条から奪ったのだ。

辞表の受理に時間を要したことは、二条が彼の慰留にこだわり、光頼も固辞し通したことを意味する。殿上定で親政を回すことに二条が限界を覚え、執権を渇望していた様子が明らかだ。しかし、優れた人柄で知られた光頼にさえ断られるほど、二条の人望は乏しかった。

二条は最終的に、光頼の引退を許可した。別の人材を確保できたからだ。光頼が権大納言を辞したまさにその日、長寛二年正月二一日に、阿波からの召還後も二年近く身を慎んできた大炊御門経宗が、権大納言に復帰したのである（『公卿補任』）。経宗は二条の叔父であり、平治の乱をともに戦った腹心であり、最初の二条親政で執権を務めた。そして復帰した経宗の官と、引退した光頼の官は、同じ権大納言だった。以上を総合すれば、この日に起こったことは明らかだ。二条は、光頼に代わる執権として、経宗を起用したのである。さらに同じ日、殿上定のメンバーだった参議の葉室顕長が、権中納言に昇進した（『公卿補任』）。執権経宗を迎えた殿上定を強化したわけだが、葉室一門の親隆に出家され、葉室光頼に逃げられた後だ。二条親政が、どうしても葉室家（藤原為房の子孫）の実務能力を必要とした証拠である。

忠通の死去で弱体化した摂関家を清盛が後見

その翌月の長寛二年（一一六四）二月一九日、前関白忠通が六八歳で没した（『百練抄』）。摂関家には、若い息子たちだけが残った。二二歳で関白・左大臣の近衛《このえ》基実、二一歳で右大臣の松殿基房《まつどのもとふさ》、一六歳で権大納言の九条兼実《くじょうかねざね》である。関白と左右大臣を兄弟で独占し、摂関家の全盛期が復活したように見えるが、摂関家の当主や庶子としての振る舞い方を助言してくれる後見者がいなければ、何もできない。外見上の官職の華やかさとは裏腹に、彼らは独り立ちする前に放り出された孤児となった。

『愚管抄』によれば、忠通が没した二ヶ月後の四月一〇日、平清盛の娘盛子《もりこ》を、近衛基実が正室に迎えた。清盛が、自立できない摂関家の保護者となったのだ。慈円は、この基実の異母弟である（兼実の同母弟）。「鳥羽院ウセサセ給《たまい》テ後、日本国ノ乱逆《らんげき》ト云《いう》コトハヲコリテ後、ムサ（武者）ノ世ニナリニケルナリ（鳥羽院の没後の保元の乱以来、混乱・反逆が本格化して、日本国は〝武者の世〟になった）」という『愚管抄』の有名な記述は、摂関家が存続のために武士の後見を必要とする、前代未聞の力関係の逆転を見た慈円の、肺腑《はいふ》の言《げん》なのだった。

これ以後、近衛家と平家の融合が急速に進んでゆく。忠通の腹心として摂関家の数奇な運命に付き合ってきた藤原邦綱などは、平家の一派となり、息子の清邦《きよくに》を清盛の養子としただけでなく、後に清盛の娘徳子《のりこ》と結婚する高倉天皇（憲仁）の乳母《めのと》や、二人が儲けた安徳天皇の乳母を娘に務めさせ、清盛の支援で権大納言に昇るという大出世を遂げる。

二条の皇子尊恵が誕生――出生の疑惑により僧籍に

忠通の死去から五ヶ月後の七月二一日、二条の皇子が生まれた。母は、四年前に誅殺された源光保の兄光成の娘だった（『本朝皇胤紹運録』『尊卑分脈』）。二条は、まだ光保一家と癒着していたのだ。

その子が生まれる前月に、保元の乱に連坐して土佐に流された藤原師長《もろなが》（頼長の子）や、二年前に憲仁立太子の陰謀で信濃に流された源資賢らが赦免された（『百練抄』六月二七日条、八月二六日条）。これは、男子誕生を仏神に請う取り引き材料としての善行だった可能性が高い。

待望の男子だったはずのこの子は、なぜか僧籍に入った。承安四年（一一七四）に一一歳で出家して園城寺《おんじょうじ》に入り、尊恵《そんえ》と名乗り、建久三年（一一九二）に二九歳で没する（『皇親系』）。

なぜ二条が彼でなく、四ヶ月後に生まれる順仁《のぶひと》を後継者にしたのか（母の身分はほぼ同じ）。記録は詳しく語らないが、私は答えの物証を発見した。尊恵が死去した日、彼のことを藤原定家《ていか》《さだいえ》が日記に「二条院皇子と号する人なり」と書いたのだ（『明月記』建久三年四月一一日条）。「号する」は〝称する〟の意味なので、真正の皇子として社会から認知された人を「皇子と号する人」と呼ぶことはあり得ない。尊恵は、父親が二条かどうか疑念を持たれていたのだ。それが公然の秘密だった以上、尊恵の母と何者かの密通を、二条自身が疑って認知を拒んだに違いない。もし密通が事実なら、後宮の風紀は滅茶苦茶だ。もし密通が思い過ごしなら、二条を苛《さいな》む猜疑心は常軌を逸している。いずれにせよ、二条の宮廷は末期的に荒《すさ》み、病んでいた。

なお、翌月の八月二六日、讃岐の流刑地で崇徳院が没した。ここまでに進んだ崇徳陣営の廷臣の赦免と合わせて、保元の乱はほぼ清算が済まされ、過去のものとなりつつあった。

経宗の右大臣就任——親政の執権、順仁親王の後見とするため

三ヶ月後の閏一〇月一三日、内大臣の中御門宗能が八〇歳で辞任した。年齢的に引退は当然だが、殿上定の筆頭格だった彼の引退により、二条親政はまた弱体化した。この前後に摂関家の人事が大きく動いたのは、恐らくそのせいで二条が親政の梃子《てこ》入れを策した結果である。

その六日前の閏一〇月七日、近衛基実が関白の座を維持したまま、左大臣だけを辞した。それと引き換えに、弟の兼実を内大臣に昇進させるためだ。その内大臣を六日後に宗能が辞すると確定していたからこそ行えた人事であり、明らかに、宗能の辞任に伴う親政の弱体化に対応する人事だ。基実が退いた左大臣の席には、右大臣だった弟の松殿基房が就き、それで空いた右大臣の席に、何と権大納言だった大炊御門経宗が就いた。経宗の大臣就任、それも内大臣を飛ばした就任が、この人事で最も重要だ。

この人事は、次のような流れで起こったのだろう。老齢の宗能は体力の限界を感じ、内大臣の辞任を決意した。それは殿上定のトップに穴を空けるので、埋める必要が生じた。それには、宗能に代わって経宗を内大臣に昇格させるのが、二条にとって最も望ましい。ところが、その内大臣のポストを権大納言の九条兼実が狙っていた。摂関家の背後には清盛の支援があるので、摂関家の望みは無下にできない。そこで二条は取り引きした。兼実は内大臣にするが、それで増えた一つ分、大臣の椅子を摂関家は手放せ、と。そこで、関白基実が左大臣を退き、後任に

弟の右大臣基房を昇格させた。これで基房は左大臣就任という実績を確保でき、右大臣が空席になった。そこに経宗を押し込み、二条親政の執権となる大臣を確保する。そのようなパズルによって二条は、摂関家やその背後の清盛との対立を避け、親政を維持したのだろう。

経宗の右大臣就任が急がれたのには、わけがあった。吉田社の神主伊岐《いき》氏（『兵範記』保元二年七月二五日条）の一族で、中宮の徳大寺育子《むねこ》に仕えていた女性（伊岐善盛《よしもり》の娘、一説に伊岐致遠《むねとお》の娘〔『顕広王記』長寛三年六月二五日条〕）が、二条の子を産む直前だったのだ。彼女は一一月一四日、順仁親王を出産した。経宗の右大臣就任はその三六日前だ。二条は、男子が生まれれば即座に後継ぎに立てるべく、その強力な後見者となれるよう、経宗を右大臣にしたのだろう。

後白河と二条の相剋と融和――順仁の処遇問題の産物

この頃、後白河は清盛に命じて、御所の法住寺殿に付属する仏堂「蓮華王院《れんげおういん》」に、千手観音を千体安置した仏堂を建立させていた。今も残る三十三間堂である。その堂が完成し、順仁が生まれた翌月の長寛二年（一一六四）一二月一七日に、供養（完成式典）が行われた。『愚管抄』によれば、後白河は、二条の臨席を望み、清盛を功績に報いて昇進させたいと提案した。ところが、二条は言下に拒否した。それを聞いた後白河が涙を浮かべて、「ヤ、、ナンノニクサニ（ああ、なぜそこまで私を憎むのか）」と悲しんだことは、先に述べた通りである。

ところが興味深いことに、この仲違いを公然と演じた一五日後の長寛三年（一一六五）正月二日、二条は後白河の法住寺殿に朝覲行幸《ちょうきんぎょうこう》した（『顕広王記』）。一五日前に後白河が泣いて二条との融和を望んだ事実を踏まえると、何らかの手打ちがなされた可能性が高い。その場合、後白河が何らかの譲歩を二条に示した可能性が高く、それは順仁の処遇以外にあるまい。

天皇が男子を得た以上、その子を次の天皇に立てるのは至極順当であって、よほどの理由がなければ、天皇の弟（憲仁）を立てるのは難しい。後白河は憲仁の皇位継承をさしあたり諦め、順仁の皇位継承を容認した。そうすれば、二人を対立に駆り立ててきた皇位継承問題が終わる。その後白河の歩み寄りに対する返礼が、二条の朝覲行幸だった可能性が高い。

二条の死——分裂抗争のあっけない決着と平治の乱の最終清算

二条にも、後白河の妥協を引き出して順仁の立太子を急ぐ理由があった。体を壊し始めていたのだ。翌月の二月一五日、二条は病に伏した（『顕広王記』）。その日以来、快復を願う御修法《みしほ》（密教の呪術）や神社への奉幣《ほうべい》（捧げ物）、大祓《おおはらえ》（神道の呪術）などが立て続けに行われた。四月から五月にかけては病状が悪化したらしく、快復祈願が盛んに行われた（『顕広王記』四月二七日条、五月一三日条）。その間も、殿上定で政務が処理されていた形跡がある（『百練抄』

五月四日条〉。二条は病床にあっても、政務を後白河に返そうとしなかったのだ。

六月五日、二条の快復を願って「永万《えいまん》」と改元されたが〈『改元部類』所引『家通記』〉、効果はなかった。二条が世を去れば、憲仁の立太子を望む後白河があえて順仁に皇位を継がせる可能性はない。ただちに順仁を皇太子に立てる準備が始められ、六月二五日を予定日と定めた。しかし、病状が悪化した二条は、立太子の段取りを踏む時間さえ惜しんだ。予定日の前日、立太子を略して一気に皇位を譲ると決まり、六月二五日に順仁が皇位を譲られて六条天皇となった。数え二歳、生後七ヶ月の乳児で、前代未聞の幼帝だ〈『顕広王記』〉。一ヶ月後の七月二七日、即位の儀が行われて、六条は正式に天皇となった〈『山槐記』〉。

乳児に政務は無理なので、関白だった近衛基実が摂政となって、天皇を代行した。そして、二条親政を引き継いで、二条院政《いんせい》が始まるはずだった。しかし、六条が即位の儀を遂げた翌日の永万元年（一一六五）七月二八日、二条はあえなく二三歳で世を去った〈『顕広王記』『愚管抄』〉。朝廷を救いがたい分裂に陥れ、今後も長く朝廷を蝕《むしば》んでゆくはずだった後白河院政と二条親政の対立は、若い側の二条の体力が限界に達したことで、あっけない幕切れを迎え、最終決着したのである。

二条の死は、平治の乱の最後の清算をもたらした。翌年の永万二年（一一六六）三月、源師仲・葉室惟方の遠流が解除され、京都に召還されたのだ〈『百練抄』三月二九日条、『公卿補任』

『愚管抄』)。惟方は出家していたが、かつての信西のように、天皇の乳父《めのと》なら法体《ほったい》でも政界を支配できる。しかし二条亡き今、もう惟方は天皇の乳父ではないので、後白河は警戒を解いたのだろう。彼は粟田口《あわたぐち》(京都の東の入口)に隠棲し、余生を歌人として生きて、『粟田口別当入道集』という歌集を残した。没年は明らかでないが、少なくとも七七歳になる建仁元年(一二〇一)まで生きた。

成憲・脩憲兄弟の復権と改名——弾圧者二条の死で解放・栄達

翌四月、藤原成範《しげのり》が右兵衛督《うひょうえのかみ》になった。彼はかつての「成憲」で、信西の子である。平治の乱で下野に流されたが、永暦元年(一一六〇)二月に後白河の逆転勝利で赦免され、一二月に剝奪された位階を返され、大宰大弐《だざいのだいに》になって復権を果たした。応保二年(一一六二)四月にそれを辞してから四年間も無官だったが、二条が没した翌年に右兵衛督に登用され、さらに同じ年に従三位《じゅさんみ》に昇って公卿に列した。応保二年四月といえば、後白河を政務から完全排除した二条親政の最中で、前月に経宗の赦免があり、二ヶ月後に二条天皇呪詛事件で源資賢・平時忠らが流されている。それから二条は世を去るまで、後白河の近臣団を極限まで警戒・憎悪した。

成範がちょうどその時期に無官で、二条の死没の翌年に右兵衛督・従三位となったのだから、何があったかは想像に難くない。後白河の近臣として、憎き信西の子として二条に疎《うと》まれて逼塞を強いられたが、二条の死に伴って、後白河が遠慮なく栄達の道に戻したのである。

成範は、乱後に大宰大弐に起用された復権の時、名の読みをそのままに「成憲」から「成範」へと改名した。同母弟の脩憲《ながのり》も、同じく文字だけ「脩範」と改名した。信西の俗名「通憲」を想起させることを憚《はばか》り、信西の息子らしさを減らす必要があったと見ていい。すでに、謀反人扱いされた信西の名誉は回復されていたにもかかわらず、なぜその必要があったのか。

成範が晩年の二条に逼塞を強いられたのなら、平治の乱後の復権の時も、二条は、守覚の擁立を策した（と信じた）信西一家の復権を渋った可能性が高い。後白河は譲歩して、信西一家の復権に制約を加えることで、二条を納得させたのではないか。まず、出家した俊憲・貞憲やその同母弟の是憲など、高階氏を母とする兄弟の復権、つまり儒門としての信西一家の早期復権は諦める。大切な乳母藤原朝子を母とする成憲・脩憲だけを復権させるが、儒門としての信西一家の存続ではなく、全く新たな公達の家を興す。それを示すため、信西から受け継いだ「憲」の字を捨てさせる、と。後世の史料に「少納言入道（信西）嫡子桜本《（町）》中納言成範」とあって（『密宗血脈鈔』勝賢所引『或記』、『大日本史料』四-補遺（別冊一）一一四五頁）、長兄の俊憲をさしおいて成範を信西の嫡子扱いする記録があるのは、こうした事情を反映していた可能性がある。

家格の低い実務官僚が公卿になる時は、まず参議に昇り、能力を議政官で活用する。しかし、家格が高い公達の家は位が先に上がるので、まず従三位に昇って待遇だけ公卿になるが、議政官ではないので実務を要求されない。成範は後者のコースを歩み、〈尊いが政務の枢要に参画しない人畜無害な貴人だ〉とアピールして、生き残りに成功した。後白河院政の全盛期に参議に昇り、正二位《しょうにい》・中納言まで至った。桜を愛して庭を桜で満たしたので「桜町《さくらまち》中納言」と呼ばれた。

同母弟の脩憲も承安四年（一一七四）に従三位に昇って公卿に列し、後に参議に昇った。成範は後白河の院庁《いんのちょう》（家政機関）を取り仕切る執事《しつじ》別当を務め、治承三年（一一七九）の清盛のクーデターでは、幽閉された後白河に成範・脩範と異母弟静賢《じょうけん》だけが付き添った。この静賢は、後白河の近臣団が清盛の排除を企んだとされる〝鹿ヶ谷《ししがたに》の変〟で、謀議の場となった鹿ヶ谷山荘の持ち主である。彼ら兄弟は側近中の側近として、後白河の強い愛顧を終生受け続けた。

なお、近衛少将・中将を経て中納言に至った成範の経歴は、滅んだ信頼と瓜二つだ。信頼の信西一家への憎悪は、信西から昇進を阻害されたことに加えて、成範兄弟との露骨な競合にも起因しただろう。

成範は子・孫に恵まれたが、公卿を出せず、孫の代で絶えた。脩範の家は四代後まで公卿を出し、以後は近衛次将（中将・少将）で終わる羽林家《うりんけ》として南北朝時代に続いている（羽林は近衛次将の唐風の別称）。また、繁栄を諦めた儒門の俊憲の家は、粘り強く儒学を修め続け、蔵人を毎世代務め、孫・曾孫の範宗《のりむね》・範保《のりやす》親子が従三位に昇って公卿の地位を回復させたが、その後は諸大夫クラスに落ち込み、恐らく鎌倉末〜南北朝初期に断絶した。貞憲も子孫に恵まれたが、孫の代以降は全員、僧籍に入っている（僧籍なのになぜか毎世代、子がいる）。是憲は子孫を残さなかったようだ。

摂関家と〝武門の執柄〟平家の並立・融合

二条上皇が没した一八日後の永万元年（一一六五）八月一七日、権中納言の平清盛が権大納言に昇進した。わずか四年間の権中納言在任で権大納言に昇るのは、摂関家の忠通と同じで、五年かかった忠実よりも早い。権大納言に任官したこと自体、すでに清盛が単なる武士の生まれではない（白河院の落胤）と信じられていた結果としか考えられないが、一度そう信じられ始めた清盛は、この段階で摂関家の家督と同じ待遇を与えられるに至ったのだ。

清盛の権大納言昇進は、二条の死が直接の契機だったと見てよいが、二条の死からの一八日間に、この昇進を促すような出来事はない（これといった出来事は、二条の葬送仏事のほかには、延暦寺と興福寺の武力抗争しかない）。また、四年前の清盛の権中納言昇進は、二条が憲仁擁立の陰謀を疑って後白河を排除した親政に踏み切ったのと同じ月であり、それ以後、清盛は兼任していた検非違使別当・右衛門督を辞したり、再任されたり、皇太后宮権大夫を兼任してきた検非違使別当・右衛門督を辞したりと、要するに兼官だけが異動しており、本官で一切昇進していない（位階は従二位《じゅにい》に上昇）。すると、二条親政の間、二条は清盛の本官昇進を抑圧し続け、二条の死とともに実権を奪回した後白河が早速清盛を昇進させた、ということになろう。それはもちろん、二条の死によって早晩確実に実現することになった憲仁の皇位継承を、清盛に護持させる布石だろう。

この護持という清盛の役割は、翌仁安元年（一一六六）、意外な形で摂関家にまで拡大されることになった。その年の七月二六日、今度は摂政の近衛基実がわずか二四歳で没したからである。子の基通は七歳だったので、弟の左大臣松殿基房が二三歳で摂政に就任した。

清盛は娘盛子《もりこ》を嫁がせた基実の死を悲しんだが、『愚管抄』によれば、摂関家の家司ながら清盛の腹心となった藤原邦綱の策謀に乗り、摂関家を「シロシメサン（支配しよう）」と決意した。摂関家領の大部分や宝物、摂関家を象徴する邸宅「東三条殿《ひがしさんじょうどの》」、歴代当主らの日記などは、基実の後家として摂関家の頂点に立つ盛子が掌握し、邦綱はその後見者に納まった。

基房は摂政・氏長者にこそなったが、亡き基実の家は、幼い基通が成長するまで、という建前で盛子が預かった。基実が父忠通から相続した家の家督権は宙に浮き、摂関の地位と切り離された［樋口04］。摂関は血筋の問題なので基房に預けるが、家督権・嫡流の地位は絶対に基実流（近衛家）から手放さない、という清盛の意思表示だった。盛子は基通の生母ではないが、基通の生母は信頼の妹であり、生母は平治の乱で信頼が逆賊として滅んだ時に、摂関家の中で立場を失った（基実から離縁された可能性もあろう）。盛子は養母となって、唯一基通の「母」と呼べる存在として、親権（母権）を行使して基通の「後見」となった。

清盛はその盛子に親権（父権）を行使して、基通が継承すべき摂関家嫡流家を支配した。その絵を描いた邦綱らとともに、摂関家の捲土重来《けんどちょうらい》を期する一部の摂関家従者と、摂関家を取り込みたい清盛の利害が一致して、近衛家と平家の融合が一挙に進んだ。もちろん、旭日の勢いの平家と落日の摂関家の融合なので、実質的には平家による近衛家の乗っ取りである。

この状況を、後白河は認めた。それは黙認以上のものだった。その状況が実現すると同時に、後白河は清盛に摂関家家督並みの待遇を与え、権大納言に昇らせたのだから。後白河はどうやら、白河院の血を引く（と信じられた）清盛を、いうなれば〝武門の摂関家〟のような存在に取り立てようと企んだようだ。

もちろん、摂政・関白には藤原氏しか就任できない。しかし、出家の理由になった清盛の重病の時、摂関家以外の病人に対しては行われない大赦《たいしゃ》（快復を願う徳政としての犯罪者赦免）が行われた［五味99―一九一頁］。理由は「朝《ちょう》（朝廷）の重臣」だから、であった〔『兵範記』仁安三年二月一六日条〕。それ以上に踏み込んだ表現は記録に見えないが、やはり清盛の待遇には摂関家が投影されている。

当時の言葉で、〈臣下の頂点にあって天皇を支え、国制を領導すること〉を、「執柄《しっぺい》」といった。〈国家を操作する把手《とって》（柄《つか》）を手に執る者〉という意味である。それは記録上、摂関の同義語として使われたが、本来は摂関の肩書きや血筋と無関係の普通名詞である。ならば、後白河は清盛を〝武門の執柄〟〝摂関家と並ぶ第二の執柄〟に取り立てた、と表現できよう。後白河は、姻戚関係や親権によって有機的に絡み合う二つの執柄家を構成させ、強力な執柄家連合を作り上げたのである。

後に、承久の乱（一二二一）の直前頃、慈円は『愚管抄』で「摂籙家《せつろくけ》ト武士家《ぶしけ》トヲヒトツニナシテ、文武兼行シテ世ヲマモリ、君ヲウシロミマイラスベキニナリヌルカトミユルナリ（摂関家と武士家〈武士のリーダーの家〉を一つにして、文武両道から社会を守り、帝王を後見すべき時代になったようだ）」という構想を述べた。その形は、すでに後白河・清盛の段階で構想されていたのだった。

清盛の内大臣・太政大臣就任と経宗の左大臣就任

後白河は、基実の死を機に、摂関家の支配者を清盛にし、皇太子憲仁への万全の支援を託す体制を望んだ。弱体化が著しい摂関家を維持し、最強の武力を持ち、憲仁の義理の伯父である清盛を新たに摂関家並みに取り立てて、摂関家と融合させ、憲仁を支える柱としたのだ。

このタイミングでその体制を作る動機は、憲仁の支援強化以外にあるまい。仁安元年（一一六六）一〇月一〇日、後白河は満を持して憲仁を皇太子に立てた。そして、翌月の一一日に、清盛は権大納言から内大臣に昇進した。武士が初めて大臣となった、と驚く間もなく、そのわずか三ヶ月後の仁安二年二月、清盛は従一位《じゅいちい》・太政大臣《だいじょう》に昇り、位人臣を極めた。あっという間の出来事だった。

権中納言になった応保元年（一一六一）段階で、清盛は白河院の落胤と信じられていたはずだから、この昇進は後白河が用意した既定路線にすぎず、もはや誰も驚かなかっただろう。繰り返すが、内大臣から左右大臣を飛ばして太政大臣に昇った前例は、皇太子（扱い）の皇子だけだ。それを踏襲したこの人事は、〈清盛は天皇の子である〉と朝廷が認定する宣言に等しい。

永万元年（一一六五）八月から仁安二年（一一六七）二月までのたった一年半で達成された、権大納言→内大臣→太政大臣という出世の間に、憲仁の立太子が挟まる。天皇落胤の認定宣言というべきこの出世は、憲仁の皇統を永続させる支持基盤を作りたい後白河の意向だったに違いない。

なお、清盛が内大臣になった日は、重要な人事異動がいくつもあった。亡き基実を継いで弟の基房が摂政になり、左大臣を去ったのもその一つだが、より重要なのは、これで空席になった左大臣に、何と大炊御門経宗が就任したことだ。経宗は紆余曲折の果てに、ついに議政官の頂点に昇りつめたのだ。以後、摂政（関白）基房＋左大臣経宗のペアは、清盛がクーデターを起こす治承三年（一一七九）まで一三年も続いた。しかも、クーデターで基房は失脚したが、経宗はお咎《とが》めなしだった。経宗は源平合戦も平家滅亡も見届け、文治五年（一一八九）に七一歳で出家・死去するまで、何と二三年間も左大臣の地位にあった。あと一年健在だったら、平治の乱の真相を語った源頼朝の上洛に居合わせたことになる。

平治の乱で政治生命を終えた惟方と違い、経宗は後白河院政の重鎮として、また朝儀公事の卓越した知識の持ち主として重んじられ、幸福な後半生を送った。それは、彼の生き方がいかに二条天皇との外戚関係に依存せず、朝廷全体との関係が良好だったかを証明している。

高倉皇統のため国家と融合する平家――国家軍制の担い手に

清盛は在任三ヶ月で太政大臣を辞した。後任の花山院忠雅《かざんのいんただまさ》が就任したのは一年三ヶ月も先なので、後任候補に急《せ》かされたわけではない。太政大臣は〝天皇の師〟で、「その人無ければ則《すなわ》ち闕《か》く」、つまり相応の人物がなければ空席にしておく「則闕《そっけつ》の官《かん》」だった。そして、「太相国《たいしょうこく》に任《にん》ぜしむるの人は朝庭に仕へず、期する所　無きが如《ごと》し（太政大臣になった人は朝廷政務に参画せず、その先に何も期待できない）」といわれた職責のない名誉職だった。先に何も期待できないとは、太政大臣になってから摂関に就任した前例がなく、太政大臣になることは摂関になることを諦めるのと同義だった、ということだ。藤原頼長の子師長《もろなが》などは、自ら「臣 永く執政の思ひを断つ。故に此《こ》の職を望む（私は摂関への野望がないことを証明するために太政大臣になりたい）」と述べ、太政大臣への就任を、政治的に存在感皆無の無害な人として生き残る手段と考えていたほどだ〔『玉葉』安元三年正月二三日条〕。何一つ通常業務がない名誉職なので、長く在任しても仕方ないのだが、それにしても三ヶ月で辞したのはなぜか。

実は、太政大臣の歴代を振り返ると、藤原兼家《かねいえ》以来、道長・頼通・師実・忠実・忠通と、摂関就任者で一年以上太政大臣に在任した人は一人もなく、大多数は半年以下だった。清盛以降の摂関も、松殿基房・九条兼実・九条良経《よしつね》・近衛家実《いえざね》まで同様である。逆に、摂関家の庶流や村上源氏などの清華家の場合、一年を超え、しばしば数年間在任した。理由は不明だが、摂関になれる人は太政大臣の任期を一年未満（特に半年以下）に抑えるべきだ、という通念があったらしい。すると、先に述べたように、摂関家家督並みの待遇で官位昇進を重ねてきた清盛にとって、太政大臣の在任期間も数ヶ月以内に抑えることで、摂関家家督と同等の立場を改めて示すことは全く自然、というよりも自動的な確定事項だっただろう。

もっとも、清盛は太政大臣の辞任に、もう少し具体的な意味を込めた。辞任から七日前の仁安二年五月一〇日、後白河が清盛の嫡男重盛に、東山道・東海道・山陽道・南海道の海賊を取り締まる包括的な権限を与えたのだ〔『兵範記』〕。太政大臣辞任の日、重盛は「家督」だったと記録されているので、これは清盛が暗黙のうちに蓄積してきた権限を明文化し、重盛に家督とともに譲ったことを意味する［五味99―一八四頁］。摂関家の人々が証明したように、太政大臣の辞任は必ずしも引退を意味しないが、清盛はこれを形式的な〝引退〟イベントに仕立て上げ、制度上の実権を世襲化へと持ち込む手段に使ったのである。

さらに、諸国の武士を上洛させて三年間、京都・内裏の警備任務を課す「大番役《おおばんやく》」も、この頃に始まった。武士たちは、平家の家人でなくとも平家の指揮下でこの任務を課された。これらはすべて、平家の軍事指揮権がもはや武士の一権門を脱皮して、国制と融合していた証拠である。それらは、国家と平家を癒着させる形で平家を後白河院政に縛《しば》りつけることで、後白河から憲仁へと着実に皇統を受け継がせ、永続化させるための仕組みだった。

ところが、翌年の仁安三年（一一六八）、清盛が重病で倒れ、その二月一一日、生存を諦めて出家した。清盛の武威を背景にしてこそ、六条を皇位から降ろして憲仁の皇位継承を強行できる。清盛が世を去れば、六条の成長を待ってこのまま二条の血統に皇位を継がせよう、という世論が現れて来た時、強引に抑えきれない。焦った後白河は、清盛が出家した八日後の仁安三年二月一九日、六条天皇を退位させて、八歳の皇太子憲仁を天皇に立てた。高倉天皇である。

幸いにも清盛は病から生還し、〈国家軍制と融合した〝武門の執柄〟清盛によって完璧に守られた高倉天皇〉という後白河の宿願が完成した。この高倉の皇位継承と同時に、清盛の弟教盛が、武士の平家で初めての蔵人頭《くろうどのとう》になった事実が注目されている。蔵人頭は天皇の側近筆頭（二名）で、外廷（太政官）と内廷（天皇）に分かれた朝廷政務のうち、内廷を掌握する枢要の地位である。「ついに平氏一門が国政の実務の一翼を担う段階まで至った」のであり〔五味99―一九二頁〕、朝廷と平家の融合が進んだ証である。

平治の乱は帝王たちの我執を超えて〝幕府〟の時代を招く

〝五畿七道のうちいくつか〟という単位で国家の軍事指揮権を委譲するのは、後に源平合戦の中で後白河が頼朝にしたのと同じ方式だ。そこには明らかに鎌倉幕府の萌芽があった。そのため、平家も〝六波羅幕府〟と呼ぼう、という提言と、それに対する反論がある〔高橋09など〕。

平家の覇権は朝廷の中から生まれ、朝廷と一体だった。しかし、鎌倉幕府は朝廷の外から（反乱軍として）生まれ、決して朝廷の中に溶け込まなかった。室町・江戸幕府もそうだ。私はこれまでの研究で、鎌倉・室町・江戸幕府が（足利義満のように将軍個人がどれほど朝廷に入り込んでも）常に朝廷の外にある別組織だったことこそ、最大の強みであり、明治維新まで残った生命力の根源と考えている。朝廷の内部に溶け込んだ平家の覇権は異質で、過渡的と扱うしかない。この本質的違いを隠してしまう〝六波羅幕府〟という呼び方を、私は躊躇《ちゅうちょ》する。

ただし、平家を含めた四つの政権を一まとめに扱う利点は否定できない。論争を招くのは、平家と異質な部分も含む三つの政権のあり方が固着した〝幕府〟概念を流用するからだ。この四つの政権の共通点に基づく別の名でグループ化するのが、最も生産的である。中世に、平家と鎌倉・室町幕府やその長だけを指す概念になった「武家」が有望だと思うが、しばしば「武士」と混同して使われるので、難しいかもしれない。

いずれにせよ、平家の達成がいかに画期的だったかは、誰にも否定できない。幕府を率いる頼朝に対する朝廷の待遇は、明らかに平家の二番煎じとして始まった（始まっただけで、最後までそうなのではない）。また、頼朝の晩年から構想され、北条政子《まさこ》が承久の乱の前に試みて失敗し、執権北条時頼《ときより》が実現させた親王将軍という発想は、先行した平清盛の覇権に〝白河院落胤説〟が不可欠だったことに起因するのではないか、と私は睨んでいる。

このように、平治の乱の最終決着はそのまま平家の覇権の起点となり、それが後に鎌倉幕府誕生の原動力となった。鎌倉幕府の誕生自体が、清盛の頼朝殺害命令に対する反攻から出発したのであり、それは平治の乱で頼朝を処刑しなかった直接の結果だ。帝王たちの我執が起こした平治の乱は、帝王たちの思惑をはるかに超えて、国家の覇権を帝王が二度と取り戻せない形で武士に譲り渡し、明治維新まで七世紀も続く〝幕府〟の時代を招いたのである。

永万元年（1165）

6.25　二条天皇が退位し、順仁が六条天皇に。

7.28　二条が死去。これにより後白河が出家を決意。

8.17　平清盛が権大納言に。

永万２年／仁安元年（1166）

3.29　源師仲・葉室惟方を赦免し京都に召還。

7.26　摂政近衛基実が死去。

10.10　憲仁が皇太子に。

11.11　清盛が内大臣に。また大炊御門経宗が左大臣に。

仁安２年（1167）

2.11　清盛が太政大臣に。

5.10　平重盛が東山道など四道の海賊取締権限を獲得。

5.17　清盛が太政大臣を辞任。

仁安３年（1168）

2.11　清盛が病により出家。

2.19　六条が退位し、憲仁が高倉天皇に。

嘉応元年（1169）　これ以前、清盛が摂津福原の隠居所に移る。

6.17　後白河が園城寺で出家。

12.　藤原成親が山門と抗争。

承安元年（1171）　清盛の娘徳子が高倉天皇に嫁ぐ。

安元３年（1177）　西光一家と山門が抗争。鹿ヶ谷の変が起こる。

治承２年（1178）　徳子が言仁を産む。言仁が皇太子に。

治承３年（1179）6.17　平盛子死去。7.29 平重盛死去。

11.15〜　清盛、クーデターを起こし、後白河を幽閉。

治承４年（1180）2.21　言仁が安徳天皇に。

5.　以仁王の乱が起こる。

8.　源頼朝が挙兵。

元暦２年（1185）3.　頼朝軍が壇浦に平家を滅ぼす。

文治５年（1189）9.　頼朝軍が奥州藤原氏を滅ぼす。

建久元年（1190）11.9　頼朝が摂政九条兼実に義朝の無罪を主張。

頼朝が「王命」「朝の大将軍」発言を行う。

建久２年（1191）1.15　頼朝が下文を書き換え、国政職員を置く。

建久３年（1192）3.13　後白河院が死去。

7.12　頼朝が征夷大将軍に就任。

平治の乱の清算が完了する。

第一五章　乱の清算――「朝の大将軍」の鎌倉幕府

清盛の福原隠居と後白河の出家

前章で見た平家と後白河の共同統治体制の成立によって、平治の乱は大団円を迎えるはずだった。ところが、この体制は破綻し、清盛が院政を潰すクーデターを起こし、それが源平合戦を招いた。そして、平治の乱で失脚した源頼朝が最終勝者となり、その頼朝が平治の乱の真相を京都で口走るという、本書冒頭へつながる大逆転が起きた。平治の乱はそれまで真の最終決着を許されなかったのであり、それを招いたのは後白河院政の奇妙な暴走だった。

共同統治体制は、最初は順調だった。出家する直前の清盛は、まるで摂関のように頻繁に蔵人頭《くろうどのとう》の訪問を受け、後白河と二人三脚で政務を見た［五味99―一八七頁以下］。また、太政大臣を辞した仁安二年（一一六七）までに長男の重盛に家督を譲り、二年後の嘉応元年（一一六九）までに、摂津国の福原に隠居所を築いて入居し、京都政界から引退した。福原は、京都と西国を結ぶ交通の要衝である大輪田泊《おおわだのとまり》（輪田泊）に近い。清盛は隠居しても、朝廷に何かあればすぐ上洛して対応でき、また西国と京都の物流を掌握できる要地に陣取ったのである。

同じ嘉応元年、後白河が出家した。「ここ四〜五年の念願だった」という（『兵範記』六月一七日条）。この時から足かけ四〜五年をさかのぼると永万元年（一一六五）〜仁安元年（一一六六）で、その時期に後白河に出家を決意させる重大事件といえば、永万元年の二条の死が最も有力だ。皇位継承抗争から解放され、先に敗者として逝《い》った息子二条を弔う哀惜の情を示し、彼の後生菩提《ごしょうぼだい》（死後の安穏）を願うために出家を志すまでに、心の余裕を取り戻した、と考えてよい。

その出家の意思をここまで引き延ばしたのは、六条を退位させて高倉を皇位に就ける大仕事と、その間に、高倉を支える柱石として平家を朝廷と融合させ、基実の夭亡《ようぼう》で瓦解しかけた摂関家とも融合させる大仕事があって、気を緩められなかったから、と考えられそうだ。清盛の福原への隠居は、この体制が、重盛以降へと世襲できるほどの完成の域に達したことを意味する。後白河はそれを見届け、皇位継承問題が完全解決したのを機に、出家したのではないか。

後白河・成親と山門の抗争——平治の乱最後の謎

もっとも、後白河は出家しても院政を続けた。その中で、院の近臣たちが当事者となる紛争が目立ち始める。六月に院が出家した嘉応元年（一一六九）の年末に、まず藤原成親が山門《さんもん》

（延暦寺とその管轄下の日吉社）と紛争を始めた。

成親は、一〇年前の平治の乱で信頼と行動をともにして逮捕され、八年前の応保元年（一一六一）にも憲仁の立太子を図る陰謀の一味として解官《げかん》された前科があるが、平重盛が義弟（妹の夫）なので致命傷を免れてきた。成親の人生は、権力の頂点へ最短で導いてくれそうな人にいち早くすり寄り、すぐ調子に乗って痛い目を見る、という軽率なパターンの繰り返しだった（それが後に命取りになる）。二条が健在の時でさえ二条を甘く見て軽挙妄動した彼が、最終勝者となった後白河院政のもと、驕りと軽率さに歯止めを失ったのは想像に難くない。山門は嗷《ごう》訴《そ》して成親の処罰を求めたが、後白河は成親を庇《かば》い抜いた。

こうした山門の大規模嗷訴のたび、福原から清盛が上洛して事態の収拾にあたったが、清盛の武力が期待できる後白河は、山門との対決姿勢を隠さなくなった。すでに、後白河の出家自体が、山門の不《ふ》倶《ぐ》戴天《たいてん》の敵である園城寺《おんじょうじ》で行われており、院自身も近臣らも山門を軽んじ始めていた。平治の乱で勝たせてくれた神として、後白河は日吉社と熊野社を重んじたはずだが、生涯を通じて熊野詣を繰り返して熊野信仰を捨てなかった後白河が、なぜ日吉社への崇敬を捨てたのか、よくわからない。日吉社の背信を後白河が確信した決定的事件があったはずで、平治の乱関係の最後の謎といえるが、この問題は後に述べる鹿《しし》ヶ《が》谷《たに》の変と直結しているので、機会を改めて究明に挑むこととし、今は先を急ごう。

後白河・西光と山門の抗争――次の謎〝鹿ヶ谷の変〟へ

それから政界は小康を保ち、二年後の承安元年（一一七一）には清盛の娘徳子《のりこ》が高倉天皇に嫁いで、平家と王家・国家との融合は順調に進んだ。しかし、五年後の安元二年（一一七六）、平家と後白河の鎹《かすがい》（清盛の妻時子の妹、後白河の妻で高倉の母）として政情安定に貢献した平滋《しげ》子《こ》（建春門院）が没すると、急速に世情が荒れ始める［五味99―一三五頁］。翌安元三年、院の近臣筆頭に納まっていた西光の息子たちが山門と争い、山門がまた嗷訴して処罰を求めた。後白河は西光一家を庇《かば》い、天台座主《てんだいざす》明雲《みょううん》を罷免し流刑に処したが、山門が明雲の身柄を奪取し、後白河が山門攻撃を決意して清盛に命じるという、全面対決の様相を呈した。そのさなかに、平家を陥れる陰謀が発覚し、清盛から主謀者と認定された西光と成親が逮捕され、殺された。いわゆる鹿ヶ谷の変である。

西光と成親はともに平治の乱に深く関わったため、五味文彦氏は、事変の背景に平治の乱の存在を疑った。成親は狙っていた右大将《うだいしょう》のポストを平宗盛に取られて恨み、西光はかつての主人信西が達成した政治的・経済的基盤を平家に根こそぎ奪われたことを恨んだため、平治の乱を模倣して源氏（陰謀を清盛に密告した源行綱《ゆきつな》ら）を誘い、平家と争わせ、さらに比叡山と平家を潰し合いに駆り立てたという［五味99―一四九頁］。事変や陰謀の様相は複雑で、背景にあるらしき平治の乱への認識も、本書が暴いた真相と、本書以前の五味氏では異なるので、五味説の当否は判断しにくい。後白河が日吉社を憎悪した謎と合わせて、別の機会に取り組みたい。

さしあたり重要なのは、西光・成親の二人を殺し、さらに俊寛《しゅんかん》ら六人の院近臣を逮捕して流刑に処したことだ。清盛は院を責めなかったが、初めて後白河の近臣団と正面衝突し、容赦なく牙を剝いた。これで、後白河と清盛の間に取り返しのつかない亀裂が入った。

清盛のクーデターから源平合戦へ突入

翌治承二年(一一七八)、清盛の娘徳子は高倉の皇子言仁《ときひと》親王(安徳天皇)を産み、言仁は生後すぐ皇太子に立てられた。これは後白河が清盛と融和する好機だったはずだが、翌治承三年、平家が摂関家を支配する要だった平盛子が没し、相次いで嫡男の重盛も没した時、融和の芽は摘み取られた。後白河は関白基房と組んで、盛子が管理していた摂関家領を清盛の手駒の基通に相続させせず自らの手に回収し、重盛の知行国越前も息子らに相続させず回収して院の知行国にし、二〇歳の基通を無視して、基房の子でまだ八歳の師家《もろいえ》を権中納言に昇らせた。基房の平家に対する敵意の背景には、九年前の嘉応二年(一一七〇)、京中で重盛の息子資盛《すけもり》の一行に恥辱を与えた基房に、激怒した重盛が報復した〝殿下《てんが》の乗合《のりあい》〟事件があっただろう。ただ、後白河・基房がこれほど露骨な敵意を清盛に見せて、なぜ無事に済むと思ったのか、勝利を確信させるどのような力が働くと期待されたのかは、大きな謎だ。

いずれにせよ、清盛は激怒して福原から京都へ乗り込み、クーデターを起こした。関白基房をはじめ約四〇人に及ぶ後白河派を解官し、基通を関白に就け、後白河を鳥羽殿《とばどの》に幽閉して、今後一切の政治介入を辞退させた。翌治承四年（一一八〇）、言仁が皇位に就いて安徳天皇となり、ここに清盛の血を引く天皇が登場して、平家は天皇の外戚となった。

こうして、後白河が願った〈憲仁一家を平家が守り抜く体制〉は、王家と平家の融合という形で叶った。ただ、皮肉にも、後白河はそこから排除されていた。そして、後白河の幽閉というクーデターに憤った以仁王《もちひと》（後白河の皇子）が、「諸国の源氏よ、清盛を倒して院を救え」という令旨《りょうじ》（命令書）をばらまき、全国の源氏が呼応して源平合戦が起こった。その中で平家が劣勢に追い込まれた結果、守られるべき憲仁一家の安徳天皇は平家とともに西海へ没落し、海の藻屑と消えた。高倉も強健でなく、安徳に皇位を譲った翌年、二一歳で没した。

治承四年、以仁王の令旨を受け取った源氏の中に、平治の乱で処刑できなかった源頼朝がいた。清盛は今度こそ頼朝兄弟の処刑を決意し、土佐に流されていた弟の希義を仕留めたが、伊豆の流刑地にいた頼朝を取り逃がした。頼朝は、流刑地で結託した舅《しゅうと》の北条氏や伊豆・相模の武士と挙兵したのである。

頼朝は最初の劣勢をはね返して鎌倉に入り、〝鎌倉幕府〟という武士の地方政権を樹立した。

頼朝は坂東を制圧し、競合者の木曾義仲《よしなか》を滅ぼし、元暦二年(一一八五)に平家も滅ぼした。その直後、頼朝は朝廷に迫って、対立していた弟の義経を犯罪者として認定させ、後白河の反対を押し切って、義経を匿《かくま》った科《かど》で奥州藤原氏を滅ぼした。文治五年(一一八九)のことである。

頼朝の上洛——懐柔する後白河、かわす頼朝

後白河は、頼朝に何度も上洛を促した。頼朝はのらりくらりと断り続けたが、奥州藤原氏を滅ぼして武士の権門の最終勝者となった段階で断り切れなくなり、渋々、上洛を約束した。

後白河は、最強の武士の権門が、遠く東国にいて、意を尽くせない文通で、顔も知らないまま交渉し続ける不安に堪えかねていた。往年の白河・鳥羽院政期や、円満だった頃の平家のように、日常的に顔を合わせて心安い関係になり、自在に使役できる武士の権門を望んだ。

後白河はそのために、頼朝に右大将《うだいしょう》(右近衛大将《うこんえのたいしょう》)という武官の最高峰(天皇の親衛隊長)をオファーした。ところが、頼朝には京都に本拠地を移す気も、高官で手懐《てなず》けられる気もない。挨拶してすぐ帰る予定であり、「今回の上洛の目的は、オファーされた右大将を固辞するためだ」と公言した[上杉91、桃崎11]。

建久元年(一一九〇)一一月七日、頼朝は大勢の御家人を率いて京都に到着し、かつて平治

の乱で助命に動いてくれた池禅尼《いけのぜんに》の子、平頼盛の邸宅だった六波羅の池殿《いけどの》に入った。そして二日後の一一月九日、頼朝は上皇御所の六条殿《ろくじょうどの》に参上し、ついに後白河と対面した。

頼朝が退出すると、後白河は、頼朝の固辞を無視して頼朝を権大納言に任じ、さらに一五日後の一一月二四日、花山院兼雅《かねまさ》に右大将を辞任させ、頼朝に右大将を兼任させた。そして、「拝賀《はいが》（慶申《よろこびもうし》）」という任官の御礼参りを、本来なら当人が準備するところ、後白河が勝手に準備した。装束や道具、右大将の拝賀に必要な随行者まで、すべて後白河の差配で用意され、頼朝は押し切られる形で、右大将兼任から七日後の一二月一日、お仕着せの拝賀を遂げた。

この拝賀は、重要な政治イベントだった［桃崎11］。拝賀は、新たに官職に就いた人が勤務する前に必ず行う儀礼である。それをさせれば頼朝が右大将として勤務する意思、つまり京都に残って後白河に近侍する意思を示すメッセージとなる。それを大々的な行列で、京都の万人に目撃させ、頼朝が引き返せないようにしたのだった。

また、この拝賀は、後白河と頼朝の理想的な君臣関係を満天下に誇示した。これまでの行きがかり（特に義経問題での対立）を水に流し、唯一の武士権門となった頼朝の幕府と、後白河院の率いる朝廷が手を携え、長い内乱で荒廃した国土を復興させ、日本国を再建するフェイズに入る。そういうメッセージだった。後白河はこれを「復旧」と呼び、〝古き良き時代〟、つまり院政に都合のよい武士権門しかいない時代への回帰を目指した。しかし、頼朝はこのフェイズを「草創《そうそう》」＝〝新時代の第一歩〟と呼んだ。そして後白河の虫のいい懐古志向につき合わない意思を示すため、拝賀の一三日後の一二月一四日、帰途に就いた［桃崎11］。

ただし頼朝は、「坂東を拠点に全国の武士を統轄する形で、いくらでも後白河の朝廷に奉仕する」と明言した。その第一歩として、荒廃した内裏の再建を幕府の自腹で担うと申し出て、以後、明治維新まで、内裏の再建は幕府の仕事になった（詳しくは私の旧著『京都を壊した天皇、護った武士』を参照されたい）。

歪《いびつ》な院政の終焉を期待——後白河の寿命が尽きるのを待つ

ここまで当時の政治史を述べたのは、この上洛中になされた平治の乱に関する頼朝の証言が、直接関わるからだ。重要なことなので、その具体像と意義を、最後に詳しく述べよう。

入京から二日後の建久元年（一一九〇）一一月九日、頼朝は後白河と会談し、その足で後鳥羽天皇の内裏に参上した。後鳥羽はまだ一一歳で、実権を祖父の後白河院に握られていたが、形ばかりの挨拶を果たした。その挨拶の場に、摂政の九条兼実が同席した。挨拶が済むと、頼朝と兼実は内裏の鬼間《おにのま》という部屋に入り、二人きりで会談した。密室で交わされたその対話の、頼朝の生の発言を、兼実は日記に詳しく記録した（『玉葉』建久元年一一月九日条）。その中に、本書冒頭で紹介した、平治の乱の真相に関わる頼朝の証言がある。その意味を見誤らないため、兼実が記録した頼朝の一連の発言全体を、順を追って読解してゆこう。頼朝はまず、次のように口火を切った。

> 私は八幡《はちまん》神の託宣に従い、一心に「君」に帰順し、「百王」をお守りする所存です。

八幡神（八幡大菩薩）は源氏の氏神で、朝廷の守護神でもある。頼朝は、義仲・平家・奥州藤原氏を滅ぼした一連の戦争が、私利私欲ではなく、「国家のために源氏が果たすべき役割を果たせ」という神意に沿って朝敵を斃《たお》した正義の戦争だと、主張したのである。そして頼朝はその延長上で、ひたすら「帝王」のために尽くしてゆきたい、と表明した。

ただ、院政期の実質的な「帝王」は、天皇を親権で操る院であり、形式（天皇）と実質（院）が引き裂かれていた。そのため、頼朝ほどの実力者が無闇に一方を重視すれば、天皇と院の対立関係を誘発しかねない。それは望まない、という清盛と同じ配慮に基づき、頼朝は弁明した。

> まずは何よりも、当今《とうぎん》（後鳥羽天皇）を大切な存在として仰ぎます。もっとも、今は法皇（後白河）が天下の政治を執っており、天子（天皇）はまるで春宮《とうぐう》（皇太子）のような有り様ですから、実際には法皇に帰順することになります。法皇が天寿を全うされた後には当然、天皇に帰順するつもりであり、今の天皇を疎《おろそ》かにするつもりはありません。

頼朝は二度も「天皇を大切に思う」と繰り返し、天皇への忠誠心を強調する。単なる優等生発言のようだが、そうではない。頼朝は、後白河の寿命に言及した。しかし誤解の余地なく、「後白河院の寿命が尽きて院政が終わるのを待っている」と伝えたのである。

頼朝は「天皇はまるで皇太子のような有り様（天子は春宮の如《ごと》きなり）」と述べた。院政では当然の、あえて口に出す必要のないことを、頼朝は珍しいものを見たような口調で口にした。幼年の天皇を院が操る院政を、頼朝は率直に、歪《ゆが》んだ政治体制だと認識していたのだ。

頼朝がそう認識し、後白河院の寿命が尽きるのを待っていた証拠に、続けてこう語った。

私は摂政殿（兼実）に対して、表向きは疎遠に振る舞っていますが、本心は違います。疎遠を装うのは、余計な疑いを法皇（後白河）に抱かせないためです。

頼朝は、後白河の猜疑心を警戒していた。この点が、実はこの会談の一つの核心だった。五年前、源義経に迫られた後白河が頼朝追討の院宣《いんぜん》を出したことが発覚すると、頼朝は怒って関与した廷臣の責任を追及し、朝廷改革を強要して、摂政近衛基通より兼実こそリーダーにふさわしいと推薦し、翌年に兼実が摂政になった。その経緯があるので、兼実と頼朝は結託を疑われやすい。そして、摂政は天皇の分身として天皇のように振る舞えるので、摂政が本気で政治を動かそうとすると、天皇を操る院政と衝突してしまう。そうならぬよう、後白河と兼実は互いに配慮し、微妙なパワーバランスで共存している。その中で頼朝が摂政兼実に近すぎると、摂政に力が集まりすぎ、パワーバランスが崩れる。そうなれば、頼朝が摂政兼実と組んで朝廷政治を後白河院政から乗っ取ろうとしているのではないか、という後白河の猜疑心を招く。

猜疑心に取り憑かれた権力者がいかに社会を混乱させるかは、いうまでもない。藤原頼長の謀反を疑った鳥羽院・美福門院《びふくもんいん》が招いた保元の乱や、後白河・信西による守覚擁立を疑った二条天皇が招いた平治の乱が、典型的だ。頼朝は、猜疑心の暴発がもたらす社会混乱を避けるため、あえて摂政と疎遠に振る舞い、パワーバランスを後白河院側に重めに保ち、後白河を安心させて、朝廷の混乱を最小限にするよう願った。

後白河こそ元凶――静かに退場を待ってから国政を立て直す

これでは、頼朝は一般論以上のことを述べていないように見える。しかし、そうではない。続けて頼朝が語った、日本国と頼朝の将来構想で、それが明らかになる。

去年、私が内乱を鎮圧し終えたので、内乱で荒廃した天下はやっと正常化・復活に向かうでしょう。幼い天皇陛下と、壮年で寿命にほど遠いあなた様（兼実）には、それに取り組む時間がたっぷりあります。さらに私頼朝が運に恵まれれば、大いに奉仕できますから、政《まつりごと》は淳素《じゅんそ》（素直で正しい古《いにしえ》の姿）に戻るに決まっています。ただ、今すぐには、それらは一つも叶わないでしょう。今はまだ政を法皇（後白河）が握っていますから。

ここに、頼朝が後白河院政を問題視していたことが明白になる。後白河院政が続くうちは、朝廷政治は淳素に戻らない。原文では「万事叶ふべからず」とあるので、後白河院政がある限り、部分的どころか完全に妨げられる。頼朝は言葉を選びながらも、そう明言したのだ。これは密室で〝ここだけの話〟にすべき、相当に踏み込んだ院政批判であり、現体制批判だった。

頼朝が後白河院政を批判したのは、後白河の存在が源平合戦を誘発し、国土を荒廃させたからだろう。後白河が幽閉された治承三年（一一七九）の清盛のクーデターも、寿永二年（一一八三）に木曾義仲との武力衝突に敗れ去ってまた幽閉された〝法住寺合戦〟も、源平合戦後に義経を無闇に高官に就けて頼朝との対立を招いたのも、その義経が頼って逃げ込んだ奥州藤原氏を討伐せねばならなくなったのも、すべて後白河の軽率な我意が招いたことなのだから。

後白河は、頼朝を懐柔して手元に置き、「ともに日本を立て直そう」と表明したが、片腹痛い。日本を荒廃させた元凶の一人は後白河であり、後白河がこれまで通り君臨し続ける限り、日本の立て直しどころか、次の混乱を招く可能性の方が高い。頼朝はそう考えたのである。

頼朝がこの会談の中で、後白河・後鳥羽・兼実の余命に言及して、何度も寿命の話をしていることに注意されたい。後白河院政は国政の癌《がん》だが、後白河はもう六四歳だ。当時の平均寿命を考えれば、もうすぐ自動的に政界から退場する（事実、二年後にそうなった）。今はただ静かにその時を待ち、後白河の退場後に満を持して、唯一の武士権門の長として、日本の国政に果たすべき役割を果たしたい。そうして新たに開始（草創）されるべき日本の国政は、若き後鳥羽天皇のもと、兼実が摂関として朝廷政治を主導し、頼朝が〝唯一の武士権門の長として国土の治安維持を担う〟地位に立つ、という体制がベストだ。頼朝はそう述べているのである。

「朝の大将軍」と征夷大将軍——国土の治安を担う全武士の長

問題は、その頼朝の地位を、どう表現するかだった。頼朝は「鎌倉殿《かまくらどの》」と名乗っていたが、それは〝鎌倉を本拠地とする貴人〟の意味にすぎず、彼が社会的・制度的にいかなる職権・職責を帯びた人なのかを、表現できない。また、後白河が与えた権大納言・右大将という官職も〝議政官で大臣に次ぐ地位〟かつ〝名誉ある天皇親衛隊の長〟しか意味しない。しかも、それは後白河が強引に与えたものにすぎず、頼朝自身の構想を少しも反映していないし、頼朝には京都に張りついて天皇の親衛隊長に満足する気はさらさらない。頼朝がこれから国制の中で果たそうと構想する役割を、適切に表現できる肩書きや呼び名が、日本国には欠けていた。

そこで頼朝は、鎌倉に戻るや否や猛然と、この問題の解決に着手した［桃崎20a］。まず、「鎮西奉行人《ちんぜいぶぎようにん》」などの、明らかに国政の一部を担う機関を、初めて幕府に設けた。また、頼朝の命令文書である「下文《くだしぶみ》」の様式を、大幅に変更した。これまでは、差出人である主語（頼朝の名）を示さず、「下す　某（宛先の名前）」とだけ書いて、文書冒頭の余白に頼朝の花押《かおう》（サイン）を書き、単に〈頼朝の人格から出た意思表示〉だと示すだけの〈袖判下文《そではんくだしぶみ》〉だった。それを変えて、冒頭に「前右大将家政所下す　某」と差出人の主語を明記し、しかもそれを頼朝その人の人格ではなく「政所《まんどころ》」、つまり家政機関にして、〈政所下文〉という様式に変えた。これらは明らかに、〈国政を担う地位に立った〉という頼朝の自覚を反映して、今後の頼朝の政治判断を〝家政〟と〝国政〟に分離する必要に迫られた結果だ。

さらに頼朝は、発行済みの袖判下文を回収し、同内容の政所下文を発行するという、大規模な文書の書き換えを断行した。これは歴史の書き換えである。一私人として生き残るために平家と私戦を戦い、途中から後白河のために官軍として戦う立場に切り替わった歴史を、すべて最初から〈家政も国政も担う全武士の長〉として戦ってきたことにしてしまったのだ。

挙兵した当初、「鎌倉殿」は、従者である家人《けにん》（御家人）の代表者にすぎなかった。それがこの段階までに、国政として武士を統率する者に変貌した。主従関係の有無を問わず、すべての武士の上に君臨する唯一の武士権門の長として、国土の治安維持を担う者へと化けたのだ［桃崎20a］。ちょうど、清盛が太政大臣になって平家と国家が溶け合い始めた時のように。

頼朝のこの地位を表現できる適切な肩書きや呼び名は、建久元年（一一九〇）に兼実と会談した段階では、まだ存在しなかった。しかし、その地位を表現する制度的な肩書きが、二年後の建久三年（一一九二）にようやく得られた。かの有名な「征夷大将軍」である。その年に後白河が世を去るや否や、頼朝は「大将軍」の肩書きを朝廷に要求した。「大将軍」とつくなら

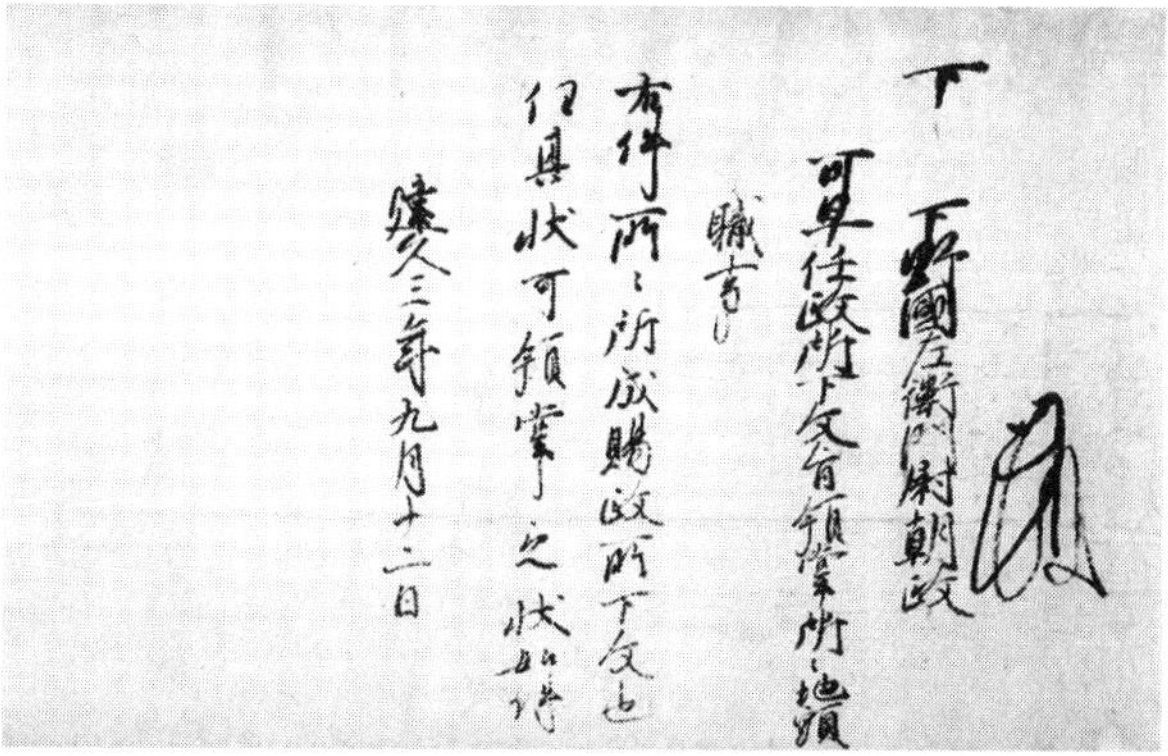
下　下野國左衛門尉朝政
可早任政所下文令領掌所々地頭
職事
右件所々所成賜政所下文也
任其状可領掌之状如件
建久三年九月十二日

図 21　源頼朝の袖判下文（神奈川県立歴史博物館所蔵）

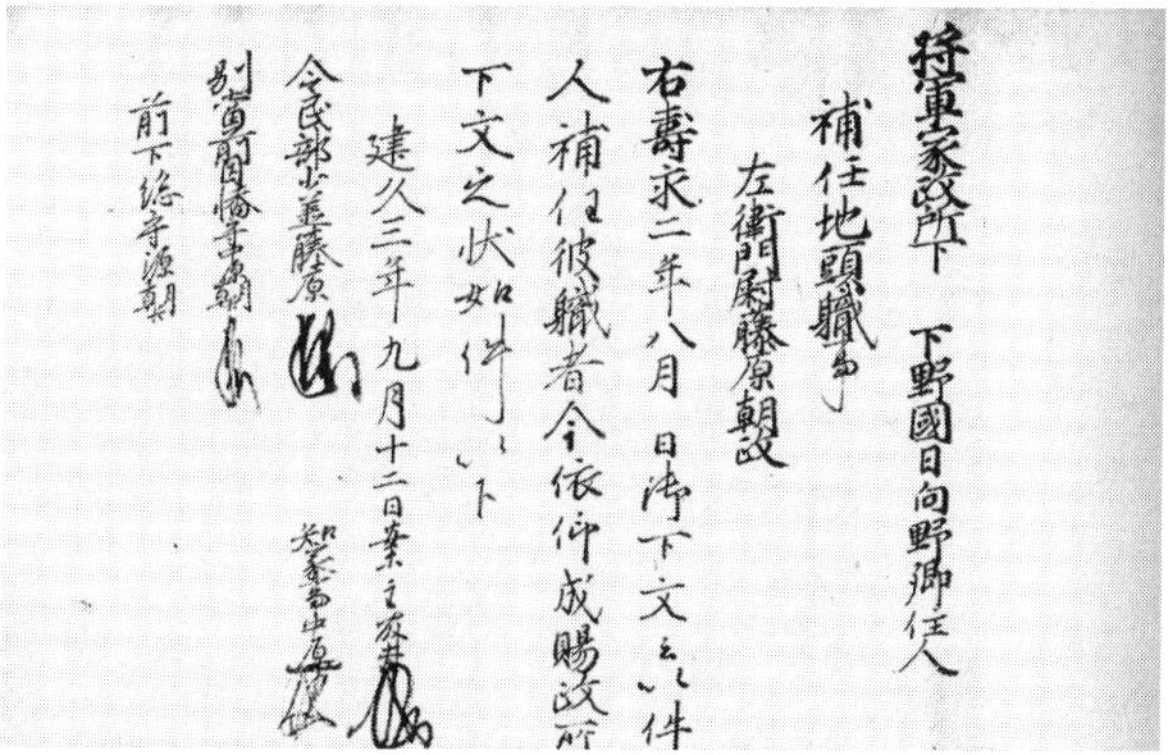
将軍家政所下　下野國日向野郷住人
補任地頭職事
左衛門尉藤原朝政
右壽永二年八月　日御下文云件
人補任彼職者今依仰成賜政所
下文之状如件以下
建久三年九月十二日案主藤井
知家事中原
令民部少丞藤原
別当前因幡守中原朝臣
前下総守源朝臣

図 22　源頼朝の政所下文（神奈川県立歴史博物館所蔵複製）

何でもよかったが、いくつかの候補の中から消去法で選ばれて、「征夷大将軍」を与えられた［櫻井04］。

後白河の生前には後白河の抵抗で将軍職が与えられなかった、と説く専門家がこれまで多かった。しかし、頼朝は、兼実との会談で何度も匂わせた通り、後白河の猜疑心を招いて混乱を起こさぬよう、後白河の寿命が尽きるのをじっと待っただけだ。

その頼朝の地位は、二年前の会談時には頼朝の脳裏にあり、兼実の同意も得ていた。摂政兼実と並び立って〝全武士の長として国土の治安維持を担う〟地位を、頼朝は会談で「朝《ちょう》の大将軍」と呼んだ。〝朝廷の総司令官〟という意味だ。二年後に「大将軍」なら何でもよいという姿勢で「征夷大将軍」となったことの意味は、この「朝の大将軍」の制度化にほかならない［桃崎20ａ］。

そして、この「朝の大将軍」こそ、本書の冒頭で紹介した、平治の乱の真相を含む台詞の一部だった。乱の真相は、頼朝が今まさに「朝の大将軍」という地位にあり、今後もあり続けるのが正当である、という理由として語られたのだ。

義朝の犠牲に対する対価が「朝の大将軍」

三度目の引用になるが、二度目までは意図的に、「朝の大将軍」が現れる続き部分を示さなかった。今、それを含めて全体を理解できる準備が整ったので、また原文と訳を示そう。

義朝の逆罪《ぎゃくざい》、是《こ》れ王命を恐《かしこま》るに依《より》てなり。逆に依て其《そ》の身は亡ぶと雖《いえど》も、彼《か》の忠 又《ま》た空《むな》しからず。仍《よっ》て頼朝 已《すで》に「朝《ちょう》の大将軍」為《た》るなり。

父義朝が反逆罪を犯したのは、「王命」を恐《かしこま》った結果です。反逆行為によって父義朝の生命は滅ぼされましたが、その振る舞いには忠誠心が満ちていました。だからこそ、私頼朝は父の跡を継いで「朝《ちょう》の大将軍」になれて、今もその地位にあるのです。

父義朝は、二条天皇の命令に従って忠節を果たしたが、二条の裏切りにより、天皇のために理不尽な汚名を背負い、理不尽な死を強いられ、頼朝も連坐して理不尽に二〇年も伊豆に押し籠《こ》められた。それらの多大な犠牲を、義朝親子は二条天皇のために払った。それは天皇への類《るい》を見ない忠節だ。朝廷には、その恩義に報いて、義朝・頼朝親子に対価を支払う責務がある。頼朝の方には、頼朝自身への対価と、落命した父が受け取れなかった対価の二人分を、まとめて受け取る資格がある。源氏・朝廷の守護神である八幡神の神意と、それに基づいて朝廷のために奮戦した頼朝自身の功績も加味して、後白河はその対価を頼朝に与える、と先ほどの会談で保証した。それこそが、今の頼朝の「朝の大将軍」という地位である。頼朝はそう述べたのだ。

朝廷は平治の乱で、二条の暴挙によって義朝一家に借りを作った。三〇年越しに頼朝が返してもらった時、それは「朝の大将軍」の地位という形だった。その地位は、後に「征夷大将軍」と呼ばれ、幕府の長を示す唯一無二の代名詞になった。その、国政を担う幕府の長を頼朝が子孫に世襲させる正当性は、「平治の乱の貸しを返してもらう」という形で得られたのだ。平治の乱は、国政機関としての鎌倉幕府の確立を朝廷に否応なく呑ませる政治交渉で、最大の武器となった。その意味で、平治の乱は日本中世史上、最も重要な事件の一つといっていい。

鎌倉幕府の社会的定位と引き換えに平治の乱の〝貸し〟を清算

鎌倉幕府の成立については諸説あるが、治承四年（一一八〇）と見なす説［石井74─二〇五頁］が最も優れている。頼朝軍が鎌倉に腰を据え、地方政府として統治万般を担う決意をし、それを実践し、それを担える機構の基本形がその時に出揃ったからだ。私はさらに、儀礼という非言語メッセージによって、具体的にいえば「垸飯《おうばん》」という豪勢な食事を御家人全員で共食する儀礼を通じて、その段階で頼朝らが自ら〝幕府の成立宣言〟を発信していた事実を突き止め、この説を支持している［桃崎16b］。これは、いわば幕府成立の第一段階だ。

それを踏まえて、第二段階がある。第一段階の「鎌倉殿」は、地方に勝手に作られた軍政府の長にすぎず、どれだけ強くとも一私人にすぎない。これに対して、第二段階の「鎌倉殿」は、国政の重要な一部門の長として、制度的に国家の一部となった。その既成事実だけ積み上げてきた地位を、頼朝が後白河の口から追認させたことが、建久元年（一一九〇）の上洛の成果だった。

その上洛で、兼実に（そして恐らく後白河にも）、〈「朝の大将軍」たる今の私は、平治の乱の「王命」の結末だ〉という自覚を語り、何ら反論を受けなかった時、幕府成立の第二段階が達成された。第一段階を〝鎌倉幕府の成立〟というなら、この第二段階は〝鎌倉幕府の社会的定位〟といえるだろう（その後、内紛や北条義時《よしとき》の台頭などによって執権政治が出現するが、それは社会の中に定位された幕府の内部で、誰が主導権を握るかの話にすぎない）。

してみると、〝鎌倉幕府の社会的定位〟とは、平治の乱で「王命」に使い捨てられた義朝の無念の清算であり、源氏の朝廷に対する〝貸し〟の清算だった、ということができる。

頼朝は、二条天皇の暴挙で父が理不尽に死んだ事実を、やんわりと口にした。しかし頼朝は、この〈天皇の不正義〉を声高にいい立てず、政治問題にしようとせず、密室で摂政兼実に語るだけにとどめた。恐らく直前の後白河との会談で、「朝の大将軍」として自他ともに認める地位が確認されたことで、〈天皇の不正義〉に対する朝廷の償《つぐな》いは果たされた、と考えたのだろう。朝廷と幕府が手を携え、二人三脚で日本国を「草創」しようと構想した頼朝にとって、この件を〈償いが済んだ話〉として水に流すのは、政治家として当然の選択だったに違いない。

平治の乱の真相を隠す二次史料の作為の痕跡

　平治の乱の非道な真相は、頼朝が対価に満足したため、政治問題としては葬り去られた。しかし、ここで疑問が湧く。その真相はなぜ、これまで数百年間も気づかれなかったのか、と。最も読みやすく、最も流布し、最も娯楽的な『平治物語』が、真相と違う筋書きを数百年間も世に広めてきたことは致命的だった。しかし、真の問題は、三一年後の頼朝の証言を除いて、乱の真相を語る史料が皆無であることだ。そうした事実は、歴史学では〝史料の残存の偶然性〟で片づけることが多い。しかし、二次史料をよく観察すると、作為の痕跡が見え隠れする。中でも、『今鏡』は簡単に馬脚を現す。『今鏡』はあまり、個別の小さな事実について嘘をつかない。しかし、時系列を偽って、出来事の順序で派手な嘘をつく。たとえば、信西一家の赦免と同時に二条親政が始動した、という。これでは、信西一家を不当な流刑から救い出したのは二条だったかのようだ。事実は逆で、二条こそが信西一家を弾圧した張本人である。『今鏡』は二条の不道徳な行いを隠蔽し、二条が信西一家に仁愛を注いだ明君であるかのように、話を歪曲した。

　『今鏡』〔三―すべらぎの下―花園匂〕ではかなり自覚的に、二条を美化する決意が表明される。「末の世の賢王におはしますとこそうけ給はりしか（世の末のような時代には珍しい賢明な帝王でいらっしゃった、と聞いている）」と、二条をはっきり礼讃するのだ。本書で明らかにした二条の素顔は、「こんな暗君は見たことがない」と信西を嘆かせた後白河を上回る希代の暗君だったが、それを察知させる情報を隠し、操作し、二条を明君に祭り上げてしまった。

一方、『愚管抄』はさすがに洗練されている。日記やインタビューなど信用できる情報源を多用し、しかも情報源を明かして使うので、個々の記事に嘘があったとは認められない。平治の乱の叙述では、慈円はただ事実を並べ、推測にはわざわざ「私の推測にすぎないが（〜ニヤ）」と断りを入れた。「義朝が、娘と信西の子是憲との婚姻を申し込んで断られた」という事実を記すが、「だから義朝は謀反に踏み切ったのだ」とは述べない。代わりに、「これは信西の腹黒さを伝える話で、腹黒さは道理に背くので自分に跳ね返ってきた」という一般論だけを述べる。それにより、「義朝はこの態度に怒って挙兵したのだな」と読者は勝手に結論する。慈円自身は一言もそう述べないまま、一つも嘘をつかずに、巧みに印象を誘導している。後に述べるような、当時の人が下した〈二条は不孝・不徳の天皇〉という人物像にも触れない。

しかし、よく読めば、読者がすぐ真相にたどり着かない範囲で、ヒントを残している。たとえば、処刑直前の信頼の「私は過ちを犯していない」という台詞がそうだ。これに対する清盛の「ナンデウ（どうして）」という反応も、彼の言葉を偽りなく記録し、なおかつ続く文章を略すことで、史実に反しないように真相をぼかしている。史実では、「どうして（二条の軽率な暴挙を諫めず、逆に片棒を担いで暴挙を実行し、天皇の生涯と朝廷の歴史に取り返しのつかない汚点を残したのか）」という文脈だったらしいものが、史実を知らない読者には「どうして（そんな見え透いた責任転嫁をするのか）」という意味に読める。慈円は史実を曲げないことに良心的で、しかも狡猾《こうかつ》だ。

『百練抄』は、『本朝世紀』や平親範《ちかのり》の日記、吉田経房《つねふさ》の『吉記《きつき》』、その子資経《すけつね》の『自暦記《じりやくき》』、資経の子経俊《つねとし》の『吉黄記《きつこうき》』などの日記をベースに、鎌倉末期以前に吉田家の誰かが抄出したものだ。吉田家は藤原為房の子為隆《ためたか》の子孫で、為隆の弟顕隆《あきたか》の子孫である葉室家の同族である。

もとが日記なので『百練抄』の信憑性は高いが、これにも後世の作為が働いている。その証拠は、三条殿襲撃の記事に「右衛門督信頼卿・前下野守義朝等 謀反す」と明記されていることだ。この事件を謀反として断罪する筋書きは、二条が大内を脱出してから後づけで用意された偽装物語《カバーストーリー》であって、三条殿襲撃の当日はまだ謀反ではない。元の日記になかった「謀反」の二字を、『百練抄』の著者が勝手に書き加えたのだと考えられる。そして、乱が途中まで二条の「王命」で動いていた事実は、元の日記には書かれていたかも知れないが、『百練抄』には跡形もない。

後白河院政が二条の犯罪を全力で隠蔽し〝完全犯罪〟に

『愚管抄』の著者慈円は、平治の乱の四年前に生まれ、後白河院政の全盛期を経て、承久の乱の四年後の嘉禄元年（一二二五）に没した。『今鏡』の著者とされる寂超《じゃくちょう》（藤原為経《ためつね》）は永久年間（一一一三〜一八）の頃に生まれ、白河・鳥羽・後白河院政の全盛期を経て、源平合戦の頃に没した。

その彼らの史書が、揃って平治の乱の真相を隠した。それが意味するのは、こういうことだろう。平治の乱で二条が犯した罪は、後白河院政のもとで、朝廷が全力で隠蔽した、と。

平親範の日記によって真相を知り得たはずの『百練抄』の著者も、改めて真相を隠蔽することを選んだ。後白河院政期に始まった〈二条の犯罪は隠蔽する〉という共通了解は、鎌倉末期まで維持されたのだ。その結果、以後の史書や史家は真相を知り得なくなり、今日に至った。

二条天皇自身は、犯した罪と向き合う時間がないまま世を去った。しかし、彼が犯した罪は、死後に朝廷が全力で隠してくれた。そして見事に、八〇〇年以上も発覚させなかった。勝者や加害者が自分の犯罪を隠蔽するなら、何も珍しくない。しかし、敗者である加害者の罪を、勝者である被害者が隠蔽した点に、この事件の奥深さがある。

後白河は三十三間堂の完成式典への二条の出席を望み、拒否されると涙を流した。後白河はあくまでも二条との融和を望み、完全な決裂を悲しんだのだ。父に対して二条は一方的に憎悪を向けすぎる、親の心子知らず、と後白河は感じただろう。ただ、二条がなぜそこまで憎むのかを、最後まで後白河は理解しなかった。後白河はその無理解のまま、彼なりの〝愛情〟を示した。前述の通り、後白河は、二条の死を悼《いた》んでその後生菩提を願う心情から出家を決意したほどだ。その感情が、二条の罪を隠蔽しようという後白河自身の動機にはなっただろう。

ただ、ことが天皇の犯罪であるから、もはや父親の愛情云々で処理できるレベルの問題ではない。それは国家の体面の問題だった。過去にも正気を失った天皇や上皇が問題行動を起こしたことはあったが、正気でないなら大した問題ではない。今回は正気の天皇が、父である上皇の御所を襲撃させるという、日本史上初にして最大級の不孝を犯した。そこが問題だった。

二条天皇は不孝者という公然の定評

天皇の犯罪を定めた法は存在しない。法は、帝王が他者を縛るために定めるものだからだ。しかし、人の世の普遍的な規範は、暗黙のうちに帝王を捉え、律する。古代中国文明の影響を受けた前近代東アジア世界では、《礼》がそれに該当する。《礼》は、帝王を含む人間社会のあり方を外から規定し、全人類を律した。二条天皇の行いは、その《礼》に反する罪であり、そして最も重い罪だった。〝孝〟という、《礼》が最も重視する人の規範を破ったからである。

二条の不孝には、弁護の余地がなかった。平治の乱から一〇年後の嘉応元年(一一六九)、右大臣の九条兼実を、陰陽助《おんみようのすけ》の安倍泰親《やすちか》が訪ねた。前述の通り、泰親は当代一の陰陽師だ。彼は兼実に語った。「天文・陰陽について、生半可な知識で出鱈目《でたらめ》を帝王に語ると、天罰で寿命が縮まる。その典型例が同族の安倍広賢《ひろかた》の末路だ」と（『玉葉』嘉応元年四月一〇日条）。

日本の天文道・陰陽道のベースには、古代中国の讖緯《しんい》説がある。讖緯説とは、儒教と無関係に捏造《ねつぞう》された神秘主義が儒教に寄生したもので、天が様々な予言・変異などの天啓《てんけい》を示して、地上の帝王の治世を非難したり讃美したりする、と主張する。天は、帝王の悪政を憎んで変異を現し、善政を慶《よろこ》んで瑞兆《ずいちょう》を現す。その瑞兆の一つに、「慶雲《けいうん》」という特殊な雲があった。

安倍広賢は、二条天皇の治世の時に「慶雲が現れました」と二条に報告し、報賞を与えられた。その時、泰親は厳しく非難した。「慶雲とは、聖代に出現するものだ。また経典には、孝に熱心な帝王の時に出現する、とある。しかし、今上《きんじょう》（二条）は様々な面で賢いとはいえるだろうが、孝を全く欠く帝王だ。その治世にどうして慶雲など現れるものか」と。しばらくして広賢は死んだ（史実では応保二年〈一一六二〉に死去）。そう泰親は語った。広賢が死んだのは、天皇に媚《こ》びて、天の意志を歪曲して報告したからだ、というのである。

興味深いのは、この話で泰親が二条を「今上」と呼んだこと、つまり二条の治世の最中に公然と非難したことだ。そういえば信西も生前、後白河を「前代未聞の暗君」と陰で非難していた。この時の泰親の談話によれば、泰親と信西は、鳥羽院政の頃から天文・陰陽のプロとして鳥羽院に近侍しており、どうも古代中国科学の使い手として相通ずるところがあったらしい。

普通なら、死後でさえ、天皇を悪くいうのは憚《はばか》られる（『今鏡』が二条を「賢王」に祭り上げたように）。まして、天皇の生前に「この治世は善政ではない」といい、「今の天皇は、天の祝福に値しない不孝者だ」と天皇の人格・人徳を非難する言説は珍しい。信西や泰親の個性を差し引いても、二条の不孝ぶりがよほど公然の事実であり、よほど目に余り、世間全体から顰蹙《ひんしゅく》を買っていなければ、こうした手厳しい非難が平然・公然と口にされるはずがない。

孝の否定は義の否定→儒教の否定→天皇制の否定と同じ

この九条兼実の日記『玉葉』や、当時の朝廷のあらゆる意思表示に明らかなように、わが国の朝廷は倫理観を儒教に依存していた。その儒教で最も重視されたのは、主君に対する忠義立てである〝義〟と、親に対する忠義立てである〝孝〟だ。二条は、その〝孝〟を甘く見た。二条にとって、三条殿襲撃事件は、皇位を危うくする上皇の御所を天皇が攻撃した保元の乱と、同じでしかなかっただろう。しかし、保元の乱で後白河天皇が攻撃した崇徳院は、兄であって親ではない。儒教は、単純な年長者への尊敬義務である〝長幼の序〟も重視するが、親への〝孝〟は次元が違う。弟は兄がなくとも生まれるが、子は親なくして絶対にこの世に生まれ得ない。因果関係を重視する儒教では、子にとって、自分をこの世に出現させてくれた親の尊さは、絶対的という言葉でさえ足りない［桃崎20d］。

朝廷社会にとって、不孝は人間として最悪の罪だ。その罪を、よりにもよって、天皇が犯した。これでは朝廷が崩壊してしまう。なぜなら、朝廷と日本国の秩序は、あらゆる臣民に天皇への忠義立てを守らせる建前だけで成り立っており、それを正当化するのは〝義〟という儒教の徳目だったからだ。天皇が〝孝〟を蔑《ないがし》ろにするなら、それは〈儒教の徳目など、どうでもよい〉と天皇が宣言するに等しい。つまり、〈人が天皇に〝義〟を果たす責務もない〉と宣言するのと同じだ。天皇制が儒教とともにある以上、儒教的徳目の否定は天皇制の否定と同じなのだ。二条はそれに気づかなかった。二条の近視眼的な利己的行動は、天皇制を、朝廷を、日本国を崩壊させる自己否定なのであり、天皇がそれをしたらお終《しま》いなのである。

その暴挙が記録されて後世に残れば、天皇制は自己否定という癒えない傷を負い続け、今後一切、〈人はなぜ天皇に従わねばならないのか〉を説明できない。つまり、王朝交代を正当化しかねない。そして、天皇制に寄生する院も廷臣も、自らの存在価値・正当性を説明できなくなる。何より、朝廷は永遠にこの国家の恥を、汚点を抱え続け、自尊心を保てなくなる。

そこで、最も簡単な解決法に皆が飛びついたのだろう。なかったことにしてしまおう、と。

完全犯罪とその綻び――隠蔽の努力と保全の努力

顧みれば、平治の乱の理解が難しいのは、乱の当日の日記が一つも残されていないからだ。『兵範記《ひょうはんき》』や『山槐記《さんかいき》』など、その前後の記事が残っていて、平治の乱当日にも記録されたに違いないはずの日記も、平治の乱の前後だけすっぽり抜けて存在しない。それは偶然かもしれない。しかし、二次史料で朝廷が本気の隠蔽に走った事実が明らかな今、一つの疑念が消えない。朝廷社会は、〈平治の乱を記録した日記は保存しない〉と決めたのではないか、と。

天皇の犯罪は、朝廷が総力を挙げて取り組んだだけあって、ほとんど完璧に隠蔽された。八〇〇年以上も発覚を免れたのだから、完全犯罪といっていい。

しかし、彼らは油断した。平治の乱から三一年後の日記に、まさか真相を語る当事者の言葉が記録されていたことには、誰も気づかなかったらしい。ちょうど、平治の乱の研究者が誰もその記録に気づかなかったように。三一年後、頼朝は「平治の乱での義朝の行動は〝王命〟に基づくものだ」と語ってしまった。それを、密室で聞き届けた唯一の証人の九条兼実は、そのまま記録してしまった。そのお蔭で、八〇〇年以上も隠し通された完全犯罪が暴かれた。

それは、兼実のミスだっただろうか。私は、どうしても一つの可能性を捨てきれない。二条天皇の犯罪は、簡単に暴かれては困る。しかし、完全に歴史から抹殺しては良心が痛む。いつかすべてが時効になり、二条天皇の犯罪が白日の下に暴かれても誰も困らなくなった遠い未来に、歴史家が真相にたどり着けるよう、ヒントだけは残しておきたい。平治の乱とは時間も離れた、全く関係ない話題に、小さなヒントを一つだけ、「王命」というたった二文字で。兼実はそうして良心を保とうとしたのではないか。そう想像せずにはいられない。

エピローグ——平治の乱の新たな全貌

本書では、細かく複雑に入り組み、拡散しがちな話を重ねてきた。そこで最後に、本書によって解明され、更新された平治の乱の本当の粗筋を手短に述べて、筆を擱《お》こう。

平治の乱は、皇位の行方をめぐって後白河を憎む二条が暴発した、クーデターから始まった。

その頃、後白河院は、二条の養母美福門院の一家に王家主流派の地位を奪われると危惧していた。そこで、彼女の影響下にない別の息子の守覚（二条の異母弟）を次の天皇にしようと目論み、後白河院政を保元の乱の直後から担ってきた信西も賛同した。それを察知して焦った二条は、短絡的に暴力でこの企みを葬り去ろうと決意した。保元の乱を模倣して後白河院の御所を襲って破壊し、院政の主軸である執権の信西を一家丸ごと没落させることで、後白河院政を物理的に潰し、皇位継承問題ごと葬る計画だ。実行部隊には、官位昇進を邪魔する信西とそれに耳を傾ける後白河を恨む藤原信頼、天皇の命令で大功を挙げて平家と並ぶ存在感を取り戻したい源義朝、そして自分の皇太子時代から熱心に奉仕してきた源重成・源光基・源季実らが選ばれた。

二条の即位に伴う大嘗会が終わり、義朝たちほど簡単に操れそうにない後白河院政派の平清盛が熊野詣のために京都を留守にした隙を狙って、平治元年(一一五九)一二月九日、計画は実行に移された。後白河の御所「三条殿」は急襲・放火され、信西は謀反人と断定されて一家もろとも地位を逐《お》われた。信西は責任感と絶望から、そして息子たちを巻き込まないために一人で自害し、息子たちは遠方への流刑に処された。

クーデターは成功したが、後先考えずに院政を止め、政務を担える執権信西を滅ぼしたため、二条親政は始まっても張り子の虎で、政務は頓挫した。亡き鳥羽院の近臣団の生き残りを代表する三条公教らは、その状況を憂えた。そして、まともな政務を朝廷に取り戻させるべく、京都に帰った清盛と合意の上、大炊御門経宗・葉室惟方を執権に取り立てて二条親政を立て直そうと策した。

その実現には、三条殿襲撃という二条の暴挙を隠匿することが必須だった。二条は一二月二五日未明に首尾よく大内を脱出し、清盛の六波羅亭に入って、公教らや清盛と合流した。そして三条殿襲撃事件は〈信頼・義朝や重成・季実らの謀反〉とされ、彼らにすべての責任と罪をかぶせた。

しかし、政務の奪還と復讐を狙う後白河は、この敵方の混乱を奇貨として逆転すべく、六波羅亭に合流した。二条一派は、口封じに信頼・義朝らを追討する宣旨を出したが、信頼への復讐心に燃える後白河はこの命令を自分の意思として出させ、二条親政を乗っ取る動きを見せた。翌二六日、京都の市街地を戦場として、官軍とされた清盛軍が義朝らを破り、没落させた。信頼・季実や、義朝の長男義平らは捕まり次第処刑され、義朝は逃亡中に裏切られて自害し、重成も逃亡中に殺された。

勝利を確信した二条は、一二月二九日に六波羅亭を出て戦争終結宣言をし、翌年正月一〇日に「永暦」と改元して勝利宣言をした。そして、皇位継承問題の競合者として乱の発端となった守覚を、出家に追い込んで皇位継承の望みを絶ったばかりか、上西門院まで出家に追い込み、後白河一家の俗世での栄華は今後あり得ないことを思い知らせようとした。これで二条は、平治の乱の終結と自分の勝利を信じた。

ところが、六波羅亭を出た後白河は、葉室顕長の八条堀河亭を御所とし、自ら桟敷で民情把握を始め、院政再開の意欲を見せ始めた。これに再び激した二条は、経宗・惟方に命じて上皇御所の桟敷を封鎖し、断固として後白河院政の再開を認めない意思を示した。

すでにここまでの経緯で我慢の限界に近づいていた後白河は、この事件で激怒し、もとより院政派だった清盛を内裏に踏み込ませ、惟方を逮捕させた。同時に自宅に踏み込まれた経宗の家人《けにん》は大いに抵抗し、合戦になったが、経宗も逮捕された。後白河はただちに経宗・惟方を解《げ》官《かん》し、二条が追放した信西の息子たちを京都に呼び戻して復権させた。そして、三条殿襲撃・京都合戦の謀反人として源頼朝兄弟らが遠流に処される日、経宗・惟方らも遠流に処し、平治の乱は最終決着した。後白河の逆転勝利である。

その後、すぐに美福門院が病死し、後白河の王家が美福門院一家に乗っ取られる危機は去った。後白河は二条との融和を策し、二人で政務を共同運営する二頭政治型の院政を開始し、観念した二条もこれに乗った。しかし、一年後の応保元年（一一六一）に後白河の皇子憲仁が誕生すると、皇位継承問題が再燃した。またしても猜疑心に支配されて頑《かたく》なになった二条が、後白河を政務から閉め出し、純粋な二条親政を開始したのだ。翌年、二条に対する呪詛が発覚し、それに過剰反応を示した二条が後白河の側近、特に憲仁の縁者である平家の関係者を粛清するなどして、朝廷政治は再び混迷した。その二年後の長寛二年（一一六四）、待望の皇子順仁《のぶひと》を儲けた二条は、瀕死の床で強引に順仁に譲位して六条天皇とし、すぐ病魔に屈して世を去った。

後白河はついに、二条が引き起こす皇位継承問題のトラブルから解放されたが、最後の尻拭いが残った。平治の乱は、史上初にして史上最大の〝天皇の不孝〟という、朝廷・天皇制の自己否定につながる暴挙だった。この恥ずべき国家の汚点は、敵味方を超えて、朝廷全体の超党派で隠蔽すべきだった。後白河と廷臣らはこれに全力を尽くし、恐らく乱の真相を記録した日記の類を葬り去り、新たに著される史書ではすべての罪を信頼や義朝に着せ、〈正気を失った信頼らの暴発〉という偽装物語《カバーストーリー》を後世の人々が信じるよう誘導した。その隠蔽工作は実によく機能し、ここに二条の犯罪を八〇〇年以上も隠し通す完全犯罪が成立した。

乱を生き残った頼朝は、真相を知る生き証人だったが、平家との戦争に勝って日本のすべての武士の長になった時、朝廷を責める代わりに、これを政治利用した。天皇の裏切りで父義朝が強いられた理不尽な死は、朝廷への〝貸し〟だと強調し、それを水に流す代わりに「朝《ちょう》の大将軍」という地位を既成事実化させ、鎌倉幕府を国家と融合させて完成させたのだった。

平治の乱の真相は、〈鎌倉幕府とは何か〉という、日本中世史学を賑わせてきた大テーマに直結する。その意味で、平治の乱の真相解明は、平治の乱だけにとどまらず、中世史全体の理解に多大な影響を与える、日本中世史学の大切な前進だと、私は考えるのである。

あとがき

昨日、私はロシアに中世日本を見た。民間軍事会社ワグネルが、モスクワへ進軍を始めた。侵略戦争の前線でウクライナと戦わせ、弱らせて潰そうというロシア軍首脳の奸計に抗議するという。まるで室町幕府の、足利義満の悪政に抗議する大内義弘を見るようだ。ロシアがこのまま室町日本の轍《てつ》を踏むなら、最後には応仁の乱という破局が待っている。コロナ禍、AIの劇的普及と来て、その先に核兵器がちらつく戦国時代が見える。人類は正念場を迎えたようだ。

そんな情勢下でも、個々人にできることは普段の仕事だ。私はいつも通り数多《あまた》の厚意に支えられ、いつも通り日本中世史の本を書いた。研究の場を下さった武蔵大学。そこへの転職を慫《しょう》慂《よう》して下さった先輩研究者。温かく迎えて下さった同僚諸氏。久々の学会で私の健康を喜んでくれた研究者仲間。私生活で寄り添ってくれる人々。平治の乱で本を書くことは一生あるまいと思っていた私に、本書の企画を依頼して下さった前著の編集氏と、最後まで激励して本書を形にして下さった編集長氏。武蔵大学の「日本中世史演習」では、職権を行使して、史料講読の題材に平治の乱の関係史料を用いた。有益な指摘をくれた受講者諸君なくしては、執筆に着手できなかった。皆様と、そして本書を購入して下さった読者諸氏に、深甚の謝意を表したい。

二〇二三年六月二六日

桃崎有一郎

参考文献

飯田悠紀子『保元・平治の乱』(教育社、一九七九年)

石井進『日本の歴史7　鎌倉幕府』(中央公論社、一九七四年)

上杉和彦「鎌倉将軍上洛とその周辺」(『鎌倉幕府統治構造の研究』、校倉書房、二〇一五年、初出一九九一年)

大隅和雄『愚管抄　全現代語訳』(講談社、二〇一二年、初出一九七一年)

菊池京子「「所」の成立と展開」(『論集日本歴史3　平安王朝』、林陸朗編、有精堂、一九七六年、初出一九六八年)

河内祥輔『保元の乱・平治の乱』(吉川弘文館、二〇〇二年)

五味文彦『平家物語、史と説話』(平凡社、二〇一一年、初出一九八七年)

五味文彦『平清盛』(吉川弘文館、一九九九年)

佐伯智広「二条親政の成立」(『中世前期の政治構造と王家』、東京大学出版会、二〇一五年、初出二〇〇四年)

櫻井陽子「頼朝の征夷大将軍任官をめぐって―『三槐荒涼抜書要』の翻刻と紹介―」(『明月記研究』九、二〇〇四年)

佐々木紀一「永暦の変の後白河院の動機」(『米沢国語国文』四八、二〇一九年)

鈴木靖民「古代の相模国―郡家・国府をめぐる地域史像―」(『相模の古代史』、高志書院、二〇一四年)

須藤聡「保元・平治期の政治動向―美濃源氏の源光保・光宗の活動を中心に―」(『西垣晴次先生退官記念

宗教史・地方史論纂』、同編集委員会編、刀水書房、一九九四年）
多賀宗隼「平家一門」（『日本歴史』三五四、一九七七年）
髙橋昌明「六波羅幕府という提起は不適当か―上横手雅敬氏の拙著評に応える―」（『日本史研究』五六三、二〇〇九年）
竹内理三「平氏政権と院政」（『岩波講座　日本歴史5　中世〔1〕』、家永三郎ほか編、岩波書店、一九六二年）
詫間直樹編『新皇居行幸年表』（八木書店、二〇二二年）
栃木孝惟ほか校注『保元物語　平治物語　承久記　新日本古典文学大系43』（岩波書店、一九九二年）
中村文「信西の子息達――成範・脩範・静賢・澄憲を中心に」（『和歌文学研究』五三、一九八六年）
樋口健太郎「平安末期における摂関家の「家」と平氏―白川殿盛子による「家」の伝領をめぐって―」（『中世摂関家の家と権力』、校倉書房、二〇一一年、初出二〇〇四年）
古澤直人『中世初期の〈謀叛〉と平治の乱』（吉川弘文館、二〇一八年、掲出部分はすべて初出二〇一三年）
松島周一「平治の乱について」（『日本歴史』四六九、一九八七年）
元木泰雄『保元・平治の乱を読みなおす』（日本放送出版協会、二〇〇四年）
元木泰雄「院政期における大国受領―播磨守と伊予守―」（『院政期政治史研究』、思文閣出版、一九九六年、初出一九八六年）
桃崎有一郎「鎌倉殿昇進拝賀の成立・継承と公武関係」（『日本歴史』七五九、二〇一一年）
桃崎有一郎『平安京はいらなかった―古代の夢を喰らう中世―』（吉川弘文館、二〇一六年ａ）

桃崎有一郎「鎌倉幕府の儀礼と年中行事」（『現代語訳吾妻鏡別巻　鎌倉時代を探る』、五味文彦ほか編、吉川弘文館、二〇一六年ｂ）
桃崎有一郎「創立期鎌倉幕府のアイデンティティ模索と礼制・法制―公武法圏の接続と常置の将軍―」（『日本史研究』六九五、二〇二〇年ａ）
桃崎有一郎『「京都」の誕生――武士が造った戦乱の都』（文藝春秋、二〇二〇年ｂ）
桃崎有一郎『京都を壊した天皇、護った武士――「一二〇〇年の都」の謎を解く』（ＮＨＫ出版、二〇二〇年ｃ）
桃崎有一郎『礼とは何か――日本の文化と歴史の鍵』（人文書院、二〇二〇年ｄ）
百瀬今朝雄「中納言への道（二）」（『弘安書札礼の研究』、東京大学出版会、二〇〇〇年、初出一九九五年）
山口隼正「史料紹介　佐々木文書――中世肥前国関係史料拾遺」（『九州史学』一二五、二〇〇〇年）

桃崎有一郎（ももさき　ゆういちろう）
1978年、東京都生まれ。歴史学者。武蔵大学人文学部教授。2001年、慶應義塾大学文学部卒業。2007年、同大学大学院文学研究科後期博士課程単位取得退学。博士（史学）。古代・中世の礼制度や法制度、政治との関係などを研究している。著書に『「京都」の誕生』（文春新書）、『平安京はいらなかった』（吉川弘文館）、『武士の起源を解きあかす』、『室町の覇者　足利義満』（共にちくま新書）、『礼とは何か』（人文書院）他。

文春新書

1405

平治《へいじ》の乱《らん》の謎《なぞ》を解《と》く
頼朝《よりとも》が暴《あば》いた「完全犯罪《かんぜんはんざい》」

2023年7月20日　第1刷発行

著　者　桃崎有一郎
発行者　大松芳男
発行所　株式会社 文藝春秋

〒102-8008　東京都千代田区紀尾井町3-23
電話（03）3265-1211（代表）

印刷所　理想社
付物印刷　大日本印刷
製本所　大口製本

定価はカバーに表示してあります。
万一、落丁・乱丁の場合は小社製作部宛お送り下さい。
送料小社負担でお取替え致します。

ISBN978-4-16-661405-9